本书调研与出版获得广西民族文化保护与传承研究中心、广西一流学科·民族学学科资助，特此鸣谢！

东南亚华人聚落研究丛书 郑一省\主编

马来西亚玻璃口新村华人

Chinese in Kampung Perting Malaysia

郑一省 李岩 袁贵香 郑雨来 陈润旭 著

中国社会科学出版社

图书在版编目（CIP）数据

马来西亚玻璃口新村华人／郑一省等著. -- 北京：
中国社会科学出版社，2024.6. -- （东南亚华人聚落
研究丛书）. -- ISBN 978-7-5227-3702-7

Ⅰ. D634.333.8

中国国家版本馆 CIP 数据核字第 202451GT64 号

出 版 人　赵剑英
选题策划　宋燕鹏
责任编辑　金　燕
责任校对　李　硕
责任印制　李寡寡

出　　版　中国社会科学出版社
社　　址　北京鼓楼西大街甲 158 号
邮　　编　100720
网　　址　http://www.csspw.cn
发 行 部　010-84083685
门 市 部　010-84029450
经　　销　新华书店及其他书店

印　　刷　北京明恒达印务有限公司
装　　订　廊坊市广阳区广增装订厂
版　　次　2024 年 6 月第 1 版
印　　次　2024 年 6 月第 1 次印刷

开　　本　710×1000　1/16
印　　张　22
插　　页　2
字　　数　308 千字
定　　价　128.00 元

凡购买中国社会科学出版社图书，如有质量问题请与本社营销中心联系调换
电话：010-84083683

《东南亚华人聚落研究丛书》序

在一定意义上说，移民是人类社会的普遍现象，因为人类的历史其实就是一部移民史。人类的迁移是指个人或一群人穿越相当的距离而作的永久性移动。移民应该包含着两层含义。一是指一种人或人群，一是指一种行为或社会。人类社会的移民既有国内跨地域的迁移，也有向境外或异域他国的迁移。

中国人向海外的迁移历史到底始于何时，因资料的匮乏而无从考证。一般认为，早期前往海外的主要是中国的海商，其在公元初就开始出现，循着中国海商的足迹，一些中国人移居到邻近的东南亚地区，乃至向世界其他地区迁移，而造成中国人大规模向海外的迁移，应该是在16世纪，特别是在晚清时期，即1840年后达到高潮，有人估计，在1840—1911年迁出的人口在1000万以上。到20世纪50年代初，世界华人总数1200万—1300万人，90%集中在东南亚。

从查阅资料和调查来看，早期中国移民移往海外充分显示出一种连锁移民网络的地域性特征，如暹罗华人多来自潮汕；荷属东印度（印尼）闽籍者最多，次为客家和广东肇庆籍；新马华人闽籍过半，次为广东肇庆、潮州籍；法属印度支那华人广东肇庆籍最多，次为潮州、客家和闽南籍，英属缅甸华人多滇籍、闽籍和广东肇庆籍；菲律宾华人则九成为闽南人，而北美、澳洲、非洲、拉丁美洲等地多数来自广东肇庆地区，少数来自粤东与福建。这些地域性特征形成了海外华人社会，特别是东南亚华人的“帮权（群）”社会结构，诸如学者们所称的福建帮、广东帮等。除了显示连锁移民网络较强的地域性，早期的中国人移民海外时，又凸显出连锁移民网络的另一种特征“族缘性（宗族或同乡）”，即海外的中国移民喜欢聚族（群）而居，从而在海外形成了大大小小的聚落，即华人村落或社区。比如，闽人何乔远有关菲律宾华人聚落的类似记载：“其地迩闽，闽漳人多往焉，率居其地曰涧内者，其久贾以数万，间多削发长子者。”① 可以说，在中国移民不断向外迁移的历史长河中，东南亚华人聚落较早出现，已有几百年的历史，而在当今各类型的聚落仍大量存在。

所谓聚落，即村落或社区。东南亚华人的聚落是在自发聚集、移民与拓殖，或人为地圈定（划定），或移民的自然聚居情况形成的。在东南亚，由于华人的居住习惯，以及历史上的一些原因，许多迁入国已形成了被称为“华侨社会”的移民聚落，这是凭着地缘、血缘关系而吸引着更多同乡与同宗向同一地区外迁。东南亚华人的聚落较为常见，其大致分为以下两类。

（一）移民拓殖而成的华人聚落

在东南亚，移民拓殖而成的华人聚落较为常见，我们可以马来西亚砂拉越、印度尼西亚西加里曼丹和柬埔寨实居省来说明这种现象。

在当今马来西亚砂拉越的诗巫，其早期被称为“新福州垦场”，这是福州籍人黄乃裳牵引其同乡几经艰难岁月而拓殖起来的。1900年7月27日，黄乃裳与砂拉越第二代白人拉惹查尔斯·布洛克（Rajah Charles Broke）签订了一项移民合约。随后，黄乃裳便回国招募垦民，前后组织了三批移民：第一批92人先锋队伍，由力昌与陈观斗带领，于1900年12月23日由福州乘“丰美”船，经新加坡于翌年2月20日抵达诗巫时只有72人；第二批由黄乃裳亲自率领

---

① 何乔远：《名山藏》，“王亨记三”，“吕宋”，明崇祯刊本，第12页。

535 人，于 1901 年 3 月 16 日抵达；在安顿好垦民之后，黄乃裳又回国进行了第三批招募，并于 1902 年 6 月 7 日带回 511 人；三批共 1118 人①。

不同于闽南人的自发性移民，这三批早期移民是黄乃裳从其福州②的家乡招募而来的，到达诗巫后，多从事垦殖工作，因此，诗巫也被称为“新福州垦场”。由于黄乃裳是闽清人，他招募的垦民也是以闽清为中心的，闽清和古田两县占绝大多数，他们到达诗巫后被分别安置到新珠山和黄师来两处。这些福州移民得到安置之后，便开始进行垦殖活动。与拉惹签订的合同规定，垦民获得土地，但必须种植水稻。由于环境的差异，中国的经验显然不能适用于热带的砂拉越，头几年的收成非常不好，加上水土不服，病害困扰，许多人或死或逃，据黄乃裳的七十自叙所言：“越三年病卒者三十有七，可知水土嘉喜矣，又未习操舟，而强为水者，死者十有一，不惯抛乡井耐劳苦而自归者百有余，弃而他往者，百三十余，粤有孝廉邓家让者……愿以稍厚工值雇吾农四十余去，而场中不满七百人矣。”③ 后来，在富雅各（Hoover）的改革下从新加坡引进橡胶种植。在国际胶价上涨的背景下，福州人种植的橡胶获得好价钱，种植者越来越多，垦民的生活水平也因此得到了提高，并开始吸引更多家乡亲友前来。1909 年福州人从政府手中获得了土地特许，他们可以向政府申请永久地契，使得这个移民社会有了发展的根基。1911—1919 年间，共有 4132 名福州人前来诗巫，其中尤以 1916 年为最

---

① 关于福州人三次移民的人数，学者们有不同的看法，此处采用当地学者刘子政《黄乃裳与新福州》书中说法。详见陈琮渊《砂拉越诗巫省华人社团联合会研究 1977—1997》，砂拉越华族文化协会，2005 年 11 月，第 43 页。

② 彼时的福州指的是“福州十邑”。福州十邑正式定名是在清朝，当时设立的福州府，下辖闽县、侯官、长乐、福清、连江、罗源、古田、屏南、闽清、永福共十县。迄今，闽县与侯官已合并称闽侯；福州市又从中单列，辖鼓楼、台江、仓山、马尾、郊区；平潭从福清中分出设县；福清、长乐撤县改市；永福改称永泰；古田、屏南归宁德地区所辖。

③ 黄乃裳：《绂臣七十自序》，陈立训等：《诗巫福州垦场五十周年纪念刊 1901—1950》，诗巫福州公会 1951 年印，第 1 页。

多，达到 1227 人[①]。

这批南来开荒拓殖的福州人，先是在诗巫开垦，后又拓殖到民丹莪、泗里街等乡村从事农耕业，形成了许多福州人的聚落，他们集数十户或少至十多户人家，向政府申请一大片土地从事耕种。例如，1920 年马鲁帝蒲悦的垦场或稍后老越区的垦场，他们申请到土地与政府签了协约之后，即胼手胝足，而后形成一个新的移民社区。[②]

这些华人聚落，也在砂拉越的其他地区出现。在砂拉越第一省古晋郊区的石隆门（Bau）、西连（Serian）一带，第二省成邦江（Simanggang）、三马拉汉（Samarahan）以及第四省美里廉律（Riam Road）地区，都可以发现客家族群的聚落。田英成先生曾前往美里廉律地区调查，探讨了当地客家族群聚落的情况。他认为，在古晋，沿着晋连公路两旁的华人农村，多是河婆客的耕种地，石隆门路一带亦然，这一群人勤劳苦干，乃是著名的农耕者。最早到廉律开垦的是河婆蔡荀等人，他们到达廉律，居住在“三渡桥”一带（今五条石）开始种植胡椒及蔬菜等。这个地方乃是廉律最早开发的地方，在这之前，该地只有数户伊班人，他们以狩猎为生。当蔡荀等落户廉律之后，陆续有同乡从中国南来，其中包括廉律第一任村长杨交环以及张竹琴及蔡通宝等。当廉律人数逐渐增加，并且大部分定居下来，河婆同乡闻悉此处有发展机会，更多同乡于是陆续南来。在 30 年代至 40 年代初，由于中国动乱，这是河婆客移民到廉律的高潮期，而廉律也俨然成为“河婆村”。[③]

印尼的西加里曼丹，早期华人聚落也随处可见。据资料显示，1770 年在东万律发现新金矿后，每年约有 3000 名华工来到西加里曼丹。受金矿的诱惑，大批华人移居西加里曼丹，从喃吧哇转移到

---

① Daniel Chew, *Chinese pioneers on the Sarawak frontier*: *1841 - 1941*, New York: Oxford University Press, 2004, p. 154.

② 田英成：《砂拉越华人社会史研究》，砂拉越华族文化协会 2011 年版，第 70 页。

③ 田英成：《砂拉越华人社会史研究》，砂拉越华族文化协会 2011 年版，第 142—146 页。

坤甸（Pontianak）、邦戛、三发（Sambas）等地。西加里曼丹的金矿在1812年有30多个矿区，以东万律金矿最大。全部采矿工人约3万。早期到西加里曼丹开采金矿的华人，都各自组织公司，较大的公司有东万律的兰芳公司、鹿邑的大港公司、三条港公司、和顺公司等，这些公司的成员主要是梅县、大埔人等。随着越来越多华人来西加里曼丹，后由于开采金矿容不下，就转移生产目标，即向西加里曼丹的市镇以外的森林地区垦荒务农，所以西加里曼丹各偏僻地区都散居了华人，他们开荒垦殖椰子园、橡胶园、胡椒园，成立小乡村，甚至有些小乡村全是华人，没有其他族群，在内陆丘陵地带的每个园区都是华人开辟的，即使交通很不方便的地区都有华人的小村落。

在柬埔寨，虽然华人较早和较深地融入当地社会，即高棉化。但当今柬埔寨华人的这种聚族（群）而居的聚落也时有发现。我们曾于2016年1月前往柬埔寨的实居省调查，该省的洛良格乡就存在着一个土生华人①占相当大比重的村落，即狮子桥村。据我们的访谈口述及查阅的资料发现，狮子桥村共有74户人家，其中土生华人有44户，高棉人有30户，土生华人占整个村庄人口的60%以上。这44户土生华人的祖籍都是中国潮州地区。我们曾对狮子桥村早期的17块潮州人墓碑进行整理，发现揭阳人的墓碑就占了14块，普宁人有1块，剩下3块未标明原籍地，这说明狮子桥村多数土生华人的祖辈是来自潮州地区的揭阳县。狮子桥村的土生华人长辈回忆，狮子桥村最早有3户人家，一家姓郑，一家姓林，一家姓陈，他们都是从中国潮州地区过来的，定居于此地。后来他们之间互相通婚，再加上一些外来的华人，形成了现在占较大比例的华人村落。② 实际

---

① 学界对土生华人的定义有两种解释，一是华人与当地民族通婚后所生的孩子即混血儿，二是土生土长的华人。本文所指的柬埔寨土生华人是在当地出生且土生土长的华人，当地人称土生华人为“召真”（音译）。

② 2016年1月31日下午4时在柬埔寨实居省森隆东县洛良格乡狮子桥村与平·坤的访谈。

上，最早开垦狮子桥村这块土地的是从中国漂洋过海来的潮州人，而且在波尔布特时代以前，没有高棉人定居于狮子桥村。正如另一位潮州籍土生华人所说："狮子桥村以前基本是华人，在波尔布特之前就是这种情况，应该达到了100%。"① 从聚居的数量和居住方式来看，狮子桥村属于沿公路两旁聚居的密集型农村聚落。当地的"130号"公路贯穿整个狮子桥村，该村的土生华人居住在公路两旁，高棉人大多居住在离公路较远的村落里面，而且土生华人受血缘关系、宗教习俗的影响聚集而成的，即以潮州人为主，主要信仰道教，他们聚居在一起，过着自给自足的生活。

（二）人为圈定（划定）的华人聚落

这一类聚落，主要是因特殊的年代、特殊的事件而形成的。从目前的调查来看，这一类华人聚落在马来西亚和印度尼西亚较为常见。

在马来西亚，除了我们在上面所指出的因移民的拓殖而形成的华人聚落外，马来西亚的华人聚落中有许多被称为"新村"。一般认为，这些华人"新村"是英国殖民政府在1950年底，推行"布力格斯计划"② 下所设定的村落。当时马来半岛有40多万华人被迁至约500个新村，进行垦殖，受影响的大多为华人垦民，占总数的86%。此计划从1948年开始至1960年结束，除了政府的资助，迁移计划也得到了马来亚华人公会的配合，在金钱与其他方面给予协

---

① 2016年2月4日下午4时在柬埔寨实居省森隆东县洛良格乡狮子桥村摩托车修理店与林春乐（男）的访谈。

② "布力格斯计划"因马来亚共产党（简称马共）问题而起。1948年，马共为了把在马来亚建立共产政权视为最终的斗争目标，为此展开了一系列行动来号召民众加入反殖民运动的行列。英国殖民政府认为此举严重影响了他们在马来亚的政治与经济利益，宣布马共为非法组织，以打击他们的活动。马共在这种情况下，决定采取武装斗争而进入森林与英国殖民政府展开游击战。以森林作为基地的马共成员，获得了住在森林边缘以华人为主的垦民的资源供应。为了切断马共的生命线，即华人垦民为马共提供粮食、药物、武器、咨询和经济资源等，英国殖民政府就委派了布力格斯中将（Lieutenant-General Sir Harold Briggs）担任指挥，重新拟订作战计划以解决这类问题。此计划即"布力格斯计划"（Briggs plan），其策略的重点就是执行"移殖计划"，在此移殖计划下，马来半岛的华人新村便因此而诞生。

助。在布力格斯计划下，英殖民政府将为村民们提供某些基本设备，例如水电供应、警察局、民众餐馆、医疗所、学校、巴刹和道路等。不过，在刚建立新村的时候，除了警察、闸门和有刺的篱笆网，许多华人新村并没有获得预期的基本设施，甚至有人把新村形容为集中营。①

英国殖民政府为了断绝华人垦民与森林中马共的联系，将散居在新村附近的华人垦民移入新村，以便集中管理，而在此机缘下，反而对具有聚族而居的华人各方言群（同乡或同族）形成聚落尤为有利。换句话说，因为许多方言群通过连锁移民网络来到马来亚，而又因各自的垦殖原因散居各处，英国殖民政府的政策无意间促成了许多方言群（同乡或同族）聚落的诞生。

我们于 2016 年的 7 月 26 日至 8 月 24 日来到马来西亚彭亨州的文冬，该地自 20 世纪 50 年代也是在“布力格斯计划”实施期间建立了 4 个新村②，即玻璃口新村、金马苏新村、暹猛新村和力巴士新村。这几个新村与马来西亚其他新村有着一个共同的特征，即许多新村是以同方言群建立起来的聚落。例如，玻璃口新村的广西人占 90% 以上，力巴士新村客家人占 80%，而金马苏新村和暹猛新村则是以福建人为主建立起来的村庄。

在印度尼西亚，也有许多是因特殊年代、特殊事件而人为划定（圈定）的华人聚落。这些华人聚落在外岛的苏门答腊岛、加里曼丹岛等地都有分布。现今北苏门答腊省首府棉兰近郊有一批难民村庄，这些村庄的村民是 1965 年“九卅事件”后，分别从亚齐地区班达亚

---

① 闸门是新村的检查站，外出的村民都要接受检查，每天早上 6 点钟左右从闸门出去，在 18 点之前必须回村。篱笆网将整个新村范围围住，避免马共和村民之间有任何联系。

② 当地是 5 个村庄，即玻璃口新村、旧玻璃口村、金马苏新村、暹猛新村和力巴士新村。其实旧玻璃口村与玻璃口新村有很大的关系，即在建立玻璃口新村之前，就旧玻璃口村似乎已经存在，也就是玻璃口新村的居民大多数是来自旧玻璃口村。这从一个侧面说明，新村的建立，也可能是在原有的基础上形成，即使不是直接在原有的地域上形成，起码也是在其附近形成，这玻璃口新村便是一个例证。

齐、司吉利、司马委、美仑、怡里、瓜拉新邦、冷沙等地被迫迁移而来的华人难民。这些亚齐华侨难民刚到棉兰时，被安置在棉兰市区和郊区共 14 个收容所：棉华中学收容所、棉兰民礼路山亭收容所、勿老湾路老人院收容所、Helvetia 四号寮收容所、Helvetia 二号寮收容所、丹南呼鲁（Dandam Hulu）四十号寮收容所、丹南呼鲁四十一号寮收容所、丹南希利（Dandam Hilir）二十四号寮收容所、丹南希利二十五号寮收容所、丹南希利二十六号寮收容所、苏涯加冷（Sungai Karang）四十七号寮收容所、苏涯加冷四十九号寮收容所、苏涯加冷五十号寮收容所、苏涯加冷五十四号寮收容所。[①] 当时，收容所收留的华人难民达 10000 余人，除了由中国派出"光华号"等轮船接走的 4000 多人外，剩下的 5000 多人，在当地华人的资助下，政府将这些难民分别安置在棉兰的周边地区的烟寮等地，而这些华人难民逐渐在这些地方建立起丹绒巫利亚村（美达村）、路颂牙村、星光村、和平村和双湿亚古村。在这些难民村庄，大多数是客家村落，其中以丹绒巫利亚村（美达村）的客家村落最大，居住了客家籍华人 2000 多人。[②]

靠近西加里曼丹山口洋（Singkawan）的郊区，有 5—6 个华人难民村。1965 年印尼排华期间，山口洋附近的三发县发生全县骚乱，住在内地山里的华人被凶残彪悍，持枪持刀的暴民抢掠，部分被杀戮，华人居住的村庄被烧毁，一片火海中，历代前辈开垦的耕地，胡椒园尽毁一旦，至亲骨肉各奔东西，几千难民从山里逃往城市，大部分涌进山口洋，后来被安置在难民营之中，最后形成了现在的这几个难民村落，这些村落有以客家人为主的村落、也有以福建人和广东潮州人为主的村落。

可以说，东南亚华人聚落的形成，应该是与中国移民迁移东南

---

① 印尼苏北华侨华人历史会社：《印尼苏北华侨华人沧桑史》，2015 年印，第 639 页。

② 笔者 2015 年 7 月 30 日在美达村与 IU 先生的访谈获得的数据资料。

亚地区同步的，即使是人为圈定（或划定）的华人聚落，其至少已有半个世纪或几十年的历史过程了。我们认为，东南亚华人聚落是中国村落在东南亚地区的“延伸”，我们也可以这样认为，东南亚华人聚落其实是“原乡聚落”的“翻版”，即“海外聚落”，不过它是一个“在地化的聚落”，是在东南亚地区诞生和成长起来。“在地化聚落”与原乡聚落有许多共性，即不仅仅体现在它的历史过程、地域特征，而更重要的是其人文属性，即华人所具有的聚族而居的习性，以及它所聚族而居形成的文化。而所不同的是，在地化的华人聚落是在异国他乡形成的，带有其在地化的烙印，是一个具有“混合型文化”的海外聚落，它实际上也具有与原乡聚落一样的“亦土亦洋”特征。

《东南亚华人聚落研究丛书》编者

2017 年 12 月

Preface on *Series of Books on the Research on Chinese Settlement in Southeast Asia*

In a certain sense, immigration is common in human society, because the history of humanity is actually the history of immigration. The migration of humanity refers to the permanent movement of individuals or a group of people across substantial distance. Migration has two kinds of meaning. One refers to some kind of groups of people. The other one refers to some kind of behavior or society. The immigration of human society includes both the migration across regions domestically and the migration abroad or to other nations in other regions.

When Chinese started to immigrate abroad is unknown for lacking of evidence. According to the researches of some scholars, at early stage it was maritime commerce going abroad, which started at the early A. D. ①Following maritime commerce, some Chinese migrated to the nearby Southeast Asia areas and other places in the world, while Chinese immigrated abroad at large scale in the 16th century. The scale of immigration reached the highest at the late of Qing Dynasty, which was after 1840. It

① Zhuang Guotu, Historical Changes in Numbers and Distribution of Overseas Chinese in the World, *World History*, Vol. 5, 2011.

was estimated that the population of immigration was more than 10 millions between 1840 and 1911. The total overseas Chinese in the world reached 120 millions to 130 millions at the beginning of 1950s, 90% of which concentrated in Southeast Asia.

From the literature and investigation, early Chinese immigrants to abroad showed the regional characteristics as chained immigration network, such as most Siamese Chinese from Chaozhou and Shantou in China; most Holland East India Chinese (Indonesia) from Fujian Province, then Hakka and Zhaoqing in Guangdong Province; more than half Singapore and Malaysia Chinese from Fujian Province, then Zhaoqing and Chaozhou in Guangdong Province; most French Indo China Chinese from Zhaoqing in Guangdong Province, then Chaozhou in Guang dong Province, Hakka and Fujian province; most British Burma Chinese from Yunnan, Fujian province and Zhaoqing in Guangdong province; 90% of Philippine Chinese from South Fujian province, while most overseas Chinese in north America, Australia, Africa and Latin America from Zhaoqing in Guangdong Province, and less from east Guangdong Province and Fujian Province. The regional characteristics formed the social structure as gang in overseas Chinese society, especially in Southeast Asia Chinese, such as the Fujian gang and Guangdong gang called by scholars. Besides the territoriality showed as chained migration network, early Chinese immigrants abroad showed another characteristic of chained migration network as *ethnicity* (*clan or townie*). That is, overseas Chinese immigrants preferred to live together by clan or group. Thus different settlements formed abroad, that is, village or community. For example, there was record of Philippine Chinese settlements by He Qiaoyuan from Fujian Province. It said, most Philippine Chinese immigrants from Zhangzhou in Fujian Province, and they made a lot of money during the settlement. ①Based on these, in the long time of Chinse migration, the settlements of overseas Chinese in Southeast Asia formed early with several hundred histories. Currently there still exist lots of all types of settlements.

Settlement is village or community. The settlement of Southeast Asia overseas Chinese formed by voluntary gathering, migration and opening up virgin soil and migration, or being designated by people, or naturally inhabiting by immigration. In Southeast Asia, there was immigration settlement called as overseas Chinese society in many immigration countries, because of the inhabiting habit of overseas Chinese or historical reasons. This attracted more townies and clansmen moving to same area by regional relationship and genetic connection. Overseas Chinese settlement is common in Southeast Asia. It can be classified as the following two types.

The first is overseas Chinese settlement by opening up virgin soil and migration.

Overseas Chinese settlement by opening up virgin soil and migration is very common in Southeast Asia. Sarawak in Malaysia, West Kalimantan in Indonesia, Kampong Spue in Cambodia are the examples.

Sibu, in Sarawak Malaysia, was called *New Foochow Settlement* in the early stage. It was opened up virgin soil and migration through hard years by Huang Naitang from Fuzhou and his townies led by him. On July 27, 1900, Huang Naitang signed a contract on immigration with the second generation of white man Rajah Charles Broke. After that, Huang Naitang came back hometown to recruit people for settlement and organized three times of immigration. Led by Li Chang and Chen Guan, the

---

① He Qiaoyuan, *Ming Shanzang*, *the* 3rd *Records on Wang Heng*, *Lv Song*, Edition of Chong Zhen Ming Dynasty, p. 12.

first group of 92 pioneer immigrants took Boat *Feng Mei* on Dec. 23, 1900 in Fuzhou through Singapore. On Feb. 20, 1901 only 72 immigrants arrived Sibu. Huang Naitang brought the second group of 535 immigrants arriving on March 16, 1901. After they were settled, Huang Naitang went back home to recruit the third group and brought 511 immigrants on June 7, 1902. There was total 1118 immigrants in the three groups. ①

Different to the voluntary immigration from South Fujian province, the three groups of early immigrants were recruited by Huang Naitang from areas with his hometown Fuzhou as the center. ②After they arrived Sibu, most of them worked on cultivating the wasteland, so Sibu was called *New Foochow Settlement*. Huang Naitang recruited immigrants for settlement from Minqing for it was his hometown. The majority was from two counties as Minqing and Gutian. They were allocated in Sg Seduan and Huang Shishan. After these immigrants from Fuzhou were settled, they began the activities as planation and breeding. According to the contract with Rajah, the settled immigrants got land but they had to plant rice. Because of environmental difference, the experiences from China could not be applied to Sarawak in tropical area. Reasons, as not good harvest in the early few years, not acclimating to the food, the air or the environment and diseases,

---

① Scholars had different views on the total number of three groups of immigrants from Fuzhou. The paper cited from the book named *Huang Naitang and new Fuzhou* by local scholar Liu Zhizheng. It is from *Research on Overseas Chinese Community Unions in Sibu, Sarawak Malaysia 1977 – 1997* by Chen Zhongyuan, Sarawak Chinese Culture Association, November 2005, p. 43.

② At that time, Fuzhou was referred as *Ten County in Fuzhou*, which was named in Qing Dynasty. Fuzhou as the capital at that time administered ten counties as Min County, Houguan, Changle, Fuqing, Lianjiang, Luoyuan, Gutian, Pingnan, Minqing and Yongfu. Till now, Min County and Houguan are merged as Minhou. Fuzhou is the city enjoying provincial-level status and administers Gulou, Taijiang, Chuangshan, Mamei and suburb. Pingtan is separated from Fuqing and set as county. Fuqing and Changle are changed as cities from counties. Yongfu is changed as Yongtai. Gutian and Pingnan are administered by Ningde area.

caused lots of immigrants running away or being dead. As it was recorded in the self-report of Huang Naitang in his seventies, after three years immigration, there was seven out of thirty immigrants died because of sickness. One out of ten immigrants died because of not learning how to work in the water. More than hundred came back hometown because of the hardness from being far away from hometown. More than one hundred thirty immigrants moved to other places. Deng Jiarang from Guangdong Province hired more than forty my workers with higher payment. Now there were less than seven hundred workers in the settlement. ①Later, rubber plantation was introduced from Singapore under Hoover revolution. Fuzhou immigrants got higher price of rubber because of rising international rubber price. The living standards improved after more planation of rubber, which attracted more relatives from hometown. In 1909 Fuzhou immigrants got land charter from the government. By applying for permanent title deed for land, the immigrant's society had the basement for development. Between 1911 and 1919, total 4132 Fuzhou immigrants came to Sibu. 1227 immigrants came in 1916, which was the most in all the years. ②

This group of Fuzhou people from south opened up virgin soils in Sibu first, then settled in villiages as Bintangor and Sarikei for farm industry. Many settlements of Fuzhou people were formed with ten families or at least ten. They applied to the government for a large area of land for planation. For example, after settlement in Puyut in Marudi District in 1920, and in the Lawas District later, applied land and signed contracts with the government, they worked very hardly and created a new immi-

① Huang Naitang, *Self-report in the Seventies* in *The Fiftieth Anniversary Version of Fuzhou Settlement in Sibu 1901 - 1950* by Chen Lixun etc. , Fuzhou Association Xibu, Published in 1951, p. 1.

② Daniel Chew, *Chinese Pioneers on the Sarawak Frontier: 1841 - 1941*, New York: Oxford University Press, 2004, p. 154.

gration community. ①

These Chinese settlements also showed up in other areas in Sarawak. Hakka ethnic group's settlements could be found in Bau in Kuching Suburb, Serian, Simanggang, Samarahan and Riam Road area in Sarawak. Mr. Tian Yincheng had been to Riam Road area for investigation and discussed local Hakka ethnic group's settlements. He proposed most Chinese villages along the two sides of Jilian Road in Kuching were cultivated lands of Hopo people, the same in Daerah Bau. They were diligent, hardworking and famous farmers. Cai Xun and others from Hopo were the first settled in Riam. After they arrived Riam, they lived in the neighborhood of *San Duqiao* (now Wu Tiaoshi) and planted pepper, vegetables and so on. This place was the one first developed in Riam. Before there was only several Iban families making living on hunting. After Cai Xun settled down in Riam, more townies from China came including the first village head in Riam Yang Jiaohuan, Zhang Zhuqin and Cai Tongbao. With the increasing population in Riam and most of them settling, townies in Hopo knew there were opportunities for development and more townies came. During 1930s and 1940s, because of the turmoil in China, it reached the peak for Hope immigrants to Riam. And Riam seemed to be *Hopo village*. ②

Chinese settlement also could be found early in West Kalimantan, Malaysia. As the resources indicated, after new gold mines were found in Mandor in 1770, nearly 3000 Chinese workers came to West Kalimantan every year. Attempted by gold mines, lots of Chinese immigrated to West Kalimantan, from Mempawah to Pontianak, Pemangkat and Sambas. In 1812 gold mines in West Kalimantan had more than 30 mining areas. The

---

① Tian Yincheng, *Research on the Social History of Chinese in Sarawak*, Sarawak Chinese Cultural Association, 2011, p. 70.

② Ibid., pp. 142 – 146.

one in the Mandor was the largest. There were about 30 thousands mineral workers in total. Early Chinese for gold mining in West Kalimantan organized their own companies separately. Among them there were big companies as Lan Fang Company in Mandor, Megaport Company, Santiaogang Company and Heshun Company in Montrado, which were hold by Chinese from Mei county and Dapu. With more and more came to West Kalimantan and out of the capacity of gold mining, Chinese immigrants changed their production to agriculture in the forest area out of the city, thus Chinese scattered in all far away areas in West Kalimantan. They cultivated lands for coconut plantation, rubber plantation and pepper plantation. They built small villages. Some of small village were all Chinese and no other ethnic groups. Each plantation in the hilly area inland was opened by Chinese. Chinese small village were also found in areas without convenient transportation.

In Cambodia, although Chinese were emerged in local society earlier and deeper, which was call Khmerization, nowadays Chinese settlements were found now and then.

We had been to Speu province in Cambodia for investigation. There was a village, called as Lion Bridge village in Luliangge county. Majority of the population was Chinese born locally. ①According to our interview and resources found, there was 74 families in the village, among which was 44 families of Chinese born locally accounting for more than 60% of total population and 30 families of Khmer. The 44 families of Chinese born locally originated from Chaozhou China. We investigated the 17 tombstones for

---

① There were two definitions for Chinese born locally (baba-nyonya or peranakan) from academic view. The first referred to child born by Chinese marrying with local nationalities, as mixed race. The second referred to Chinese born and growing up locally. Chinese born locally in Cambodia in this paper referred to Chinese born locally and growing up locally, called as Zhaozheng (translated by pronunciation) by local people.

Chaozhou people in the early stage of Lion Bridge village. 14 tombstones were for Jieyang people, one for Puning people and left 3 had no record for place of origin. It showed the grandparents of most Chinese born locally in Lion Bridge village came from Jieyang county in Chaozhou area. As the elder of Chinese born locally in Lion Bridge village recalled, at the beginning there was 3 families in the village under the surname of Zheng, Lin and Chen. They all emigrated from Chaozhou China and settled here. Later they married each other. With Chinese from other places, current Chinese village for big share came into being. ①

Actually Chaozhou people from China was the first to settle in Lion Bridge village. What's more, before Pol Pot Era there was no Khmer settling in Lion Bridge village. As another Chaozhou Chinese born locally said, before there were almost all Chinese in Lion Bridge village, as the years pre-Pol Pot Era. It should be 100%. ②From the aspects of the settlement numbers and living style, Lion Bridge village belonged to road side intensive rural settlement. Local No. 130 road crossed the whole village. Chinese born locally in the village lived along the two sides of the road, while Khmer mostly lived in the inner village far away from the road. Furthermore Chinese born locally settled by genetic connections and religion customs. They were mainly Chaozhou people and worshipped Taoism. They settled together and lived self-sufficiently.

The second was the Chinese settlementdesignated by people.

This type of settlement formed because of special years and affairs. From current investigation, it was common in Malaysia and Indonesia.

Besides the above mentioned Chinese settlements formed from the o-

① Interview with Ping. Kun at 4 p. m. on Jan, 31, 2016 in Lion Bridge village, Luliangge county, Samraong Tong, Speu Province, Cambodia.

② Interview with Lin Chunle (male) at 4 p. m. on Feb. 4, 2016 in a motor repairing shop in Lion Bridge village, Luliangge county, Samraong Tong, Speu Province, Cambodia.

pening up virgin soils and migration, there were many New Village in Chinese settlement in Malaysia. Generally, these Chinse New Villages were designated by British colonial government during the implementation of *Briggs Plan*①at the end of 1950. At that time there were more than 400 thousand Chinese in Malay Peninsula being moved to 500 new villages for reclaiming and cultivating wasteland. The people being affected most were Chinese, accounting for 86% of total. The plan started from 1948 and ended in 1960. Besides government funding, the moving plan was supported by Malaysia Chinese Association in money and other aspects. Under *Briggs plan*, British colonial government afforded some basics to village people, such as supplying water and electricity, police office, restaurant, clinic, school, bazaar and road. While in building the new village, lots of Chinese new village had no expected infrastructure except policeman, gate and barriers with thrones. Somebody even called new village as concentration camp. ②

To eliminate the connections between village people and Malaysia communist in the forest, British colonial government moved Chinese scattering

---

① *Briggs Plan* came for Malaysia communist. In 1948, Malaysia communist launched series of actions to inspire people against colonial movement for their final target to establish communism regime. British colonial government thought Malaysia communist's actions hurt its political and economic interests in Malaysia and announced Malaysia communist as illegal organization to against their actions. Under this situation, Malaysia communist decided to take armed force and fight with British colonial government in the form of guerrilla into the forest. Based on the forest, Malaysia communist got resource supply from farm workers settled at the edge of the forest who were mainly Chinese. To cut the supply for Malaysia communist, which came from Chinese farm workers in the form of food, medicine, weapon, consulting and economic resource, British colonial government assigned Lieutenant-General Sir Harold Briggs as the commander to draw new plans for that. The new plan was *Briggs Plan* with strategic point as carrying out *Moving Plan*, under which Chinese new villages were built in Malay Peninsula.

② Gate was the check point of new village. All the village people needed to be checked. They left around 6 a. m. and should be back before 6 p. m. Barriers covered the whole new village to avoid any connections between Malaysia communist and village people.

near new village into new village for concentration management. On contrary it provided advantages for the formation of Chinese settlement with different dialects (townie or clansman) . In other words, lots of immigrants with different dialects came to Malaya through chained migration network, but they scattered in different places because of different reasons of cultivation wasteland. The policy by British colonial government accidently promoted the formation of Chinese settlement with different dialects (townie or clansman) .

We went to Bentong in Paheng Malaysia during July 26 and August 24 in 2015. In 1950s, Bentong had 4 new villages during Briggs Plan, ① as Kampung Perting, Kemansur, Chamang and Repas. These new villages shared the same characteristics as other new villages in Malaysia, as most new villages were settlements with same dialects. For example, Guanxi people accounted for 90% in Kampung Perting new village. Hakka accounted for 80% in Repas new village, while Fujian people were the main part in Kemansur new village and Chamang new village.

In Malaysia, there were also many Chinese settlements designed because of special years and affairs. These Chinese settlements allocated in outer island as Sumatera, West Kalimantan. Now there were some refugee villages in the suburb of capital city Kota Medan in north Sumatera province. These villagers were Chinese refugees forced to move from Banda Aceh, Sigli, Lhokseumawe, Bireuen, Yili, Kuala Simpang and Langsa in

① There were five villages locally, as Kampung Perting new village, Kampung Perting old village, Kemansur new village, Chamang Kampung Perting new village and Repas Kampung Perting new village. Actually Kampung Perting old village had many relationship with Kampung Perting new village. That is, before building Kampung Perting new village, Kampung Perting old village exited already. Most residents in Kampung Perting new village came from the old one. This proved that the formation of new village might on the foundation of the old one. Even the new one was not formed directly on the old one. At least, it was formed near the old one. Kampung Perting new village was an example.

Aceh area after the September 30th Movement. Those Chinese refugees from Aceh were settled in 14 shelters in Kota Medan and its suburb soon after they arrived. They were Medan Middle School Shelter, Medan Binjai Shanting Shelter, Care Home Shelter on Wulaowan Road, Helvetia No. 4 Shelter, Helvetia No. 2 Shelter, Dandamhulu No. 40 Shelter, Dandam No. 41 Shelter, Dandamhilir No. 24 shelter, Dandamhilir No. 25 shelter, Dandamhilir No. 26 shelter, Sungaikarang No. 47 Shelter, Sungaikarang No. 49 Shelter, Sungaikarang No. 50 Shelter, Sungaikarang No. 54 Shelter. ①Back then, there were more than 10 thousands Chinese refugees in these shelters. After China took 4000 refugees back home by *Guanghua* Boat, the left 5000 refugees were settled in places as Yanliao near Medan by local government under the support of local Chinese. These Chinese refugees built up villages as Metal, Sunggal, Muliorejoj, Heping, Shuanshiya. Most of these refugee village were Hakka villages, in which Metal was the largest with more than 2000 Hakka Chinese living there. ②

There were five or six Chinese refugees' village near the suburb of Singkawan in West Kalimantan. During Indonesia anti-Chinese movement in 1965, there was riot in Sambas county near Singkawan. Chinese living in the mainland and mountain were robbed by fierce mobs with guns and knives. Some of them were killed. Chinese villages were burned. Lands cultivated by generations and pepper plantation were ruined in one day. Family members were separated. Thousands of refugees fled to cities from the mountain. Most of them poured into Singkawan and later were settled in refugee camp. At last several refugee village came out as now. Some villages were mainly Hakka people, and others were mainly Fujian people and

---

① Indonesia North Sumatra Overseas Chinese History Association, *The History of Vicissitudes of Overseas Chinese in North Sumatra Indonesia*, 2015, p. 639.

② On July 30, 2015, the writer interviewed with Mr. IU in Metal village and got the information.

Chaozhou people in Guangdong.

Thus, the formation of Chinese settlement in Southeast Asia synchronized with the immigration of Chinese to Southeast Asia. Even the Chinese settlement designed by people had history of half century or several decades. We could take Chinese settlement in Southeast Asia as the extension of Chinese village in Southeast area. We could also take Chinese settlement in Southeast Asia as another version of hometown settlement, which is abroad settlement. However it was localization settlement, which was formed and growing in Southeast area. There were lots of commonality between localization settlement and hometown settlement, which was shown in historical process and geographical characteristics. What more important was its humanistic attributes. That was the habit of Chinese living together with clans and the culture formed in it. What different was that localization settlement was formed in foreign countries with localized characteristics. It was an abroad settlement with mixed culture. Actually it had both indigenous and foreign characteristics as hometown settlement.

Editor of *Series of Books on the Research on Chinese Settlement in Southeast Asia*

December 2017

目　　录

第一章　玻璃口新村概况

马来西亚是一个多民族国家，2018 年总人口 3238.5 万。从族群来看，马来人及原住民 2007.19 万（61.98%）、华人 668.55 万（20.64%）、印度人 201.04 万（6.24%），其他人口占 29.45 万（0.90%），非国民 332.27 万（10.26%）。[①]

马来半岛的历史可以划分为三个阶段。第一阶段：印度文明的影响。从印度输入的印度教和佛教文化，曾主导了早期马来亚的历史。从 7 世纪到 14 世纪，在苏门答腊的三佛齐文明达到高峰，其影响力延伸至苏门答腊、爪哇、马来半岛和婆罗洲的大部分地区。第二阶段：伊斯兰文明的兴盛。伊斯兰教早在 10 世纪传至马来半岛，但直到 14 世纪和 15 世纪，三佛齐覆灭后不久，伊斯兰教才在马来半岛奠定根基。这个地区分裂成众多以伊斯兰教为主的苏丹国，其中最突出的是马六甲苏丹王朝。伊斯兰文化对于马来人产生了深远影响，但是同时它也受到马来民族的影响。第三阶段：欧洲殖民势力的入侵及日据时期。葡萄牙是欧洲第一个在马来半岛建立势力的殖民强权，于 1511 年占领马六甲，紧接着是荷兰。然而，英国先在槟城与新加坡建立基地，最终取得在当今马来西亚领土上的霸权。1824 年英荷条约规定了英属马来亚和荷属东印度群岛（即后来的印度尼西亚）之间的界线。随后在北波罗洲和砂拉越获得殖民霸权。

---

① 《马来西亚人口：年龄、性别、族群分类》（*Population by age, sex and ethnic group, Malaysia, 2018*），马来西亚统计局 2018 年版，第 20 页。

最终，英国在东南亚的四个殖民地先后取得独立或被授予自治地位，当中包括英属马来亚（1957 年 8 月 31 日起独立并改称“马来亚联合邦”）、新加坡（1959 年 6 月 3 日起自治建邦）、英属砂拉越（1963 年 7 月 22 日起自治）与北婆罗洲（1963 年 8 月 31 日起自治并改称“沙巴”）。1963 年 9 月 16 日，马来亚联合邦、沙巴、砂拉越和新加坡，组成新的联邦制国家——马来西亚。1965 年 8 月，新加坡退出马来西亚后成为现在的马来西亚，即包括现在的西马和东马地区。西马是马来西亚的政治、经济、文化和交通中心，位于马来半岛的南端，首都吉隆坡就位于西马的中部。东马位于加里曼丹岛北部，包括沙巴州和沙捞越州。

马来西亚目前分为 13 个州，包括在马来西亚的柔佛（Johor）、吉打（Negeri Kedah）、吉兰丹（Kelantan）、马六甲（Bahasa Melayu）、森美兰（Negeri Sembilan）、彭亨（Pahang）、槟城（Pulau Pinang）、霹雳（Perak）、玻璃市（Perlis）、雪兰莪（Selangor）、登嘉楼（Terengganu），以及马来西亚东部的沙巴（Negeri Sabah）、砂拉越（Negeri Sarawak），另有三个联邦直辖区：吉隆坡（Kuala Lumpur）、纳闽（Wilayah Persekutuan Labuan）和布城（Putrajaya）。

第一节 地理与行政概况

玻璃口新村（Kampung Perting）是 1948 年英殖民政府为了对付马共而宣布实施紧急法令所建立起来的。玻璃口新村位于马来西亚彭亨州（Pahang）的文冬市（Bentong）。由于新村村民绝大多数都是广西人，其不仅成为马来西亚彭亨州（Pahang）文冬（Bentong），乃至马来西亚最大的广西人聚落，即所谓“大马广西村”。[①]

---

① 文冬可以说是马来西亚广西籍华侨、华人较集中的地方之一，占当地华侨、华人总数 50% 以上。从方言群体来看，文冬华人主要为广西、福建、客家、广府、海南等籍人，其各方言群华人所占比例目前尚无官方正式统计。文冬的广西籍华人占了（转下页）

一 彭亨州的地理与人口概况

彭亨州（Pahang）是马来西亚半岛最大的州，总面积36137平方千米，人口增长迅速，1980年有77万，2006年有144.8万，到了2010年人口总数为153.48万，人口密度为每平方千米42人。彭亨州（Pahang）划分为11个县级行政区，分别是文冬市（Bentong）、百乐县（Bera）、金马仑高原县（Daerah Tinggi Cameron）、而连突县（Daerah Jerantut）、立碑县（Daerah Lipis）、马兰县（Daerah Maran）、北根县（Daerah Pekan）、劳勿县（Daerah Raub）、云冰县（Daerah Rompin）、淡马鲁县（Daerah Temerloh），州首府为关丹市（Kuantan）。[①]

彭亨最早见于《唐书》，称为婆凤。彭亨自中国南宋时即与福建省通商，1206年的《云麓漫钞》卷第五载"佛啰安、朋丰、达啰啼、达磨国则有木香"。"朋丰"就是彭亨。（宋）《诸蕃志·三佛齐国》作"蓬丰"，为三佛齐属国。（元）《岛夷志略》作"彭坑"。（明）《星槎胜览》作"彭坑"，《郑和航海图》作"彭杭"，《东西洋考》作彭亨。洪武十一年（1379），彭亨王麻哈剌惹答饶遣使奉金

（接上页）很大比例，几乎过半。人口数量占优势的文冬广西籍华人，主要来自中国广西玉林的容县、北流、博白三地。几乎所有的文冬华人，不管他们祖籍地何处，都会讲"白话"粤语。追溯历史，华人在移民时从香港等地经过，加上粤剧的流行以及电视广播都是粤语，所以在交流时均使用粤语，造成今日文冬的华人也主要以使用粤语为主的现象。此外，客家话、广府话、广西话等汉语方言，也有一部分使用者，其中以客家话使用者为多，广府话、广西话的使用者依次减少。根据文冬广西会馆前任会长梁异光提供的资料显示，文冬县共有15个华人新村，分别是玻璃口新村、旧玻璃口新村、金马苏新村、暹猛新村、力巴士新村、双溪本祖令新村、美律谷新村、吉打里新村、武吉丁宜新村、双溪都亚新村、双溪比得新村、地里望新村、双溪甲杯新村、文积新村、斯里地里望新村。其中有五大新村。玻璃口新村有超过80%的广西人（早期更是逾90%），吉打里新村则以广西人和福建人为主，金马苏多为广东四邑人，力巴士新村以客家人居多，暹猛则掺杂客家人、广东新兴人等，见《文冬人写文冬百年史》，《文冬报》2012年6月14日。

① 数据来源于马来西亚2010年的统计局人口普查。

表朝贡。永乐十年（1413），郑和出使彭亨国。永乐十二年（1415）彭亨王遣苏麻固门的里来朝并贡方物。根据考古学家所挖掘出来的证据显示，彭亨州最早的住民应是在淡比灵河 Tembeling River 一带。中国的历史记载，7—13 世纪，彭亨曾经是以苏门答腊为基地的 Srivijayan 佛教王朝的臣属邦。15 世纪，彭亨亦受马六甲王朝所统治。在接下来的整个世纪内，富裕的彭亨成为柔佛王朝、亚齐王朝、荷兰人及葡萄牙人四角争夺战的典当品。最后，柔佛王朝将彭亨据为己有，统治达 200 年之久。当柔佛王朝渐渐丧失其影响力后，彭亨的大臣旺阿默 Wan Ahmad 自封为苏丹。1888 年，英国人委任了一位领事来管理州事务，后来，彭亨州亦成为马来联邦的一分子，直到日本占领马来亚为止。1963 年，马来亚联邦成立，彭亨州亦是其中一州，直到如今。

二　文冬的地理及早期开发

文冬（Bentong）是马来西亚彭亨州（Pahang）较大的城市，地处西马来西亚腹地。总面积为 689.04 平方千米，2010 年，总人口有 60813 人。其中马来人有 65549 人，占总人口 57%；华人有 38094 人，占总人口的 33.3%，还有印度人约 10410 人，约占总人口的 9%，其他种族（包含真正土著民族尼格罗—澳大利亚人种，即生活在丛林的尼格利陀人和塞诺伊人）约有 343 人，占总人口的 0.3%。①

文冬（Bentong）地处彭亨州西部产锡地带，距首都吉隆坡约 40 英里。与西海岸各地的来往极为频繁，是彭亨州内最早开辟的城镇之一。文冬开埠的年份，最早可追溯到 1880 年左右。文冬所在的地区被发现蕴藏锡矿，最初由小型公司以金沙沟形式零星开采；直到英国较有财力的投资公司涌入开发，但 1891 年彭亨爆发起义，文冬的斯曼丹土酋巴哈曼谋反，英资文冬锡矿公司受到攻击而被迫停止

① 数据来源于马来西亚 2010 年的人口普查。

采矿活动，两年后动乱平息仍难以恢复生产操作，故而英殖民政府鼓励游说华人矿家加盟。在英殖民政府提供的优惠条件下，许多华侨在文冬承包筑路和大规模开采锡矿，后来更是开发市镇。

据资料显示，早期马来亚19世纪的矿业开采属于“劳动密集型企业”，即整批人去开发矿区的同时需要各种生活资料，周边种植业也被带动起来，矿区附近因而形成集市，城镇就此诞生。在开发马来亚的进程中，不同籍贯的华人族群参与进来。在文冬，来自广东籍的陆佑是文冬的开埠功臣。1897年，英国驻彭亨参政司克利福德爵士（Sri Hugh Clifford）与陆佑签署采矿特许权合约并亲自挑选如今的文冬市镇所在地作为陆佑可以开采锡矿的地方。陆佑出生于贫苦农家，本姓黄，名佑，又名如佑，字弼臣，号衍良，原籍广东江门鹤山雅瑶镇黄洞村。陆佑出世不久父亲病逝，母亲和唯一的姐姐也相继病逝，留下孤苦伶仃的他，后获邻县新会桐井乡地主陆显收他为奴子，直契做陆家长工，改姓陆。后再因环境所逼，17岁的陆佑通过卖猪仔到南洋，先在柔佛丰盛港当矿工，3年后到新加坡烟酒庄工作，存了点钱开设兴隆号杂货店。他听闻霹雳拉律区发现丰富矿藏，有致富机会，又北上太平邻近的马登寻求发展，从此开始他白手兴家的传奇，先是在拉律锡矿场当行扛（厨师兼采购），筹得资金后在甘文丁与人合作开矿，凭着苦干精神很快成为小富翁，却因拉律战争而亏损。之后他获供应粮食给英国的驻军的合同，从挫折中爬起来，再在甘文丁开办新矿场，1870年末，锡价大跌，陆佑再次蒙损，却依然坚韧不拔，挺了过去。1886年前后，他转往吉隆坡和雪兰莪发展，跟英国驻扎官经营良好关系，靠着承包税捐执照和开采锡矿开始真正发迹。他运用庞大资金购置产业、股票，进行种植咖啡和橡胶等，还从事金融、建筑、运输、地产等多方面投资，在1913年创立了广益银行。陆佑的开矿事业，在19世纪末至20世纪初达到顶峰，1895年，陆佑在英殖民政府的鼓励下，从雪隆到文冬开采锡矿。他在1897年与英殖民政府签订合约，承建从吉隆坡通往文冬的道路工程，使得文冬矿区与吉隆坡衔接，政府也为陆佑提供优惠条件，在文冬拨出四千英亩矿地给他并且免了21年的矿地税。这一条从吉隆坡出发、经过峇冬加里，北上新古毛在通往文冬的路段，大多数地段都是山岭丛林，开辟过程十分艰辛，陆佑至少动用了八百多名工人组成工程队开山辟岭。随着陆佑在文冬的开拓，大量华人矿工进入文冬，早期以客家矿工为主，后广东、福建、潮州、琼州人陆续涌入，广西人大约在20世纪初期来到文冬，“文冬县区的广西人，早期散居在玻璃口、金马苏等地的园丘地区”①。文冬广西会馆成立于1910年。出生在地方上的蒙裕荣回忆说，文冬的广西人主要来自北流和容县，其他广西县份人较少。当时，文冬吸引了许多广西乡亲南来，首先是有人当水客，帮助乡亲两头来回跑动，传递信件、购买和携带各种物件，也带了许多同乡到来。②

陆佑开矿的同时也积极开发文冬，陆续开辟了文冬的三条主要街道，即陆佑街、辛炳街和崔贤街，兴建店铺。在文冬建设了双层砖屋3间店面的东顺公司，主要经营开矿和地产生意。

第二节　新村形成与空间布局

在马来西亚，“华人新村”是一个特殊的名词，这是20世纪50年代英国殖民马来亚时所设立的华人集中定居点。据统计，至1954年，英国殖民者在马来亚建立了480个华人新村。玻璃口新村也属于当时所建立的华人“新村”之一。

一　玻璃口新村的形成

英国殖民者建立的“华人新村”，源于20世纪50年代长达12

① 刘崇汉：《早期文冬华人史略》，《彭亨华族史资料汇编》，彭亨华团联合会1992版，第166—169页。

② 蒙裕荣：《非一般的乡情》，雪兰莪暨吉隆坡广西会馆《广西会讯》2004年第14期，第17页。

年的马来亚紧急状态时期，其建立的目的是禁止华人与马来亚共产党领导的马来亚人民解放军接触。这个策略后来被证明是相当有效的。英国当局在殖民战争中除残酷屠杀和迫害华侨外，强行将近50万华侨山芭居民迁入集中营——“新村”。[①] 对于马来亚的华人来说，50万华人从各地被驱进新村，整个马来亚无疑就是一个庞大、黑暗的集中营。“1950年2月底英军总司令布格里斯中将（General Briggs）发动的‘剿匪月’和‘新村’计划。前者以极大的军事优势妄图在一个月内扑灭马来亚民族解放军，尽管以五比一伤亡的代价为解放军所粉碎，解放军在40万殖民军警疯狂围剿下损失仍然是惨重的。后者以武力强行把山芭居民赶入用铁丝网围起来的‘新村’，试图切断人民和解放军的联系。到1954年为止，马来亚就有579800多居民被集中到480个‘新村’，占了全马人口的十一分之一。”[②]

表1-1　　马来西亚华人“新村”1954—2002年的变化

州属	1954年	1970年	1985年	2002年
玻璃市	1		1	1
吉打	44	35	33	33
槟城	8	8	9	9
霹雳	129	150	135	134
雪兰莪	49	42	42	42
吉隆坡		4	3	3
森美兰	39	41	44	43

① Richard Clutterbuch, *Conflict and Vioience in Singapore and Malaysa* 1945 - 1983, Westvw Press, 1985, p. 177.

② 根据马来西亚房屋与地方政府部统计，自1980年起共有452个新村，至2002年，其数量减至450个。但非全部新村都成立于紧急法令时期，计有48个新村成立于1948年，14个成立于1960年后。整体上来说，大部分新村都是在紧急法令实施时期首四年，即1948—1952年成立的。引自林天辉、方天养《马来西亚新村迈向新旅程》，第49页。

续表

州属	1954 年	1970 年	1985 年	2002 年
马六甲	17	20	19	19
柔佛	94	92	84	84
彭亨	77	48	55	55
登嘉楼	4	3	3	3
吉兰丹	18	22	24	24
总计	480	465	452	450

资料来源：1954 - Sandhu（1964），1970 年、1985 年及 2002 年—房屋及地方政府部。

从英国殖民当局来说，新村建立的动机主要出于政治目的，但对付马共的需要；在当政者的叙述中，建立新村虽然有其政治目的，但是更重要的是为了保护山芭居民的生命和财产免于受到马共的侵害，无疑赋予新村建立的正当性与合法性。因此，对于新村的叙述，当政者无疑是站在褒扬的角度叙述新村历史的。与当政者截然不同的是马共当事人的叙述，建立新村这一措施对于马共来说无疑是灾难，切断了马共游击队与村民的联系，马共无法获得粮食、药品和人员等补给。马共最高领导人陈平在《我方的历史》中对于“新村”也有描述。所谓新村，是四周用围篱、有警察巡逻、夜间有探照灯光，及全天受监视的“集中营”。“越来越多人被成群迁徙到新村里，村以高耸的带刺铁丝网包围着，有探照灯、有警卫、不时搜查，频繁盘问，及限制个人行动。”新村村民进出新村都要经过保安队员和警察的严密监视和检查，殖民当局因此控制了新村粮食的出入流通。不仅如此，为了监督村民粮食的食用情况，殖民当局还在每个新村推行集中煮食制度。这些措施的实施，成功地切断了马共“民运”的粮食供应线，随之而来的粮食匮乏和物资短缺，对马共形成了致命的打击。与此同时，新村处于军方和警方双重监控下，新村方负责监视新村情况，收集情报，掌握同情马共的新村村民与马共游击队的联系情况。

军方则负责在新村附近的森林、胶园巡逻，打击马共。重新集中的新村地区，四周都围了铁丝网，实行宵禁，保安部队驻守，村大门由军警守卫，每天进出要进行检查，防止居民把食物、衣服、药品等等携带出去。林延辉和宋婉莹的《马来西亚华人新村50年》是一本详细研究新村历史的著作。在这本书中也明确提到，新村的建立是英殖民当局为“杜绝一些受到马共份子威胁的乡区居民支援马共的斗争”，采取高压政策，强硬地将住在森林毗邻和偏僻地区的华裔居民集体迁到新村。他们被迫放弃家园以及离开赖以为生的耕地、矿场及胶园而迁入“集中营”。对于新村的样貌，书中有着这样的描写，大多数的集中营皆被指定在山坳处、河边或谷地，规划成一排排，一列列的屋地，后再用铁刺网把全村团团围住，四周设有碉堡式的哨所，出口处有检查站，高堆起沙包，防马共偷袭。对于个体的马来西亚华人来说，新村又意味着什么呢？一方面，迁移新村使他们必须放弃长期以来辛苦经营的家园，到一个陌生的环境，一切得从零开始，对于有着安土重迁传统的华人来说，不啻一种灾难。而且，其名曰的“新村”，设施简陋，管制严密，人们完全没有自由，出新村都得经过严格的检查。因此，殖民当局建立的新村实际上就是“集中营”。另一方面，迁移新村，山芭村民面对“两岸不到头”的局面，而成为“夹心人”的命运。山芭居民处在马共和英殖民当局之间，马共向他们要粮食的时候，如他们不合作可能惹上血光之灾，但如果听马共的指示，他们又得面对英军或者警察的拷问和逮捕。因此，新村的建立，客观上使山芭居民陷入两难的局面，成为政治的牺牲品。

正如上所说，由于20世纪50年代英殖民当局为了防范马共而使全马来亚进入“紧急状态”，华人被迫从各散居地迁至某地而建立起一个个的“新村”，玻璃口新村便是1948年英殖民政府为了对付马共宣布实施紧急法令而建立起来的“新村”之一，它也是彭亨州文冬市较大的5个“新村”之一。[①] 据调查，原本散居在文冬市周围园丘（橡胶）林的广西等其他籍贯的华人，是被迫搬进“新村”的。一位访谈者这样说道：

> 我是1951年出生的，就在这个村出生。我们这个村是在马共时期，紧急法令时期，华人由各个甘榜（乡村）里全部出来了（赶出来），当初这里是矿场地，是一片荒地，我们文冬的广西籍华人都被集中到这里居住，成了新村。有些是由同一个甘榜（乡村）出来的，就相互认识，大多数是不认识的。我们广西人都在这个村，旁边还有个叫“篱笆市”的大多数是客家人，隔壁是“金马苏”霸王村，也是福建人建的，再上去就是“暹猛”村，是四会人。我们刚开始定居下来时还在屋旁边种点菜，后来人多了旁边都盖了房没有菜园地种了。当初我们父辈每天都要很早出去到甘榜的（园丘）去割胶干活挣钱，因为园丘离这里很远，有几英里路，没有自行车，走路去，中午带干粮吃，下午3点就要回到村里，不然会被当作马共处理，开枪打死你，大家生活都很苦的。[②]

从这位访谈的口述里，我们可以获得这样的信息，即玻璃口新村的华人原先大多数是居住在文冬县周围乡村园丘的，后因紧急状态而被迫到新村的。他们之前有的认识，有的不认识，不过从各地被迁移至玻璃口新村的村民绝大多数都是广西人。

二 玻璃新村的空间布局

据资料显示，玻璃口新村位于马来西亚文冬市郊，它与文冬市

① 文冬市一共有15个新村，5个较大新村有吉打里、玻璃口、金马苏、力巴士和暹猛。

② 2016年8月4日笔者在玻璃口新村与张先生的访谈录。

只隔一条河，这条河叫“文冬河”。有关玻璃口新村因何得名，尚无历史记载和考证，也无从溯源。[①] 玻璃口新村所建立的地方，曾经是一个矿渣之地，最初只有一条大马路可以通行于此，华人定居之后，慢慢地改善了公共设施，建起了自己的房屋，开始定居生活。

图 1－1　玻璃口新村入口（郑一省摄）

从地理空间来看，文冬河从东面和北面围绕着玻璃口新村，而玻璃口新村的西边则与另一个华人村庄金马苏新村相连。玻璃口新村与文冬市区仅一河之隔，村庄有一条小桥向北通向文冬市区。

从玻璃口新村的布局来看，其为半封闭式结构。玻璃口新村由两条大道，即村西面的陈生大道（Jalan Chen Sang）[②] 和村东面的玻

---

① 据对玻璃口新村老人邓俊华的访谈，他认为玻璃口新村的名称由来是有历史的。即在玻璃口新村的上游，在暹猛路 9 英里（约 15 千米）的地方有一座很雄伟的森林高山，这座山的名字叫“玻璃顶（Perting）”，山脚下流着一条由三支溪流所汇流成的河，其中一条清水港流向文冬的河口交流处，这个河口交流处当年称为“玻璃顶河口”，河口的四边周围却住着很多人，这些人都务农，即种植蔬菜、水果、耕芭等工作，后期这个地方居住的人多了，在口头上渐渐的将之称为“玻璃口”，自然而然的之后将“Perting 新村”称为“玻璃口新村”。还有的说是因为祖辈去政府部门办事，办事厅里面都是玻璃办事窗口所以就习惯将办事厅叫作玻璃厅，把村子叫作玻璃口村。

② 陈生大道是作为玻璃口新村西面的一条纵向的路，但也有横向地插入玻璃口新村的陈生 1 路和陈生 2 路之间，横向地贯穿该村。

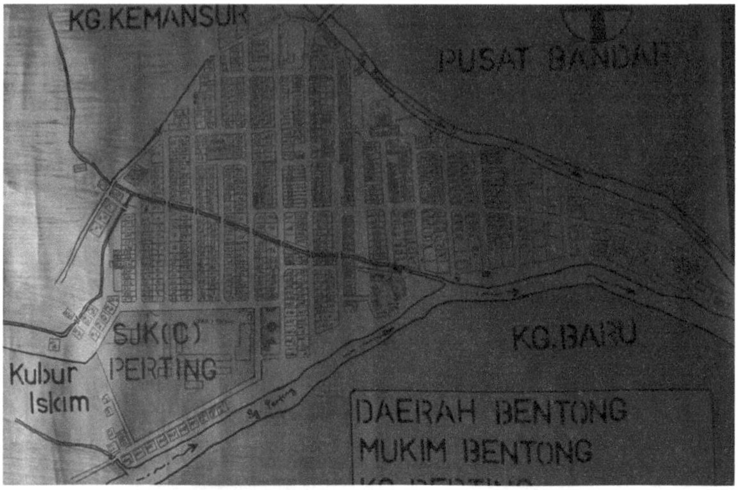

图 1-2 玻璃口新村全景图

璃顶4路（Jalan Ulu Perting 4）环绕，这两条大道宽约为9米（30英尺）。村内由7条横路，即陈生1路（Jalan Chen Sang 1）、陈生2路（Jalan Chen Sang 2）、陈生3路（Jalan Chen Sang 3）、陈生4路（Jalan Chen Sang 4）、陈生5路（Jalan Chen Sang 5）、陈生6路（Jalan Chen Sang 6）和陈生7路（Jalan Chen Sang 7）组成，[①] 这7条村内的路都是新村建立后慢慢修起和完善的。

除了这7条有名字的横向道路外，陈生大道（Jalan Chen Sang，村里人叫陈生路）由西插入村内的陈生1路和陈生2路之间，并向东至旧玻璃口村。此外，还有7条没有名字的纵横向道路，因此玻璃口新村一共有15条南北横向的村内通道。村内横向的道路宽约8米（30英尺），纵向道路宽度约6米（20英尺宽），这些道路都可以容纳车辆通过。由于玻璃口新村在当时是仓促而建，即缺乏有效的规划设计，村内的道路均十分狭窄，各家的房屋也高矮不一、规格不齐，且房屋之间的空隙极其有限。村内的房子建好之后，利用

① 陈生（JP）太平局绅（1891—1963），祖籍中国广西北流大坡外村，1910年来马来亚文冬从事锡矿工作，在积累大量财富后不忘回馈乡里，在日军攻占文冬时曾多次出面保护乡民，为纪念他的功德，玻璃口新村的道路统统被命名为“陈生路”。

挖沟取得的泥土填平沟壑，埋以砂石，便成了最早的道路，后来慢慢地把这些道路都铺成了水泥路，也就成了现在这个道路体系。

三　民族与人口

据2015年统计，玻璃口新村居民有675户，共2696人，由不同的族群构成，其中华人（Cina）2632人，其他民族如马来人（Melayu）、印度人（India）、暹人（Siam）等64人。[①]

表1-2　　2015年玻璃口新村村民的年龄层次及性别比例

序号	年龄层次	性别比例	
1	65岁及以上	总数：452人	
		男性：283	女性：169
2	41—64岁	总数：634人	
		男性：356	女性：278
3	20—40岁	总数：430人	
		男性：220	女性：210
4	13—19岁	总数：371人	
		男性：198	女性：174
5	7—12岁	总数：508人	
		男性：275	女性：225
6	5—6岁	总数：144人	
		男性：76	女性：68
7	0—4岁	总数：164人	
		男性：59人	女性：105人

资料来源：同注释①。

从以上表格看出，2015年玻璃口新村总人口2696人，男性有1467人，占54.4%；女性为1229人，占45.6%。而65岁及以上的有452人，占总人口的16.7%；41—64岁的有634人，占总人口

① PROFIL KAMPUNG：system profil kampong peringkat nasional（spkpn），disediakan oleh：Unit perancang ekonomi dengan kerjasama kementerian kemajuan luar bandar dan wilayah januri，2016，p. 5.

的23.5%；20—40岁的有430人，占总人口的15.9%；13—19岁的有371人，占总人口的13.7%；7—12岁的有508人，占总人口的18.8%；5—6岁的有144人，占总人口的5.3%；0—4岁的有164人，占总人口的6.1%。

在玻璃口新村的2632位华人中，广西籍的有2591人，占98%，其他为广东高州、四会、福建、客家等其他籍贯的华人。据调查，广西人移居马来亚最早的历史，可以追溯到太平天国时期。据资料显示，中国太平天国时期参加农民起义的广西人周勉等，为逃避清朝政府的镇压而流落在马来亚督亚冷埠的锡矿场做矿工。这些人生活稍安定后，便设法与家人联系。此后，陆续有一些人来到马来亚。① 资料显示，玻璃口新村广西籍华人先辈移民马来亚的原因有三个：

一是采矿和种植橡胶需要大量的劳工，吸引了不少广西人进入文冬地区。19世纪末20世纪初，英国殖民当局出于掠夺的目的，加紧开发马来亚。“举凡锡矿业、胶园业、木材业、造船业等．均需雇用大批劳工。而这些工人，都是以华人为骨干。因为华人刻苦耐劳，工作负责，因而被殖民当局视为最佳的赚钱工具。”而这一时期，就有大批广西籍贫苦农民相率来到南洋寻找生计。据文冬广西会馆的会史记载：

> 本会是在1910年创立的，本会目前拥有会员近千名……在本会未创立前，文冬县属已被发现蕴藏丰富的锡苗，所以采锡的矿场很多，加以土地肥沃，适合种植胶树，以致胶园密布，这些矿场与胶园均需吸收大量劳工。当时由广西南来而在文冬谋生的桂籍人士已有不少，他们在寄书回乡时少不免会劝请亲属或乡邻到文冬或马来亚其他地方来工作，信息传开后，由广

---

① 《容县史话》第2期，23—24页，转引自广西侨务志编辑室、广西华侨历史学会《广西籍华侨华人史料选编》，广西人民出版社1990年版，第15—16页。

西南来觅职的人士，相当踊跃。[①]

如成立于1910年的文冬广西会馆的五位发起人，便都是在这一时期来到马来亚的。如文冬广西会馆发起人浦旺亨（1881—1919），“年幼家贫而失学，16岁随宗叔浦鉴公到文冬”。会馆发起人陈瑞林系“于清光绪年间，离乡南来、居住文冬”。会馆发起人浦其生，“于1898年离乡南来”。会馆发起人周业棠，系“光绪三十四年（1908）南来本邦文冬为矿工”。会馆发起人李利“于光绪二十八年（1902）间，由中国南渡本邦彭亨文冬”。像这些在19世纪末20世纪初来到马来亚的广西农民，便是较早来文冬的广西籍华侨。可以说，广西人至少在20世纪初之前就到达了当时的文冬地区，他们早期是以自由移民的身份进入马来亚的，他们所从事的行业奠定了现代文冬广西籍华人的产业，特别是种植业的基础。

二是“卖猪仔”的原因而到达文冬地区。“卖猪仔”是19世纪中后期盛行的西方殖民者的一种野蛮的掠卖劳工的方式。那时，在东南沿海一些城市设有“猪仔馆”，由西方殖民者雇佣的一些掮客，用半欺骗半诱拐的方式招募华工，并运往海外。当时，广西的容县、岑溪、北流等县就有不少农民被“卖猪仔”到南洋而来到文冬地区。一位玻璃口新村85岁的老华人，他在提到当年父亲来马来亚时说道：

我祖籍中国广西北流市清水口镇大郡村，我的父亲18岁就来到这里（马来亚），那个时候广西乡下很穷，根本吃不饱饭，也没有工作做，当时是有个邻村人“客头”带他过来，也就是现在说的“卖猪仔”，当时人家帮你出路费，比如说实际路费用了两百块，但让你出三百块，你得给他们做工慢慢还，还完你就自由身了。我父亲刚来的时候不是在文冬，当时在新加坡那

① 来源于《文冬广西会馆百禧纪念特刊》，第53页。

边做工，后来来到文冬从事开锡矿，还完钱后，自己开始做点卖菜的小生意。[①]

还有一位说道：

我祖籍广西容县，我的公公第一代20岁就坐船过来，过来后就生了我的大伯和我父亲，我父亲有8个孩子，3男5女。当时他们是从容县先到香港，从香港到新加坡，再到文冬。当时英国需要大量劳动力，大量华人就介绍亲戚朋友过来，一开始做锡矿，后来这里的锡矿没落，就开始做胶园。我公公在英国政府的大胶园里做工，后来还清了卖猪仔的钱后，也攒了一笔钱，他就买一块地开始自己割胶，存钱后就再买地。[②]

上述事例，可以初步得出结论，早期马来亚的广西籍华人有许多是通过“卖猪仔”的方式南来，

三是因躲避战争和征兵而迁徙至文冬地区。20世纪二三十年代，中国国内军阀混战，民不聊生。随后，日本侵略中国，战火频仍，广西桂东南地区的民众又相率到海外谋生。一位玻璃口新村村民的祖父因中国国内战争，逃至马来亚：

我家是我公公那一代过来的，祖籍是广西北流，我们广西北流是讲白话的，我姓L，叫LYJ。我是在本地出生的，我听祖父和爸爸讲，我祖父因为战争的原因，国民党跟共产党当时打得很厉害，我祖父是国民党，所以他老远得跑到马来亚来。当时是从中国先到香港，但是香港那个时候很难生活，所以从香港又转到马来西亚来，后来生活安定了。之后他就接我爸爸妈

① 2019年2月4日笔者在玻璃口新村球场茶餐室与LZQ先生的访谈录。

② 2019年2月8日笔者在玻璃口新村与LZY先生的访谈录。

妈和大伯他们过来，祖父叫黎瑞田，我看那时候坐船也要一个礼拜。①

另一位华人 LSY 谈到其曾祖父也因逃避战乱随同乡来到马来亚："因为中国战乱，我的太公跟随同乡从中国广西来，1940 年我的爷爷出生，也就是第二次世界大战发生的第二年。"②

此外，民国时期的广西玉林地区饱受军阀混战、强抓壮丁之凌虐。由于富家子弟和官僚亲友的特殊待遇"免征"，导致征兵部门强拉贫苦农民的家庭单丁独子或不符合年龄的男丁入伍补齐兵丁。正因如此，当地的许多村民就会为了躲避征兵，逃至南洋，这样就可以尽量避免抓壮丁。陈 DR 先生的爷爷陈雪磬祖籍北流，1903 年就来到文冬，经过十多年后积累了一些财富才回到家乡，本想在家过日子，但回去没几天就遇上当地抓壮丁，无奈陈雪磬只得带着其儿子，即陈 DR 的父亲赶紧又来到文冬。③

玻璃口新村有 675 户，平均每户大约有 4 人。从祖籍地看，玻璃口新村的广西籍华人主要来自中国广西的容县、北流、岑溪等地。在我们随机对 200 位玻璃口新村居民的祖籍地所作的调查中，祖籍地为广西容县和北流的占了多数。一些村民谈到其先辈时说道：

我祖籍北流三五岭，我父亲叫谢新桐，19 岁时来到这里开锡矿，95 岁去世。我妈妈叫萧英，在 12 岁时嫁给我父亲。这是我父亲来了几年后赚钱带我妈妈过来的。那时 2 毛钱一天，我妈妈是由朋友带过来的，坐船 7 天 7 夜才到达这里。我父亲有钱后，就买了几块胶园，在我父亲去世后，留下 12 英亩胶园，后来 4 兄弟分了。④

---

① 2019 年 1 月 29 日笔者在玻璃口新村与 LYJ 先生的访谈访录。

② 2019 年 2 月 8 日笔者在玻璃口新村与 LSY 先生的访谈录。

③ 2019 年 2 月 12 日笔者在玻璃口新村与陈 DR 先生的访谈录。

④ 2016 年 8 月 10 日上午笔者在玻璃口新村与谢观水访谈录。

我叫彭峻珂，祖籍容县六王镇，1946年我父亲彭雷瑞从六王镇结婚后，带我妈妈陈兰一起过来文冬。我父母他们来到这里后就割胶，是与别人割胶，一直干到60岁。①

我叫潘惠兰，我父亲叫什么，现在都不知道了，我今年75岁。我父亲从容县来到柔佛，所以我出生在柔佛。后来因日本人就跑到玻璃口这里，主要是割胶。我十几岁与母亲一起去割胶。②

我1936年出生，广西容县人。父亲朱村楠，一九二几年父亲一人只身来到马来西亚文冬。父亲刚来文冬时打杂工。父亲1991年去世，去世时86岁。10年后，母亲也来到马来西亚。母亲此时才来马来西亚的原因是因为中国姐姐去世了，去世时8岁。日本人1942年来文冬，在整整3年8个月的时间里，所有人都躲进山里种稻子和木薯。我7岁时，也就是在日本侵略结束时，我母亲因大雨淋后病倒，送到文冬医院去世，我当时才7岁，有一个弟弟。日本投降后，我父亲又回到园丘（华人种植园），在地里望割树胶。③

从以上的访谈中可以看到，玻璃口新村广西籍华人的前辈大多是来自容县、北流等县。究其原因，一是桂东南地区人口稠密，田地较少，劳动人民谋生不易，只好到南洋另找出路。二是此处邻近广东，受广东地区“过番风”影响较大。三是这一带海外交通比较便利，可以经梧州、广州、香港转南洋，也可以由附近的合浦、北海的港口乘船南渡。他们到达文冬后要么到锡矿当矿工，要么到种植园（园丘）种植橡胶，要么在文冬打杂工。

---

① 2016年8月12日下午笔者在玻璃口新村与彭峻珂的访谈录。

② 2016年8月9日笔者在玻璃口新村与潘惠兰的访谈录。

③ 2016年8月10日晚笔者在玻璃口图书馆与朱光荣先生的访谈录。

第三节　村民的住宅与巴刹

玻璃口新村村民住的房屋，随着时代的发展而有所变化，即从早期简易住所，到类似别墅式的住宅。巴刹（Pasar）是新村的“市场”，村民们即在此采购生活用品，其也成为人们交流信息的场所。

一　新村村民住宅及其变化

一走近玻璃口新村的村口，便可看见不远处有一栋巨大宏伟建筑，这是一栋单体木质结构的房屋，村民们称之为“陈生大屋”，它是文冬市现存为数不多的几间大屋之一。①

图 1－3　陈生大屋（郑一省摄）

① 与陈生大屋遥相呼应的是位于邻村金马苏新村边缘的潘水大屋，其原本是文冬华人领袖潘粹芝的第一座大宅“荥阳堂”。潘粹芝祖籍中国广西容县六王镇，文冬人昵称他为“潘水”（粤语中水与粹读音相近）。他与陈生为翁婿关系，双方都为文冬的经济发展，以及广西籍华人社会做出过杰出贡献。据相关资料介绍，潘粹芝曾靠建筑承包业起家，参与过文冬地区多个房屋建设项目，包括华人大会堂、桥梁、水坝、道路等，被称为“建筑之王”。马来西亚第二任首相敦拉萨的父亲拿督胡先欣赏他的才能，授权他承接大量工程。1938 年，潘粹芝事业有成，在金马苏兴建了大屋“荥阳堂”。大屋共有 60 间屋子，除了他本人居住外，也是初来乍到的广西新客的落脚之所，潘粹芝只收取很少的象征性租金。如今，“潘水大屋”几经后人易手，目前已被改建成了旅游餐饮设施，被赋予了新的历史使命。新的大屋被命名为“BH 美食坊”。

“陈生大屋”建于1952年，是由当时文冬著名的华人领袖陈生所建。陈生祖籍中国广西北流大坡外村。1910年，19岁的陈生南渡来到马来亚。开始在雪兰莪的双文丹、宋溪葫芦（现今双溪毛糯）当了4年的锡矿工，之后来到文冬从事挖掘泥沟的工作。勤劳坚毅的品格使他在华人群体中崭露头角并积累了财富，他将20多年的积蓄开垦新芭、种植橡胶，并通过成立实业公司集资，向英国人购买暹猛几百英亩橡胶园。为了事业的发展，还在文冬成立桂昌有限公司，亦在霹雳怡保创办高桂锡矿公司，成为当时文冬地区最富裕的广西籍华人。陈生在经济上活跃外，还积极参与社团活动并担任要职，1947年，他出任广西会馆会长时会务发展迅速，在购置会址、胶园地皮等出了很多力。他也是文冬马华1949年设立时的第一代领袖，更是玻璃口新村于1950年产生的首位太平局绅。他于1956—1959年任中华商会会长，并在文冬大会堂曾出任副会长，并一直担任董事直到1963年。陈生富有和成为文冬社团的精英后，仍非常重乡情。早在二战前，陈生已深得文冬广西同胞敬重，他常为同乡解决难题，日占时期也为不少同乡作保。在玻璃口建村之时，由他签署村民身份证。

据村民介绍，“陈生大屋”最初是他与夫人的住所，后来也成为广西新客初来文冬时的暂时落脚之地。据访谈，“陈生大屋”曾分隔出30间小屋子，廉价出租给来到文冬的广西新客，不少现在的老一辈华人都曾在大屋度过一段温馨快乐的童年时光，这些村民也被称为“七十二房客”。根据一些资料记载，前文冬8届国会议员丹斯里陈声新的夫人潘斯里谢桂英，即陈生的儿媳曾说：她嫁给丈夫陈声新后生了6个孩子，都住在大屋，那时候生活很热闹，空闲时大家坐下来闲话家常，就是用厕所和厨房有点不方便，需要排队轮流使用。家公陈生对玻璃口新村的功劳相当大，以前新村的新房子都是陈生亲自分配的，但自己却选择了地势不平的地来建造大屋，理由是那块地位于新村的入口处，比较方便照顾村民。[1]

---

① 《文冬报》2018年第3期。

“陈生大屋”是玻璃口新村乃至文冬华人社会的历史见证者，具有十分重要的历史地位，其实它可以作为历史文化遗产，至少是玻璃口新村产生与发展的“见证人”。如果将“陈生大屋”作为一间“玻璃口新村历史博物馆”而保存下来，应该对玻璃口新村村民，以及整个文冬的华人来说都是意义非凡的。据了解，“陈生大屋”的产权仍属于陈生的后人，其曾有想法将大屋拆建成6单位的双层店屋，以顺应所谓经济发展的脚步。

图1-4　被围起来正在准备拆掉的“陈生大屋”（郑雨来摄）

十分遗憾的是，当我们2019年7月再次到访文冬时，玻璃口新村的“陈生大屋”已被拆掉不见了。

从“陈生大屋”来看，其属于玻璃口新村的第二代建筑，即木板屋。据调查，玻璃口新村村民居住的房屋大致经历了从最初的亚答屋到木板屋，最后再到现在的砖瓦屋以及别墅建筑的华丽转变。

“亚答屋”，是马来半岛较为原始的居住房屋，是用热带地区常见的棕榈叶覆盖屋顶，然后用树皮、竹子作为建筑墙的基本材料。“亚答屋”搭建简单，且不需要太多技术和成本，玻璃口新村最开始建的房子是亚答屋，即用竹篾编成的竹席作墙，而屋顶则是用棕榈叶（当地称之为亚答叶）做成的。据调查，亚答屋这样的房子，是最开始是紧急法令时期把广西籍华人迁移到玻璃口新村之后，由负责人带动，华人们共同努力一起建起来的。由于当时的华人经济条件有限，没有办法把更多的钱投入房屋建设上来。于是，华人们只能先搭建一些较为简单的房屋。由于地处热带地区，文冬山林盛产棕榈树，其叶子具有很好的遮阳挡雨的功能，也就成为华人建房顶的首选材料。由于玻璃口新村最初是一片锡矿渣地，华人们先是把泥淖的土地弄平整之后才在上面搭建房子。房子是批量建设的，最开始的时候，华人们用卡车把竹子和棕榈叶拉到玻璃口新村，把房子的支架弄好之后，根据房子的规模，把竹子修理整齐，然后围成墙，固定在房子的四周，留下门和窗的空间，屋顶铺上棕榈叶。就这样，一间间的房子建好了，华人开始入住。后来，到了20世纪六七十年代，锌片兴起，人们就将棕榈叶撤下，换上锌片，这样以锌片做屋顶的亚答屋，就代替了以前用棕榈叶搭盖屋顶的房屋了。目前这种亚答屋，在玻璃口新村已经不见踪影。只在老年人的口述中才能依稀浮现出它的样貌。有村民回忆：

> 搬迁至新村的初期，我们新村的房子都是我们自己用亚答、锌片建的，像我家都有两次装修，都靠自力更生。我爸爸当时建屋子，墙都是用一片一片的竹子、再用棕榈叶围起来。①

我们还了解到，早期亚答屋都是迁移至此的华人临时住所，甚至只能算作临时的“帐篷”，当华人逐步稳定下来后，他们就会重新装修改建自己的屋子，把“亚答屋”升级成木板屋。

木板屋，是玻璃口新村的第二代房屋。所谓木板屋，就是主要用木板作墙壁加锌片做屋顶的房子。定居玻璃口新村之后，部分玻

① 2019年2月8日笔者在玻璃口新村与刘忠义先生的访谈。

璃口新村的人通过拼搏，取得了一定的经济收入，生活条件改善之后，就开始改造房子，把原来的亚答屋改造成木板屋。因为亚答屋虽然比较通风，比较凉快，但是毕竟是竹子和树叶做成的房子，安全系数低，偶尔刮风下雨，房顶还会漏雨，极不方便。所以，玻璃口新村华人便把亚答屋改为稍微坚固的木板房，即把原来的亚答叶撤掉之后，将一块块的木板，连成四面墙，并在房顶上盖上锌片，这便成了玻璃口新村第二代房子。在调查中，木板屋一般是一层的，也有建成两层的，其中最具代表性木板屋是“陈生大屋”。木板屋属于第二代建筑，除了“陈生大屋”外，玻璃口新村现仍存几间简易的木板屋，有的已经废弃，但有的依然有人居住。只有几户比较困难的家庭还残留着几栋木板屋。

图1－5　玻璃口新村残留的木板屋（郑一省摄）

砖瓦房，是目前玻璃口新村村民的主要房屋建筑，如今新村90%以上的村民都住上了崭新的砖瓦房。随着经济的不断发展，玻璃口新村的华人的经济条件越来越好，大部分华人都住上了木板房的时候，部分华人已经把木板房拆掉，建成了由砖头砌成墙加上琉璃瓦做屋顶的房屋。玻璃口新村华人的房屋，大抵不会超过三层，一般为一层，有些人家会做成两层，因为以前是矿渣地，土地不牢固，修建太高的屋子可能会地陷。

玻璃口新村的房屋建筑没有千篇一律，一般都有自己的特色，而且村民们会根据自己的喜好，给外面的墙粉刷颜色，也会在里面的墙抹上石灰。大部分华人家庭已经住进了砖头房，每家每户门口

图1－6　玻璃口新村的砖头房屋（郑雨来摄）

靠右的地方都会写着各个家庭的门牌号。

别墅，是目前一部分富起来村民建造的房屋。玻璃口新村的华人通过筚路蓝缕、艰苦创业，许多人已经取得了不凡的成就，生活越来越富足。有些华人因为家里兄弟姐妹较多，在取得一定的成就之后，便搬离家里，到文冬市区或者是花园直接买商品房。“英雄花园”这样的地方便成了玻璃口新村华人的首选之地。现在很多玻璃口新村华人都到这些地方建造了别墅，这些地方都是别墅区。华人所建的别墅大多具有欧洲风格，装修简洁却不失典雅。在玻璃口新村，一些富有的村民也将自己的房屋改造成类似别墅式样的居所。

随着玻璃口新村华人生活水平的不断提高，村里的楼房数量越来越多。一楼的基本结构与平房无差异，有的有低矮的栅栏围墙，有的没有。门厅会开很大的窗子，落地窗推拉门。有的会在这个基础上起了第二层。没有了铁皮的房顶，而是改成了我们常见的水泥平顶。华人喜欢将自己的房子涂上颜色，鲜艳的颜色多数是他们的最爱。而作为商铺的家，集合了两种房子的特长，门厅改成了商店，商店后面和二楼是店主生活的起居室。为了保护自己的财产，门厅的栅栏围墙换成了铁制的大门，将整个门厅全部包起。做生意的时候就敞开大门欢迎客人，休息的时候就大门紧闭。

图1－7　玻璃口新村兴建的别墅式住宅（郑一省摄）

虽然从外表看起来玻璃口新村的房屋各式各样，但房屋结构也有着一定的相似性。一般来说，玻璃口新村华人的大部分房屋外面有一个带凉棚的门厅，大家把鞋放置在门厅上，进门就是房间的客厅，后面是厨房，连接厨房和客厅之间有上到二层的楼梯，二楼更多的为卧室。在厨房的旁边，会有一个小的杂货间，或者可以说是家庭的小作坊。玻璃口新村华人每个家庭都会有这样一个小作坊，在生计之初都是在家里搞生产。

比较特殊的是，每个华人家庭的后面都会有一个小门。小门打开都有一个互通的走道，可以通往其他的住家或者另一条街道。生活在这里的华人告诉我们，因为当时村子有规划道路和房屋间距，但是有很多人非法建屋，就建在道路和间距里，所以每家每户隔得非常近。而后门则是为了避难而设置的，有的家庭后门还曾经为马共逃避追捕提供了方便，现在后门都是用来串门用的了。

在玻璃口新村还有一个独特的景观，是许多华人家庭住宅大门上的“堂号”，即将自家姓氏代表的郡望名称高高悬挂在家门口最醒目的位置，以彰显敬祖精神。长期以来，“百家姓”代表中国人的根。中国魏晋南北朝时期，由于门阀制度的盛行，地方上形成了众多世家望族，为了标榜自己家族的来源和身份，他们都会在姓氏前加上地方的郡名，如清河崔氏、琅琊王氏，这即是“郡望”的由来。“郡望”文化也随着中国传统宗族的迁徙被发展保留到了现在，并随着华人的脚步来到海外。

图1－8　新村内挂有“鲁国”和“颍川”堂号的人家（郑雨来摄）

在玻璃口新村，有20多种“堂号”，其中包括陇西（李）、弘农（杨）、颍川（陈）、西河（林）、天水（壮）、庐江（蔡）、渤海（吴）、荥阳（郑）、太原（郭）、范阳（卢）、宝树（谢）、江夏（黄）等等。据了解，“堂号”有些已经历数代，甚至有的是其祖先从中国带来，代表家族文化的基因，熟悉的人看过一眼就能知晓这家主人的姓氏。玻璃口新村华人对家族的这种“堂号”格外珍视，特别选用高档的材质制作和装饰，甚至镶以金箔，端端正正的挂在门楣，每当新年时还会认真擦洗一番。

“郡望牌”承载着祖先的发祥地，体现着华人认祖归宗的意识，也寄托着浓浓的乡愁。不过，随着新村的变迁，已有不少人搬出新村或者改建原来的房屋，新式的房屋很少能够保留堂号，年轻人认为这已是没有意义的老物件而不再珍视，在时代的浪潮中，传统文化能否继续传承和发扬值得深思。

据调查，玻璃口新村总占地面积为 22 英亩，其中 6.38 英亩（28%）是临时土地使用准许（Temporary Occupation Licence），另 7.7 英亩（35%）是 30 年地契、7.7 英亩（35%）的 99 年地契、0.22 英亩为其他。20.68 英亩（94%）土地为住宅用途，另 1.32 英亩是商业用途。玻璃口新村一共 675 户家庭、580 间屋子，砖石屋有 87 间（15%）、木屋 29 间、砖木混合屋为 464 间（80%）。[①]

表 1－3　　玻璃口新村的建筑面积规划图

使用类别	临时土地使用后准许	30 年地契	99 年地契	其他	合计
面积/英亩	6.38	7.7	7.7	0.22	22

用途类别	住宅用途	商业用途	合计
面积/英亩	20.68	1.32	22

房屋类别	砖石屋	木屋	砖木混合屋	合计	
数量/（间）	87	29	464	580 间	675 户

资料来源：玻璃口新村村政府提供。

在玻璃口新村建立初期，村子的建筑是以两间房屋做单位划分为一个户（家庭）住宅，每户（家庭）住宅的面积大约是 50 平方米（即宽 20 英尺，长 30 英尺）。每户（家庭）住宅的中间留出一个长宽为约 2 米（6 英尺）的间距，这些房屋间距便构成了所谓的“小马路”（小巷子）。不过，随着新村人口的增多，特别是子女的增加，他们必须建造自己的房屋居住，所以只能去找空地建屋，有一部分人无奈被迫迁往新村建立之前的居住地“旧玻璃口村”建立

① 资料来源于玻璃口新村村长李 RZ 提供的《2015 年玻璃口新村人口与房屋统计》。

房屋[①]，而大多数家庭由于人口的增多便将自己的房屋向外扩建，以至于侵占了原来留出的“小马路”（小巷子）空地。有关这些变化，一些访谈者这样说道：

> 以前规划都是两两房子为一格，每个家庭的屋子规格是20尺乘30尺，每格间隙还留了20尺做小马路，后来人多了扩建屋子就占了路不能跑车了，所以现在就没有小马路，只留下能过人的小小巷子，有的甚至连在了一起不能过人了。
>
> 大马路以前就没有这样多，以前有五条马路。房屋前后的马路是30尺宽，当时可以跑车的。后来人越来越多，又开出来，到现在整十条都有了。[②]

正因为如此，许多原本作为每户与每户之间的那些间隔，即“小马路”（小巷子）就逐渐消失掉了，这样玻璃口新村几乎挤满了房屋，从而形成了村庄现在的格局。不过，玻璃口新村的这种居住结构，似乎改变了村民的居住关系，大部分村民不得不“紧邻而居”，共同处理居住、治安、环保等问题，从侧面上推动了村民之间“包容和互助”关系的发展，使新村整体呈现出和谐融洽的生活氛围。

目前，玻璃口新村的基础设施齐全，村内所有的道路均为柏油路，每隔十几米还会有路灯，以方便夜间出行的人。村内的排污设施也较为完善。早在20世纪70年代，玻璃口新村就做到了家家通

---

① “旧玻璃口村”在玻璃口新村建立之前就已经存在。20世纪40年代紧急状态时，居住在旧玻璃口村及其周边的居民被迫迁出居住地。20世纪70年代，玻璃口新村及附近居民由于家庭人口逐渐膨胀，加上缺乏屋地，为了解缺住的问题，被迫回到之前居住地，即旧玻璃口村，并相继在那里建了130多间木屋，这些木屋被当时的政府视为“非法”，彭亨州土地执法组为此专门开展了一个拆毁“非法屋”的行动。后经文冬市州议员、丹斯里陈声新的请求才停止拆屋行动，从而避过了一场浩劫。除了较早时被拆的7间木屋外，终于保存了剩下的129间。经过拆屋行动后，村民成立了旧玻璃口非法木屋区委员会，1984年改为亲善委员会，1998年后又成立乡村发展治安委员会，从而发展成为一个新的村庄。

② 根据2016年7月27日在谢氏联宗会楼下茶餐室对梁GJ的访谈。

水通电，并在新建的房屋中增加卫生间，取消了原来的公共水喉（自来水管）和卫生间。不过，新村面临的最大问题就是土地问题。之前由于居民的房屋没有地契，对村民的生活构成巨大压力。马来西亚新村房屋地契可分为临时租赁地契、30 年、60 年、90 年、永久性及其他性质的拥有权。自 1985 年起，政府已决定将所有新村的房屋地契延长至少 60 年。① 在彭亨州，州务大臣曾宣布凡在州内持有 60 年地契的房屋一律免费延长至 99 年，新村的土地问题得到些许缓解。近几年，村内汽车保有量大幅度提升，几乎家家都配备了汽车，有的甚至不止一辆，缺少停车位的村民就索性把车停在路边，造成了道路堵塞，有的村民为了改建停车场扩占土地又加重了用地的紧张，也造成不少的问题，比如，玻璃口新村的道路十分狭窄，最宽处仅有十余米，而且主要道路不多，没有院落停车位的村民就索性把车停在路边，造成了道路堵塞，再加上新村内住户的房屋间距基本可忽略不计，老人儿童穿行其中，交通事故也是重大隐患。

图 1－9　狭窄的新村道路（郑雨来摄）

① 林廷辉、方天养：《马来西亚新村：迈向新征程》，策略分析与政策研究所 2005 年版，第 59—60 页。

从卫生设施来看，玻璃口新村还不是十分完善，虽然家家户户均配备了现代化的抽水马桶、清洗台，村内也有完善的下水管道，但是各家各户习惯把洗菜、洗衣等产生的生活污水排放到村内的小河沟内，使得房前屋后的河沟成为污染物堆积、细菌滋生的“重灾区”，对新村的环境造成了一定影响。

图1-10　新村内房屋后的排污渠（郑雨来摄）

此外，新村存在的问题还有供电设施老旧，电线缠绕破损严重，以及村内缺乏生活垃圾处理场所，生活垃圾不能及时运出等问题。

二　巴刹

巴刹一词来自马来语（Pasar），其意思是市场、集市。玻璃口新村的“巴刹”（Pasar）位于村的中心，其前身是一间公共厕所的位置。巴刹对面的一条街叫“卖菜街”，巴刹也是因“卖菜街”而发展来的。这条被村民戏称为的“卖菜街”，是在巴刹出现之前村民们的主要交易场所，后来在政府的督促下才将“卖菜街”交易集中安排在巴刹这个地方，从而形成了现在的巴刹。

巴刹，即集市，是人类社会发展的产物，是经济与文化生活的

图 1－11　玻璃口新村的“巴刹”（郑一省摄）

中心，集市贸易反映了乡村社会最主要的经济文化活动，而研究华人的经济文化发展现状，集市也是十分重要的一个内容。

现在玻璃口新村“巴刹”（Pasar）一共有 29 个摊位，市场有两个门，从正门进入，有 6 排摊位，第一排的摊位编号分别是 GT3、GT2、GT1、GR1、GR2，第二排的摊位编号是 GB6、GB7、GB9、GB10，第三排的摊位编号是 GB1、GB2、GB3、GB4、GB5，第四排的摊位编号是 GS7、GS8，第五排的摊位编号是 GS1、GS2、GS3、GBH1，后门也就是第六排有一个摊位。其中有 4 家卖猪肉的，1 家卖海鲜的，5 家卖菜的，2 家卖杂货的，1 家卖豆腐的，1 家卖鸡的，卖鸡的只有每周一来卖，因为卖鸡的老板在文冬街上的“巴刹”（Pasar）还有一个摊位，只有周一街上“巴刹”（Pasar）关闭了，他才来玻璃口新村里面的“巴刹”（Pasar）卖鸡。玻璃口新村巴刹（Pasar）后门处摆菜摊的蒙先生[①]告诉笔者，他已经卖菜 40 多年了，卖的菜有姜、白菜、西红柿、青菜、番薯、土豆、葱、榨菜、豆芽、青瓜、粉刹、葱等，其中葱是从中国进口的，每千克 10 马币。蒙先生每天卖菜时间是上午 7—11 点。蒙先生告诉笔者巴刹是有专人管

① 2016 年 8 月 18 日上午笔者在玻璃口新村巴刹与蒙先生的访谈录。

理的，在这里摆摊是要交钱的，每年交摊位费200—300马币，税100马币。蒙先生说现在经济形势不太好，卖菜的收入也大不如前了，以前每天能卖400—500马币，现在每天只能卖200—300马币。①

有意思的是，在玻璃口新村巴刹里蔬菜、瓜果、服装、鞋帽混杂在一起，他们对这种随意摆放商品、架设摊位的行为“习以为常”，而且商贩们也觉得这种市场状态有利于其做生意。随后，我们对前来集市上购买商品的消费者进行了随机性的访谈，在访谈中发现：前来集市上“赶集”的消费者对于巴刹的这种“混乱”现象，不觉得“混乱”，而且认为“很热闹”。从这一点来讲，集市中的参与者并没有因为市场内百货、日杂、服装、鞋帽等摊位夹杂着进行交易而感到很大程度上的不适应，反而对这种热闹场面产生了一种习惯性的适应感。从前来消费者角度来分析，人们逛巴刹一方面是为了购买生活或是生产所需的商品，集市在实现消费功能的同时，还提供了一种“热闹”的场所，这在某种程度上实现了巴刹对当地居民休闲娱乐性需求的满足，集市的这种“热闹”现象，成为玻璃口新村内独特休闲娱乐场所的构建。

除此之外，在巴刹里的参与观察中可发现：在集市的“热闹”氛围之中，经常能够看到村民和摊主之间打招呼。笔者在多次前往玻璃口新村的巴刹之后，由于同当地商贩的交往，使笔者自己从最初的“陌生人”逐渐变为“熟人”，笔者认为：集市上人与人之间基于商品交换的问候交流，在于买卖两者之间处于现实利益和社会再生产为考虑的互惠性社会礼仪往来。这种问候式的流动更多地转化为了一种信任、情感、道德的力量。所以，在一定意义上可以说，集市之间的交往充满了人情的厚度和人性的光芒，并一定程度上保证了集市中社会群体之间贸易关系与良好社会秩序的生成和维持。

与我们熟知的中国国内市场不同。玻璃口新村的巴刹具有以下

① 2016年8月18日上午笔者在玻璃口新村巴刹与蒙先生的访谈录。

几个基本特征：第一，具有明显的时间性。与国内的市场不同，玻璃口新村村的巴刹就有时间性。早上 6 点开集，中午 11 点闭市，可以说这是典型的早市。这其实符合了当地的生活习惯。热带地区常年高温，特别是一到午后，街道上更是少有人走，所以养成了过午不出门的习惯。第二，商品具有临时性的特征，流动商贩起到调剂余缺的作用。在巴刹里，有些商品是要随着节日或者时令出现的，例如，清明节时期的香烛、纸钱等祭祀商品，端午节时期包粽子的粳米与芦苇叶子，中秋节时期的月饼以及春节时期的对联与鞭炮等等，这些商品在节日到来之时就会出现在集市之上，其经营此种商品的商贩也具有临时性，他们平时并不在集市中交易，只有在上述节日到来时才会出现。

巴刹作为集市，本身就是一个经济活动的场所。玻璃口新村最初建立巴刹也是为了谋生。所以巴刹的产生必然带动玻璃口新村甚至周边经济的发展。同时玻璃口新村巴刹的辐射范围正在不断地扩大，除了玻璃口新村人家的日常消费大部分来自巴刹，玻璃口新村的巴刹还吸引着周边其他新村的人，特别是在周一，文冬街上的巴刹不开市，文冬街上的人会到玻璃口新村品尝早餐或购买吃食。此外，巴刹还是一个信息交流的场所。逛巴刹的人除了来买东西，也是来听听有什么新鲜事情。买客和卖客一起聊天可以打听到各种新闻和新事物。巴刹传播各种信息的同时，对于巴刹上的群体及行为进行潜移默化的教育。巴刹是传播信息的重要场所。人们在商业贸易，物品交换的过程中可以得到关于人生和外界的各种信息和知识。同时到巴刹做生意的一些小商贩也了解到消费者需要的各种信息，与外界的交流也愈加频繁。隔壁的文冬市民、邻村的马来人也来到村里的巴刹占得了一席之地，与玻璃口新村的居民建立了深厚的友谊。

每逢星期一，玻璃口新村的巴刹熙熙攘攘，早市里卖的东西应有尽有，从可食用到不可食用的，如：蔬菜、肉类、糕点、熟食、厨房用具等等都可在早市内找到。出现这种现象，是因为星期一是文冬市巴刹的歇业之日，文冬人也会在这一天涌入玻璃口巴刹来，所以玻璃口新村的巴刹，在每星期一就成为最旺的一天。

图1－12　春节期间玻璃口新村巴刹外围的临时摊位（李岩摄）

届时文冬街上很多摊位都到新村里 Pasar 的后门外两侧摆起临时摊点。隔壁新村和街上的人都会到玻璃口新村的 pasar 来买东西。春节也是同样，就连从玻璃口新村通往金马苏新村的村道上也会摆满临时摊位。各种零食小吃、春联福字、年饼、祭祀火烛的小摊都摆了进来，把玻璃口新村围得水泄不通。

除了巴刹内每天都有的本地新鲜时蔬、鲜鱼、猪鸡肉、干粮杂货等，还有外地人过来卖的衣帽鞋袜、音影 CD、香火神料、日用杂货等。每到华人的重要节日，如春节、端午节、中秋节等，巴刹还会迎来一波又一波的赶集人潮，经营时间和范围也会扩大。据观察，有多数的商品从中国进口，一位姓韩的海南籍华人商贩介绍，他所卖的所有小吃、调味料等产地都是中国，是从吉隆坡一家专营中国货的批发公司批发过来的，此外巴刹还有从中国来的流动或固定商户，巴刹内有一位福建莆田的女老板，她租下了一间摊位，常年售卖一些从中国市场淘汰的廉价女士衣物，她每年多次往返中国和马来西亚，主要在新村售卖，这些廉价衣物在新村人群中有着不错的市场。还有一些常年在马来西亚做生意的中国商人，他们多为女性，一般持有短期的签证在马来西亚长期居留，他们游走于各地，或售卖中国商品，或代理一些中国品牌。

图1－13　热闹的周一早市（郑雨来摄）

据巴刹一家卖鱼的摊主介绍，他主营的海鲜摊有各种档次的海鱼、淡水鱼、虾等，他的生意是有40年卖鱼经验的父亲传给他的，目前除了零售，他还批发给本地的海鲜酒楼。每到周一，他的生意就格外火爆，无论周围市镇的村民，就连吉隆坡的商户也过来买他的鱼。

图1－14　周一早市卖日用百货的摊位（郑雨来摄）

平时巴刹虽然显得嘈杂拥挤，但是卫生状况并不差，这主要得益于近几年小贩们养成了自律的好习惯，即便是周一早市人满为患的时刻，小贩和顾客们也能做到井然有序，不乱扔垃圾，也不乱摆

图1－15 周一早市卖神料香烛和百货的摊位（郑雨来摄）

放摊位。新村巴刹的出现，很好地解决了村民的生活需求问题，使他们就近就能买到廉价且多样的商品，同时也是部分村民们的生计，他们共同让玻璃口新村的经济更加活跃，无论是本地人还是外地人都把这当成重要的经济活动中心，外地过来的采购人员也能在旁的茶餐室就餐喝茶，本地人既赚钱还了解外界资讯。新村巴刹与文冬巴刹有条不紊地配合，营造出欣欣向荣的氛围。

第二章　玻璃口新村华人的生计及职业

早期下南洋的中国移民，无论是自由迁移，还是被卖猪仔的，他们大多数都是农民，为了糊口或生存，即使再繁重而艰难的工作都会抢着去做。玻璃口新村华人先辈，初来马来亚时只要能生存下来，什么活都干过。据调查，玻璃口新村华人的经济变迁主要经历了从早期的开采锡米，种植橡胶树，到有的仍在种植橡胶，或种植榴莲，有的在村内开茶餐室、咖啡馆、豆腐坊，也有的在家中经营食品加工，有的前往吉隆坡或其他地区工作，或在文冬市区打工等等。

第一节　锡米业与种植经济

开采锡米、种植橡胶是玻璃口新村华人早期产业，也是其传统的行业。随着锡矿资源的衰竭，以及橡胶经济的转型，橡胶为棕榈树、榴莲等经济作物所替代。

一　开采锡米

文冬地区在历史上盛产锡矿。19 世纪 50 年代，迁移到文冬的华人便探测到文冬蕴藏着丰富的锡矿。从这个时候起，文冬已有不少华人为开采锡米在此安家落户。他们从早期的都赖路、马胶山、文冬市郊以至加叻路一带开采锡矿，到后来的文冬市镇，包括现在文冬广福庙的原址、玻璃口新村坐落的地方都成为他们采集锡米的集地。

早期文冬还未开发，前往文冬采集锡米的人们需翻山越岭，险阻难行。不过，前往矿区采矿的华人仍未间断。华人前往文冬采矿者，可能从两条路线移入文冬矿区，其一是从吉隆坡登崎岖山路，抵达文冬区的大盆地，另一条路线则从吡叻和丰及积峩营一带，经过古毛，绕山芭到劳勿，然后前往文冬。广西人最先从吡叻到达文冬，是为逃避拿律战争（1862—1872），其可以说是第一批到达文冬开采锡米人数较多的华人。[①] 除了从吡叻来到文冬，还有从中国直接南来文冬开采锡米的广西人。像广西文冬会馆的五位发起人浦旺亨、陈瑞林、浦其生、周业棠和李立公都曾作为开采锡米的矿工。如浦旺亨“16 岁随宗叔浦鉴公到文冬，初以矿工为业，数年间任暹猛路四英里和昌港矿场管工……待扩张业务，集数友人合资经营都拉路七英里及加叻路十条石与十五碑等矿场，进展无多。继后自资开采吉隆坡路十八碑港门锡场，成绩甚佳，同时展布业务于辛炳街开设怡泰昌号锡米店……”[②]

这些广西人与其他籍贯的人在文冬采锡米，早期主要是采用“洗琉瑯”方式采集。这也就是两三位男性工友结伴携带简单的淘洗器具，如短锄、小铲、搭勺、小桶、琉瑯、刀斧、米粮或干粮等，进入崇山峻岭，于山涧两旁或岩洞穴寻找锡米的蕴藏处。当发现泥层下面的泥土含有丰富的锡米时，则以短锄、搭钩将矿土挖出并移至有水源的山涧里，用琉瑯淘洗获取锡米，这种淘洗锡米的方式俗称“做山老鼠”。除了“洗琉瑯”淘锡米外，还有割泥沟式、横窿式和泥窿式采矿法，以这些方法获得锡米，其盛行于 19 世纪与 20 世纪的初期。如遇好运气，工友们每人每日淘获的锡米多达三四十斤甚至六七十斤都有可能。而这些早期的华人锡矿场处于荒僻之地，工友们住在临时的栖身处，风餐露宿时更恐蛇兽侵害，此种工作与

---

① 拿律战争是指 1850 年左右因在吡叻的拿律发现锡矿，许多华人前往拿律开发，后由此在 1862—1872 年引发海山派和义兴派借助当地土酋为争夺锡矿采伐权的的斗争。

② 《彭亨文冬广西会馆五十周年金禧纪念特刊》，第 11 页。

生涯实为艰险。

1890 年后，英国锡矿公司（Bentong Company）在文冬成立，雇用了不少华人矿工。但第二年，即 1891 年彭亨斯文丹土酋巴哈曼发动叛乱并攻击该锡矿公司，采矿工作便告停顿。直到 1895 年，英国政府为了鼓励西海岸的华人矿家前来彭亨投资，许诺与其合作者可获得修建文冬矿区的道路，以及开办锡矿公司的权利，陆佑这位雪兰莪矿家便是在这个背景下来到文冬的。由于陆佑的参与，文冬的锡矿业也开始发展起来。1897 年的这一年里，便有大约 7000 名的华人抵达文冬开矿，这些工人大多是通过新加坡的"猪仔"形式过来的，其中有许多是广西人。一位玻璃口新村 85 岁的广西籍华人，在提到其父亲来马来亚时说道：

> 我祖籍中国广西北流市清水口镇大郡村，我的父亲 18 岁就来到这里（马来亚），那个时候广西乡下很穷，根本吃不饱饭，也没有工作做，当时是有个邻村人"客头"带他过来，也就是现在说的"卖猪仔"，当时人家帮你出路费，比如说实际路费用了两百块，但让你出三百块，你得给他们做工慢慢还，还完你就自由身了。我父亲刚来的时候不是文冬，当时在新加坡那边做工，后来来到文冬从事开锡矿……①

随着大量工人的到来，锡米价格在 1897 年开始上升。陆佑锡矿的业务也在 1898 年更加迅速地扩展，并建立了自己的溶锡厂，1898 年彭亨副参政司克礼福在其报告中写道："在短短一年里，文冬已被发展为一个稍具规模的市镇，这里多个锡矿区都在蓬勃发展，道路也连贯起来，同时政府也拨出建筑费用 S6800 透支费用。"② 到了 1910 年，文冬埠附近的玻璃口山谷及立巴山谷地带又继续发现新的

---

① 根据 2019 年 2 月 4 日在玻璃口新村球场茶餐室对 LZQ 先生的访谈。

② 刘崇汉：《早期文冬华人史略》，第 168 页。

锡矿地，而欧洲人在此时开始采用先进的开采技术，即使用产锡船，如 1917 年便有一家英国人的铁船公司在玻璃口河场地带开采锡米。英国锡矿公司虽然有现代的开采技术和设备，但陆佑的多间锡矿公司以及其他华人的锡矿公司的锡米产量却非常可观，其在 1913 年的文冬锡产量保持在 14000 担的水平，这个产量一直延续到 1920 年，这是 1909 年文冬锡产的两倍，而英人的铁船锡产则为每年 400 担左右。[①] 文冬锡矿的开采，促进了文冬的发展，也带来了大量华人，特别是广西人的移入。在文冬锡矿的开采活动中，广西人主要做矿工，也有的是参与修建道路、建筑街道的劳工。

20 世纪 20 年代后，马来亚的华人锡矿业开始衰落，一战之前 1900 年、1907 年和 1913 年爆发三次经济危机，各国原料和商品滞销，马来亚首当其冲的是锡业，锡业一度跌价到每担二十余元。[②] 与此同时，英国资本家在殖民政府政策的庇护下，大举收买华人锡矿业，一些欧洲国家也在同一时间开始大肆吞并华人锡矿。

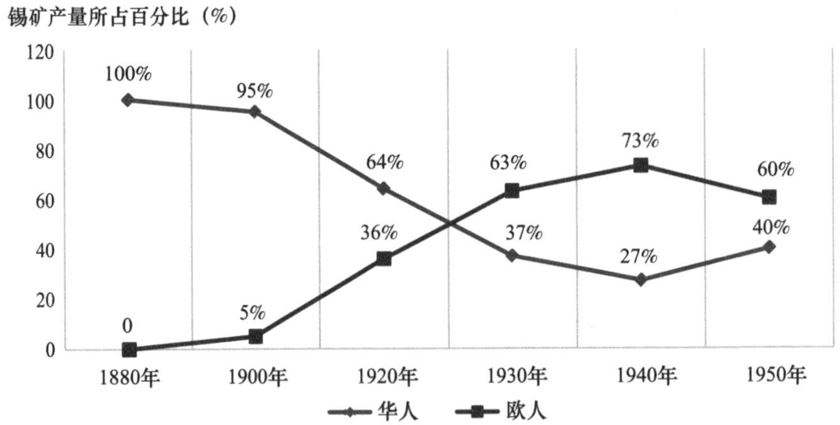

图 2－1　马来西亚华人与欧人产锡量的对比[③]

① 刘崇汉：《早期文冬华人史略》，第 166 页。

② 李业霖：《陆佑——马来西亚历史与人物》，2010 年 4 月 28 日，来源：http：//www.mychinesefamilytree.net/ppl/wellknown/566.html。

③ 林昆勇、李延祥：《东南亚近代华人采锡业》，《中国科技史杂志》2010 年第 1 期。

从上图可以看出，1920 年后华人锡矿产量的占比在不断下降，即从 1920 年的 64%，下降到 1930 年的 37%，1940 年更下降到 27%，而以英国为首的欧洲人锡矿业开始崛起，从 1920 年的 36% 增加到 1930 年的 63%，1940 年远远超过华人采锡量，达到了 73%，最终垄断了马来亚锡矿的开采。这一时期文冬锡矿业也因此受到巨大打击，华人资本纷纷退出锡矿业，取而代之的是橡胶业开始兴起，大量华人转而加入橡胶业的队伍中来。

二　割胶和种植其他经济作物

早在 1876 年，英国人魏克汉从亚马孙河热带丛林中采集 7 万粒橡胶种子，送到英国伦敦皇家植物园培育，获得初步成功后，就把橡胶带到了与南美热带雨林具有类似气候的时英属马来亚、锡兰等地。从此，人工栽培的橡胶园开始在马来亚地区如雨后春笋般发展起来。随着工业的迅速发展，橡胶的需求量不断扩大，19 世纪末 20 世纪初繁荣起来的汽车工业更加推动了对橡胶的需求。特别是在 1910 年的“橡胶繁荣时期”，投入橡胶种植业的资本特别多。1908—1910 年间，英国投在马来亚的资本已从 234000 英镑增加至 9286000 英镑，增加了 39 倍。① 马来半岛树胶种植由此开始蓬勃发展，截至 1940 年，胶园总面积已达到 380 万英亩，占半岛可耕地面积的 70% 以上。树胶输出达 624500 吨，面积和产量均占世界首位，英属马来亚成为当之无愧的橡胶王国。② 从 1938—1950 年，马来亚橡胶的出口一直占总出口量的 30% 以上，主要出口到欧美等西方国家。

马来亚的橡胶园可分为两种：100 英亩以上的大胶园，100 英亩以下的小胶园。1951 年，两者在全国面积中各占有 56% 和 44%。③

① ［苏联］B. A. 日列比洛夫：《殖民地马来亚的经济》，《南洋问题资料译丛》1962 年第 3 期。

② 彭家礼：《英属马来亚的开发》，商务印书馆 1983 年版，第 49 页。

③ 马来亚联合邦统计局编：《马来亚橡胶手册》，1951 年，第 3 页。

大胶园面积的72%为欧洲人所有，主要是英国人，其余28%为华人、印度人和马来土著所有。100英亩以下，25英亩以上的小胶园多数为华人和印度人经营。1947年这种小胶园约有7000所，占地300000英亩。[①] 此外，在当时的马来亚，约有七分之一的人口依靠橡胶业为生。直接从事橡胶业的劳工在1947年有507805人，超过当时全国劳动力的三分之一。[②]

随着文冬矿业的发展，也带动了服务业、零售业、种植业，尤其是橡胶种植业的发展。1915年，就有不少华人将自己的积蓄投资在矿区附近的中小橡胶园。1926—1929年可以说是文冬中小橡胶园及其园丘数目的蓬勃的成长期。据资料显示：1929—1939年文冬小园主占地已逾9000余亩，约占全部胶园的20%，这些华人的种植园多集中在文冬市郊沿路一带，而英国等国的大公司则在都赖路及加叻一带开发大园丘，当时文冬与淡马鲁也因此成为彭亨州两大橡胶种植区。[③]

据调查，大约在20世纪50年代之前，文冬广西籍华人约有80%从事"割胶"行业。在新村建立前广西籍华人有许多从事割胶，散居在玻璃口、金马苏等地的园丘里，而新村建立后有许多也是从事割胶，是因文冬县的橡胶园有很多，离村子最邻近的橡胶园不到十千米，因而在刚搬到玻璃口新村的时候，有许多广西籍华人仍是种植橡胶和割胶为主。[④] 以橡胶为主要生计方式一直持续很长的一段时间。在访谈中，一位玻璃口新村的广西籍华人讲到：

> 1945年时，我母亲因为去割胶时，淋了大雨生病去世。我们家在马来西亚有兄弟两人，我排行老大。母亲去世后，我父

---

① 富·倍亨：《1947—1949年马来亚国民收入》，《新加坡》，1951年，第26页。

② 李懿：《马来亚的橡胶业》，《经济研究》1957年第6期。

③ 《彭亨文冬客家公会庆祝57周年纪念扩建三层楼新会所落成开幕典礼特刊》，1997年，第68页。

④ 黄镛琨：《广西籍华侨华人旅居南洋述略》，《八桂侨史》1987年第1期。

亲去地里望的园丘割胶。11 岁时，我在地里望读完小，读书一年半。后来，马共打英国军，13 岁的我不知道为什么被抓进文冬警察局。警察局规定被抓的人不能再回到地里望，所以我从警察局出来之后就在英国人的园丘割胶。我在心里默默发誓，要跑遍整个马来半岛。所以后来我在每一个地方工作三个月，有了钱之后就到下一个地方。直到 17 岁，我才又回到地里望华人胶园工作。我割胶每天能得 3 马币。并且上午割胶，下午去地里望启新下午校读书。婚后，我一直从事割胶，一直割胶到五、六十岁。①

另一位广西籍华人村民回忆道：

我今年 81 岁，祖籍中国广西岑溪南渡大水冲，我的父亲在中国抗日战争时被日本鬼子杀害，我母亲带我和我弟弟来到文冬。当时这边人割胶的很多。我 8 岁的时候，母亲就去世了，后来有个亲戚带我们，让我们在他的胶园割胶，我当时就没有钱上学校，早早就去割胶了。②

据访谈，割胶非常辛苦，为了迎合橡胶的生长习性，胶工们凌晨一两点便得起身到林子里割胶，静候几个小时后等树胶流满小碗，又去收胶。回到家里他们还需尽早对树胶进行搅拌、加工，以免胶水凝固。这样，一天的大部分的时间就过去了，而他们每天只能保持三四个小时的睡眠。一位华人村民华人 L 先生在谈到他父辈的经历时说道：

我外公和外婆从新村诞生以后曾一直从事割胶，但胶价时

---

① 2016 年 8 月 10 日晚笔者与朱光荣先生的访谈录。

② 2019 年 2 月 4 日笔者在玻璃口新村球场茶餐室对 H 先生的访谈。

常不稳定，忽高忽低。割胶一般是从每天晚上凌晨割到第二天早上八九点的样子。有些时候凌晨两三点就得出去割胶，那时候没有这么先进，没有 LED 灯，都是点柴油灯，从新村去到胶园的路又远，还会遇到蛇、野兽什么的。我外婆生育了七个儿女，生活所迫，她不但每天要去割胶，中午回家照顾孩子，下午还要去做其他的工。①

除了割胶外，还需打其他的零工，以便补家庭之用。他们有的一般是中午割胶回来之后，下午再去做一份工。据邓俊华老人说：

以前在华人的芭场割胶，和两个哥哥一起割，三个人一天一共得 10 马币，还和父亲一起去给人看病。②" 在我们调查过程中了解到，许多十几岁的年轻人白天割胶，晚上去读夜校。女人们上午割胶，下午回来带孩子，或者帮人家车衣服。

1957 年马来亚独立之后，玻璃口新村的华人通过自己的努力，不断积累财富，有的人开始买一点荒地，自己开垦，自己种橡胶树。刚开始买几英亩，渐渐地越买越多。陈 Q 说：

我父亲以前是做三行③的。后来我大了，读了书，我哥哥叫我做三行，我不做了，找工作很难，我去割胶，在华人胶园割胶，以前割胶每月得 60、70 马币。早上割胶，下午去杂货店打工，每月得 30 马币。太太早晨去割胶，下午回来带孩子。我割胶存了钱，又买了 18 英亩胶园，自己割自己的胶园。④

---

① 2019 年 2 月 13 日笔者在玻璃口新村对 L 先生的访谈。

② 2016 年 8 月 12 日笔者在玻璃口新村对邓 JH 先生的访谈。

③ 指建筑行业的总称。里面包括墨斗，瓦工，什工。

④ 根据 2016 年 8 月 13 日在玻璃口新村对陈 Q 的访谈。

另一位村民陈文生也说道：

> 我家祖祖辈辈都割胶，我年轻的时候也是靠割胶。我父亲以前在大园坵工作，后来买下大园坵就种橡胶。我家当时有上千棵橡胶树，一亩地可以有两百棵，七亩地就可以一千四百棵。①

从20世纪二三十年代，一直到70年代，割胶一直是当地广西籍华人主要生计方式，华人曾依靠割胶并将其制作成胶片贩卖，获得了在当时看来较不错的收入，但橡胶是一种价格很不稳定的经济作物，它的价格高度依赖于国际市场的供需。郭家骥认为：如果种植者将大量的精力和资金都投入种植橡胶，就等于把自身前途和命运交给了反复无常的国际市场，全球化国际市场橡胶价格稍有变动就会带来致命的冲击。②

图2－2　1973—2010年马来西亚橡胶标准价格（分/公斤）③

---

① 根据2019年1月24日在玻璃口新村文生茶餐室梁文生先生的访谈。

② 郭家骥：《生计方式与民族关系变迁——以云南四双版纳山区基诺族和坝区傣族的关系为例》，《云南社会科学》2012年第5期。

③ http：//www. malaysiaeconomy. net/my _ economy/three _ industries/primary _ industry/rubber1/rubbers_prices/2012 －08 －25/21154. html.

上图显示了从1973—2010年，马来西亚橡胶价格的变化，可以看出，在1973—2000年之前橡胶价格一直围绕226.46的平均值上下频繁波动，2000年之后虽有大幅度上升，但在2009年的时候也剧烈地下滑，受国际经济的影响和合成橡胶等替代产品的出现，胶价在很长的一段时期保持较低的水平，且价格上下起伏不定，对于华人胶工来说，割胶的收入已不足维持生活。另外，割胶受环境的影响较大，胶工们需在每天气温最低的时候进山割胶，通常是凌晨出发，赶在上午收工，如果碰到阴雨天不但进出胶园的路受阻，胶工们辛苦得到的胶水还有可能遇雨水变质。

同时，随着文冬的经济发展，不同行业发展起来，玻璃口新村华人从事其他工作有许多机会，再加上老一辈华人年龄增大，体力不支，而子女的生活和工作观念与其父母不甚相同，有的不愿意继承父业，即种植和管理胶园，导致一些村民不得不将自己的橡胶园卖出。一位村民说："我割到60岁不割了。现在老了割不动了，儿子又不跟我割，胶园就卖掉了。以前买的是荒地，自己整理后，种橡胶，买的时候20000多马币，现在胶园卖了，卖了360000马币。"① 另一位村民说道："以前我妻子名下有6英亩胶园，自己名下也有7英亩胶园，后来因为女儿上学，卖了7英亩胶园，获得90000块钱。"②

在橡胶市场不景气的情况下，一些没有卖出胶园的胶园主开始改种棕榈树。棕榈树的果实用途很多，可以提炼汽油，还是重要的工业原料，油棕更是可以榨取食用油。也有的胶园主改种果树，榴莲、山竹、菠萝蜜、莲雾、红毛丹、龙贡等。不过，大部分的胶园主还是选择卖掉芭场，从事其他行业。

第二节 餐饮业与商店

除了早期采锡米、割胶，到后来的种植榴莲，经营各种果树的

---

① 根据2016年8月13日在陈Q家与陈Q先生的访谈。

② 根据2016年8月10日晚对朱光荣先生的访谈。

园丘外，玻璃口新村华人也经营餐饮业，其中包括茶餐室与豆腐店。此外，经营小商店、发廊、修理车辆等也成为其不同的职业。

一　餐饮业

玻璃口新村的餐饮业主要是茶餐室，即提供茶和饭菜的餐饮店，当然是以茶为前提。不过，该村也有专门提供饭菜的营业场所，称之为饭店，而这种场所也会提供茶水。

（一）茶餐室的类别及经营模式

茶餐室是马来西亚华人社会中最普遍的食肆，提供符合大众口味且物美价廉的食品，也是马来西亚华人饮食文化的重要代表。马来西亚的茶餐室在马来语中叫做“Kopitiam”，即马来语“咖啡”（Kopi）和福建话“店”（Tiam）的合成词。据研究，茶餐室的出现与“下午茶”文化息息相关。16 世纪以降，随着欧洲人来到南洋，西式的饮食也被带进来，喝下午茶的习惯是其中之一。① 此外，中国人日常生活中必不可少的“饮茶”也是项目，这一点在中国南方部分地区格外明显，马来西亚的华人继承了广东和福建一带的茶文化，不论是家人或朋友的聚会还是单纯打发时间，都会去茶餐室“饮茶”，两种文化在马来西亚的融合使茶这种饮品成为人们日常生活必不可少的物质，此外咖啡也得到了众多人的欢迎，以茶、咖啡为主包括其他在地化的华人饮食共同构成了华人茶餐室的主流食物。在某些华人茶餐室的语境里，茶是唐茶和西茶的统称，唐茶是拿茶叶或茶粉简单冲泡后制成的，类似于中国传统的茶，所以被称为“唐茶”，而西茶是咖啡（马来西亚称“Kopi”）和奶茶的统称（奶茶又被称为“Teh”）。②

在玻璃口新村，茶餐室似乎是当地村民的活动中心。无论是在

---

① 邢寒冬：《海南侨乡南洋式饮食的形成及影响——以主食和饮料为考察》，《八桂侨刊》2019 年第 3 期。

② “Kopi”和“Teh”均为马来语“咖啡”和“茶”的意思。

早晨、上午，还是下午和傍晚，都可以看到他们三三两两在茶餐室里，或要一份快餐，或点一杯奶茶、一杯咖啡，一边吃喝，一边聊天。村民们不仅能在这里品尝各种美食、还能交换各种信息，村中由此凸显出一种和谐的气氛。

据调查，目前玻璃口新村的茶餐室有14家，其经营的时间，经营的品种大致相同，但名称却各有特色（见表2-1）。

表2-1　　玻璃口新村的茶餐室情况①

序号	店名	地点	经营种类	经营时间
1	观城茶餐室	357号	茶水咖啡、粉面、盒饭	6：00am-15：00pm
2	玻璃口茶餐室	P11号	同上	7：00am-15：00pm
3	伟记茶餐室	147号	茶水咖啡、粉面	同上
4	乐园茶餐室	173号	同上	同上
5	荣发茶餐室	215号	同上	同上
6	食一食茶餐室	P1号	同上	同上
7	联发茶餐室	223号	同上	同上
8	98A茶餐室	98A号	同上	6：00am-12：00pm
9	进发茶餐室	P10号	同上	6：00am-21：00pm
10	文生茶餐室	113号	同上	7：00am-13：00pm
11	球场茶餐室	187A号	同上	7：00am-21：00pm
12	文发茶餐室	288号	同上	7：00am-22：00pm
13	大家发茶餐室	P8号	排档	15：00pm-22：00pm
14	玻璃口大炒茶餐室	P6号	炒菜、排档	同上

玻璃口新村的茶餐室大多位于村内的主干道陈生3路（Jalan Chan Sang 3）上，这条路可通向村里的学校玻璃口华文小学，也连通新村的巴刹。这条道路两旁都有一排店屋，店铺门牌号均已字母“P”开头，构成玻璃口新村最繁华的区域。其实，这个区域是2001

① 资料来源：根据笔者调查总结所得。

年后新建的，在修建时是作为商业用地的。这块区域以前是村民的住宅区，它曾于2000年11月17日晚发生过一场大火，火灾将这个区域的五排约88间板屋烧毁。火灾过后，原先居住在这块区域的居民都搬去其他地方居住了，政府便将这个区域加以规划和改造，新修建了二层宽敞的连排店屋和柏油道路，并完善了供电和供水设施，这块区域便逐渐成为村里商户集中的地方。

图2－3　玻璃口新村的陈生3路（郑雨来摄）

陈生3路的这块区域共有5家茶餐室，即“玻璃口茶餐室”“食一食茶餐室”“进发茶餐室”“大家发茶餐室”和“玻璃口大炒茶餐室”，这是新村茶餐室最集中的区域。

除了这块区域外，村里的其他茶餐室也大多分布在人流量较多的地方，如“财记茶餐室”“文发茶餐室”“荣发茶餐室”位于新村的村口，“文生茶餐室”和“98A茶餐室”位于新村巴刹的入口处，“伟记茶餐室”和“乐园茶餐室”坐落在靠近巴刹的街道上，而“球场茶餐室”则位于新村玻璃口华小对面。

1. 财记茶餐室

“财记茶餐室”位于玻璃口新村的村口，毗邻印度神庙。从远处看，其店面招牌“财记”两字为正楷繁体，十分醒目。这是一家敞开式的茶餐室，即左中右向外敞开，而围绕着这个茶餐室的有三个档口，分别销售云吞面和叉烧等食品，这些档口是“财记”的出租户。

走进“财记茶餐室”店内，可见有几张圆形的独角桌，桌子四周是几把黄色的塑料靠背椅子。这样的桌子前后有4—5张。在墙边还竖着几张闲置的桌子，以便人多时在摆出来。在正面的墙上挂着一架转头的小电扇，电扇下面的墙上贴着一张旧日历。在餐厅的头顶也间距挂着几个电扇，在缓慢地摇转着。餐厅是一个开放式的房间，靠左右两边是搁置厨房设备的角落，各有一架柜式的冰箱，有一些餐具或其他的物品堆放在那里，不过，看上去并不杂乱，还显得似乎有序。

图2－4 “财记茶餐室”店内外（郑雨来摄）

店的老板是一位名叫刘家伦的24岁小伙子，他已经冲了4年的茶，从小就一直看着父亲冲茶长大，自己高中毕业后经历过短暂的外出打工时期后，最后在父亲的召唤下回到家乡子承父业。据他讲“财记”这个名字是从爷爷那辈传下来的，爷爷就是靠做叉烧起家，后来父亲学做了叉烧和冲茶，自己跟着父亲也学会了冲茶。目前租这家店已经有10年了，每月租金大约4000元，其余3个档口租给别人做云吞面和粉，每家每月租金500元。他以前并没有想过一定要从事父亲的行业，自己在家中排行最小，有一个哥哥和一个姐姐，父亲把手艺传给了姐姐，姐姐已经在吉隆坡开了一间差不多规模的茶室，生意十分火爆，在家人的影响下，自己最终决定也学冲茶。现在他与其女友共同经营这家茶室，他与女友是在高中时就已经相识，女友曾从事过网店，现在由于茶室生意不错，就放弃自己的本职工作全力帮助刘家伦。

财记茶餐室与其他茶室不同的是，该家是玻璃口新村乃至文冬地区为数不多的几间一直营业到晚上10点多的茶室，据老板讲，他每天早晨8点开店，做到中午3点后回去休息，下午6点再来一直干到晚上10点，每周只有周一休息一天。对于这样忙碌的生活，他从未感到厌倦，相反时刻保持充沛的精力和乐观积极的态度。对于未来他也有明确的打算，他说现在唯一的想法就是多赚点钱，现在每天卖出200—300杯茶，每天能够收入400多元，并打算有点积蓄后把这个店重新装修，或者在更大的城市开一家店。在经营理念方面，他具有年轻人独有的“敢想敢做”的特点，他独自开发出好几种不同口味的茶，并冠以独特的名字，如“好料冰”“师奶冰”等，这些新的饮品全部都是他通过对不同顾客喜好的研究和自己的不断努力做出的，因此新的品种也为他赢得了很多回头客，即便是晚上也有很多食客过来饮茶或是打包带走。除此之外，可能是由于老板是年轻人的缘故，财记茶餐室的顾客相比其他茶室年轻人也比较多，老板会在Facebook上发布一些茶室的信息，一些年轻的朋友就会慕名而来捧场，许多人还甚至主动在社交媒体上发布相关信息，一传十十传百，这里吸引的年轻人越来越多。财记茶室也有很多“铁杆”的粉丝，有些人无论住多远，每天都会过来喝一杯茶或是直接打包带走，还有由于毗邻印度庙，有些印度人也时常过来坐坐，点一杯茶聊聊天，老板甚至已经熟悉了每个老顾客包括印度客人的喜好，能够清楚他们的偏好做出适合其口味的茶。老板还告诉笔者，由于自己也比较爱喝茶，所以自己也时常琢磨怎么冲好一杯茶，并不断改变各种配料，如奶昔、炼乳、糖等原料的配比，观察每个客人喝过后的反应，除此之外，在休息日自己也亲自去其他茶室喝茶，一方面是为了满足自己每天必须喝茶的爱好，另一方面也是多多思考他人做茶的特点，与其他茶室经营者建立良好的关系，正是因为有了这些特点，所以他不但有很好的生意，而且在同行内也有很好的名声。

2. 文发茶餐室

在玻璃口新村，“文发茶餐室”是最靠近村口的茶餐室，它的店铺在新村 288 号，正对村口的小桥，从文冬市区进入新村，第一眼看到的就是“文发茶餐室”。门口挂着“MUN FATT 文发”的招牌。茶餐室大约有 60 平方米，显得较为宽敞。从大门正门进入，正对面是冲茶的操作台，右手边是售卖香烟的柜台，门厅里摆放着 5 张塑料圆桌，每张桌子并配有几把塑料靠背的椅子。茶餐厅中间立有一根柱子，上面挂着日历等物。大厅的墙上还挂着一台电视机，除了播放马来西亚的 ASTRO 频道外，还可以收到中国的凤凰卫视、央视中文国际等节目。从空间布局来看，“文发茶餐室”是一个提供茶、咖啡和面包的餐室店，是一家典型的夫妻店。店铺夫妇均已超过 80 岁，是新村最老的茶餐室经营者。

“文发茶餐室”的店主名叫陈美莲，其祖籍在广西北流，1939 年出生在文冬。陈美莲的父亲十多岁就从中国广西北流来这里，刚来时什么都做，但主要是割胶。后来她父亲在这里结婚生子，生了 10 个孩子，陈美莲排行老大。由于弟妹较多，陈美莲只上过四年学，主要是照顾弟弟妹妹，因为白天她的父母都到园丘割胶去了。陈美莲小时候也帮父母干活，曾与母亲、外婆一起到武吉丁宜种菜，也在家帮别人做衣服。陈美莲 1966 年结婚，她的丈夫以前是她家的邻居，与她家就只隔一条马路，她们谈了两三年恋爱就结婚了，结婚之后她们就开了这家店。

“文发茶餐室”的店主陈美莲显得很慈祥，且十分很健谈，虽已至耄耋之年，自己依然可以胜任所有的工作，从冲茶到日常打理，甚至还可以驾摩托车外出。陈美莲的先生姓梁，他除了在店里卖香烟外，一般就躺在长椅上休息。

图 2－5　正在冲茶的“文发茶餐室”陈美莲（陈润旭摄）

“文发茶餐室”似乎是新村经营到深夜的茶餐室，当其他茶室在下午纷纷关门时，“文发茶餐室”却常常经营到深夜 10 点甚至 11 点，是新村的“深夜食堂”。“文发茶餐室”的顾客多是新村的老年人，店主陈美莲一般清楚他们每个人的喜好，客人来之后直接入座不用说话，他想点的就会端到桌前。有时由于陈太太手抖，盛满的咖啡会洒出杯外，但客人也不会在意。相比于其他茶餐室，“文发茶餐室”只提供饮品。不过，由于“文发茶餐室”最靠近村口，位置较好，所以经常可以看到有外出的村民在这里打包一杯茶带走，平时闲暇时间也有村民围坐在一起打牌或休息。

3. 荣发茶餐室

“荣发茶餐室”位于玻璃口新村 215 号，正对村口。茶餐室是一间面积约40平米的屋子，两面通透，面向街道，门口悬挂有防晒用的竹帘。走进店内，可见店内摆有6张方形的可折叠的桌子，每张桌子配有几把红色的塑料靠椅，还放置着几个备用的红色的塑料方凳。进门的右手边是冲茶的开放式的操作台，操作台有1米多宽，台上放置着冲茶的器具，还有大大小小、高矮不等的咖啡或茶罐搁在上面。操作台旁边有一个长方形的橘红色铁柜，铁柜旁放置着4个煤气罐。操作台可容纳一个人操作，其背后是几间储物柜，使原本就不大的空间略显拥挤。操作台对面是出租给别人卖云吞面的档口，这仿佛是玻璃口新村茶餐室经营的特点，即“有福同享”。

图2-6 “荣发茶餐室”外景及内景（郑雨来摄）

“荣发茶餐室”店主叫罗世森，他1979年出生，祖籍是中国广西容县，为第三代华人。罗世森十几岁外出打工后最终选择在村内开茶餐店，从20世纪80年代一直做到现在。据访谈，罗世森算得上年轻人里面最辛苦的店主了，每天5点钟起床，5点半就开门营业，一直经营到下午3点。由于小儿子还在上小学，所以平时还要照看孩子。目前茶餐室的经营主要是罗世森及其太太，为典型的“夫妻店”，有时侄子也会过来帮忙。

“荣发茶餐室”为顾客提供的主要有美禄、雀巢咖啡、好力克、西茶、酸柑水、薏米水、中国茶等，价格从1.5马币至3马币不等。“荣发茶餐室”销售好的是罗世森做的烤面包，基本上来这喝茶的村民都会再点一份烤面包。由于“荣发茶餐室”店主热情好客，加上临近村口优越的地理位置，“荣发茶餐室”成为新村较火爆的茶餐室，从清晨到下午，小小的屋内人声鼎沸，座无虚席，用店主自己的话讲就是“摇茶摇到手抽筋，每天用掉一整箱罐装奶昔都不止”。虽然工作繁累，罗世森依然会抽出自己宝贵的时间从事公益活动。他是志愿消防队的副主席，利用自己业余时间承担着处理消防事务、普及消防安全知识、培养新队员的工作。据访谈，从事公益事业是罗世森小时候的梦想，消防队员也是其小时候梦想的职业，现在虽然靠卖茶养家，梦想也不会丢，如有需要，挣的钱也会积极投入消防队的事业。志愿队的人也会利用同事的关系经常过来喝喝茶、聊聊天。

按照“有福同享”原则，“荣发茶餐室”也将铺面的一角，即进门的左边向外出租给一家父女做“云吞面”的档口，经营“云吞面”档口的老者约 70 岁，据说曾在美国亚特兰大卖过一段时间云吞面，回国后就在新村租下这个档口做“云吞面”，其女儿负责打下手。他们的“云吞面”味道浓郁、价格低廉深得村民喜爱。罗世森与他们关系也十分融洽，每月只收很少的租金，他们相互合作赢得了更多的顾客，是一种“有福同享”的关系。这种经营关系是海外华人的特色，特别是在马来西亚更是常见。

4. 联发茶餐室

“联发茶餐室”位于玻璃口新村陈生路 223 号①，它是村里年代最久的一家茶餐室，其在 20 世纪 50 年代就已开业，并一直经营到现在。从外表看，“联发茶餐室”似乎是由两间不大的房间连接在一起的。

据店主说，“联发茶餐室”开始时只有一间店面，后来生意稍好时就将隔壁的一间茶室买下来，扩大成拥有现在两个房屋的茶餐室。

① 陈生路是一条横贯玻璃口新村的道路，它在村内的陈生 1 路和陈生 2 路之间，并延伸到旧玻璃口村。

图 2－7　联发茶餐室内部空间（郑雨来摄）

一间作为冲茶和制作食品的制作间，另一间作为客人吃坐的大厅。制作间里除了有冲茶的操作台外，还有制作食物的台面，以及烤箱烤炉和储藏柜等等。制作间有一扇门正中朝着大厅，门的右边是一个敞开的窗户，窗户下面摆放着一张小桌子。大厅的食客似乎可以透过这个窗户和门，看制作间的师傅们如何制作食品和冲茶。

客人们吃坐的大厅，是一间面积约 20 平方米的屋子。走进大厅，就看见厅里放置四五张方形的旧木桌，每张木桌配有几把灰色的塑料靠背椅。在靠近制作间窗户的墙上有一块镜子，镜里映像出天花板上的两个吊扇。而靠制作间门的墙上有一块牌子，牌子的繁字体为草书的“联发茶餐室”，其十分醒目。大厅四边的墙上挂有老板夫妇早期的黑白结婚照和一些家庭生活照，在靠墙的柜子上和附近一些地方还摆有陈旧的物件，如编筐、旧皮箱、割胶刀、旧电视、收音机等物品。主人摆放这些物品除装饰外，似乎是向顾客展示其茶餐室尘封的往事和对家族过去经历的珍视。

联发茶餐室开始是唐芳和梁光一对夫妇经营，后来其子女加入，成为一个家族经营店。唐芳，祖籍广东陆丰县，1932 年生于马来亚森美兰州，为第二代华人，人称“光嫂”，是因为她的丈夫叫梁光。梁光来自中国广西容县十里大坡石马口，19 岁时因被卖“猪仔”来到马来亚，先在一个地方做了几年苦工，后来还清了卖猪仔过来的路费后，就四处讨生活，最后遇见了唐芳并与其结为夫妇。唐芳和梁光两人是在参加马共的队伍中认识的。唐芳比梁光小 15 岁，而梁光曾是唐芳的上级。唐芳曾在马共队伍中曾做过炊事员，给 100 多个人做过饭，这也成为其后来从事饮食业的基础。1957 年马来亚独立后，曾颁布一项法令，马共成员只要不再革命可以不追究以前的旧账并赋予其公民权，唐芳与梁光也就是在这样的背景于 1958 年离开了山芭（森林）中的马共队伍。他们刚从山芭里出来的时候什么钱都没有，就靠用上缴政府的两支枪而获得的 6000 块马币安家费来生活。他们用其中的 5000 元在玻璃口新村买了一间房屋住下，并租了一间租金为 180 块的店铺做生意，五六年后攒钱买下了这间店铺，后来又花了 5000 块买到隔壁的“联发”茶室的店铺，当时“联发”茶室的老板连同其招牌、桌椅之类的东西都送给了唐芳夫妇，因此“联发”也成为他们茶餐室的名字了。

联发茶室刚开始经营范围只有茶、咖啡等饮料，后来唐芳请了一位海南人做“加央角”放在茶室售卖，销售很旺。唐芳一心想要跟着海南师傅学习来自己做，可是糕点师傅不肯传授，她唯有偷师慢慢学，直到几年后才开始自己制作加央角，其茶室久而久之便名噪一时，“联发芳嫂加央角”不仅在玻璃口新村，而且在文冬享有盛誉。

“加央角”，也被称为“加椰角”。“加央”是指馅料的名称，这种馅料是将榨出的椰浆，加入用黄糖熬成的焦糖并与新鲜香兰叶汁一起煮，在煮的过程中不断用手搅动而形成的。“角”是指其形状像饺子的面皮。“加央角”的制作过程较繁杂。其中，最复杂的步骤就是做皮，皮分为水皮和油皮两种。水皮是以面粉加上香兰叶汁与水和白糖混合成的绿色面团，油皮是以面粉及黄油混合而成。准备好

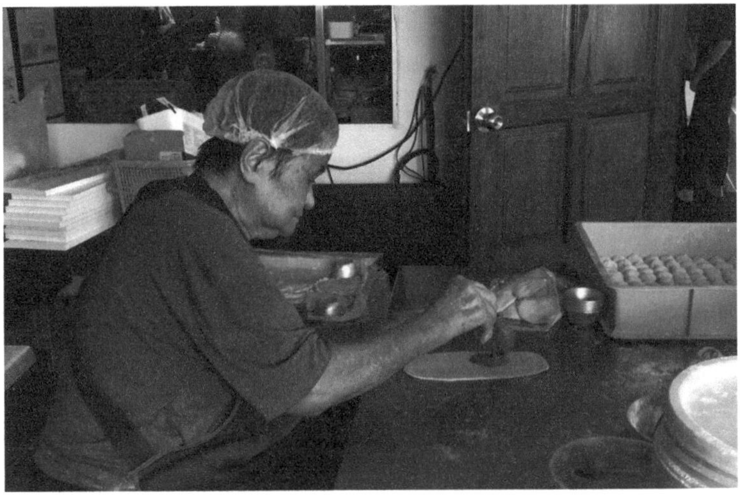

图 2-8　联发茶餐室的“芳嫂”唐芳在制作“加央角”

两种面团后，再把水皮切成 30 克每个的小团，把油皮切成 20 克每个的小团，然后用水皮把油皮包起来，揉圆，用擀面杖碾平成椭圆形状，再卷起来并重复辗多一次，外皮就能达到一层层的效果，即烘烤后可起酥。辗完后的皮在中间用刷子涂上事先做好的“加央”（馅料），再对折合起来捏角花，过后再在一面涂上蛋液，让它呈美丽的亮面。最后放进烤炉烘烤，烤的温度是 200 度，烤 20 分钟即可，每次只烤 28—30 只。

图 2-9　联发茶餐室的梁氏兄妹在制作“加央角”（郑雨来摄）

由于制作加央角纯属全程手工操作，在小孩还小的时候通常只有“光嫂”唐芳自己做，所以进度慢，每次都要从早忙到晚。唐芳夫妇生育了三个孩子，即一个儿子和两个女儿。大儿子，叫梁泽民，大女儿叫梁丽凤，小女儿叫梁月凤。大约在20世纪90年代末，由于孩子较小，再加上唐芳夫妇身体不是很好，他们就没有再做“加央角”卖了，只在茶餐室经营一些其他素食等食品。当小孩长大后，其兄弟姐妹各有营生，大儿子梁泽民去了劳勿打工，大女儿在在文冬街上开有一家销售保健品的店铺，导致联发茶餐室的“加央角”制作与销售停顿了十多年。

2016年文冬文化街开办，这样“联发加央角”又重新出现了。让“联发加央角”重现文冬的，是联发茶室的下一代，即唐芳夫妇的孩子们。最先开始重做“加央角”的是唐芳夫妇的大女儿梁丽凤。梁丽凤1970年生，曾在文冬街上开有一家销售保健品的店铺。梁丽凤的丈夫崔YS原是做芭场的，自2015年文化街设立后，他也在文化街摆摊卖起姜粉来。后来他鼓励梁丽凤重做“加央角”去卖，因为这是数十年来文冬人都熟悉的手工小吃。崔YS是玻璃口新村人，也是从小就吃到大，他相信文冬人对这些传统小吃都存有一份感情。在梁丽凤夫妇重新制作“加央角”后不久，唐芳的小女儿梁月凤加入进来，而且大儿子也专门从劳勿回到玻璃口新村，帮助家族经营“联发茶餐室”。

在梁氏兄妹的合力下，“加央角”在玻璃口新村重新获得新生。梁氏兄妹为了还原其母亲60年代的“加央角”，坚持“新鲜做新鲜吃，贵精不贵多”① 的原则。因此，在制作上秉持传统，即“加央”要新鲜煮、新鲜用，当天煮多少就做多少，做完就算。香兰叶汁同样即采即用，不预早做好备用，以免香味流失。而且成品在售卖前几小时烘制，因为新鲜出炉的加央角，能吃出椰子与香兰香味，皮也酥脆，口感较好。梁丽凤曾说：“每个制作步骤都要很小心，假如

---

① 2017年2月10日在联发茶餐室对玻璃口新村村民梁LF的访谈。

皮辗得太厚口感会很硬，皮太薄又会爆裂流出‘加央’，烘太久会焦黑，烘不透也不好吃。”① 为此重质不重量，即每回只做百来个以保持销量即可。

为了要重现当年味道，梁氏兄妹在重新推出“加央角”前，也叫80多岁的母亲再教导，先做给亲戚朋友试吃，改良了些，如现代人吃的甜度降低，皮的做法也改动了，以前母亲做的外皮是硬的，如今是脆的，迎合现代人的口感。梁氏兄妹虽然努力做出传统的口味，但是还有一些客观因素的影响不可避免。首先，以前和现在用的虽然是同一牌子的黄油，但是因为黄油的品质下降，现在的“加央角”没有以前的香气。其次，以前是用柴炭烧制，如今没有这些环境条件，只能用电烤炉取代。梁氏兄妹花了五六千令吉买的器材及烘炉烤制出的“加央角”似乎还没有当年母亲用炭烤的香味。

据了解，在“光嫂”唐芳的年代，一个“加央角”售价马币3角钱。如今物价上涨，一个售马币一块三角钱，扣掉成本，盈利并不多。梁氏兄妹认为“我们最重要的是支持文化街，不让母亲的手艺失传，也让家族生意能传承下去!”② 自从联发加央角重出江湖，很多老顾客都到来支持，介绍给儿孙，也有些顾客从吉隆坡来买。联发茶餐室也采取了一些新的销售形式，如做好的“加央角”除了拿去市场的专柜卖，也会直接送货到新村需要的人家中。

联发茶餐室除重点销售“加央角”外，还做特色饮料黄油杯，黄油杯是由鸡蛋、面粉、白糖和黄油按一比一的比例制作而成。每个周末晚上与“加央角”一起在文化街卖，也会在中午放少量在联发素食档门前方便村里的人来买。大号黄油杯平时也会接受周边其他人的预定。

联发茶餐室的“加央角”承载着几代人的记忆，“加央角”的传承与复兴，不仅让年轻一辈了解过去，“加央角”的消失和复兴表

---

① 2017年2月10日在联发茶餐室对玻璃口新村村民梁LF的访谈。

② 2017年2月10日在联发茶餐室对玻璃口新村村民梁LF的访谈。

现了一个家族对饮食的传承与希冀，也成为文冬的一大特色。

5. 观城茶餐室

“观城茶餐室”位于玻璃口新村陈生 1 路（Jalan Chan Sheng 1）357 号，该茶餐室应该是玻璃口新村面积最大的茶餐室。

图 2－10　“观城茶餐室”室内与室外（郑雨来摄）

“观城茶餐室”的室内面积大约有 200 平方米，由大厅和后厨两部分组成。一进入茶餐室大厅，可见大厅内有 8 张红色的大理石花纹的圆桌子，每张圆桌子配有 5 把红色的塑料靠背椅。再抬头，可见一块书写着马来文和中文的“观城茶餐室”招牌挂在进入后厨的门上方。后厨门的左边是一架空调及其架子，空调的旁边是一个双开门的冷柜，里面装着各式各样的罐装饮料。双开门冷柜的侧面墙上有一幅画，是一幅荷花图。后厨门的右边放置着一架立式电风扇，其旁边是一个单开门的冷柜，而在冷柜的右边是一个用布罩着的物品及一个灰色木柜。在这些物品背后的墙上挂着两件“中国结”，一件是不同字体的“福字”艺结，另一件是装饰着一块方孔古钱和一块银锭的艺结。

除了室内空间外，“观城茶餐室”的室外还有一小块空地，放置 5—6 张与室内同样的大理石花纹的圆桌子，每张桌子配有 4—5 张红色的塑料靠背椅。室外空间与马路相接，而在马路的旁边则是一间观音堂。在室外空间处还有两个神龛，一个神龛供奉着天公，另一个神龛供奉着拿督公。在室外空间的横梁上，挂着几个红灯笼，每到晚上都会亮起来，增添了茶餐室热闹的气氛。

“观城茶餐室”的店主叫何金兰，1942 年出生，祖籍广东信宜。“观城茶室”这个房子是何金兰所建，曾经一直租给别人开茶室，后来由于租户效益不好而被迫放弃，其就由何金兰收回。她收回这间茶室后，让自己在新加坡打工的二儿子和小儿子回来，让他们共同在家乡经营茶室。据访谈，茶餐室之所以取名为“观城”，是源于店主何金兰崇拜观音。何金兰拜观音的历史已经有 20 多年，她特在茶餐室的旁边专门建了一间小屋子作为观音堂，自己每日的生活都在那里。所以她也被村民们称为“观音妈”。何金兰这位“观音妈”不仅每日早起打坐念经，还经常为人算命、看风水、测字，尤其是看小孩的健康、学业、前途等，每天都会有 4—5 位家长带自己的小孩前来拜访，有的是本地的，也有是从较遥远的外地过来的。到“观音妈”这里来人多的时候是在每年春节前后，有时排队的人都排到了屋外，即便是平日，一天也有十名多。而且很多是从吉隆坡、新加坡，甚至中国和韩国慕名而来的人。何金兰自己生活十分简单，也从未有过太多的外出活动，生活非常规律，每天晚上 8 点休息，早晨 6 点半起床，打坐一个多钟头，然后念经，每天如此。自己对肉食并不是一概拒绝，而是适当可以吃一点猪肉、鱼肉、鸭肉，不吃牛肉、羊肉。不过，自己及其茶室要禁止杀生，不能伤害任何动物。

“观城茶餐室”的经营主要由何金兰与其两个儿子负责打理。二儿子蔡天强自己在茶餐室开一个档口，主要负责卖些杂菜饭，他每天早晨 5 点就和妻子来到茶室，开始在后厨煮。由于生意不错，蔡天强夫妇做的饭菜早在中午 11 点前就已售卖一空，顾客多是打包打走或是电话预定。卖完饭菜后，蔡天强夫妇二人会一直在后厨准备第二天的食材，一直忙到下午 4 点才收工。小儿子蔡天中以前在新加坡学过冲茶，所以回来后主要在茶室负责冲茶。何金兰的儿子每月付给她 500 元的租金，在日常经营中，两个儿子也是各做各的，各赚各的钱，从没产生过经济利益上的纠纷。何金兰将儿子们每月付给她的钱作为茶餐室日常的水电开销，或是设备等维修费，这笔钱有时还会用来资助一些穷人。由于何金来拜观音，“观城茶餐室”每年在观音诞（农历二月十九和九月十九）举办盛大的庆祝活动，让客人们免费吃素斋的流水席，最多可以摆到 70 多桌。这一天会有很多人自发带香油、蔬菜、米粉过来，如果茶店用不完，还会送些给老人院。

“观城茶餐室”还有一个档口，何金兰把它租给了一个越南小伙子作粉档，这个米粉档主要提供鱼滑粉、猪肉粉、水饺粉、各种酿料等。这位越南小伙子是经何金兰的朋友介绍来这里的。这个粉档已经做了两年多，由于这位越南小伙子做的粉夹杂着一些越南口味，并不十分为新村人所接受，所以他的生意一直也不太好，正因如此，心地善良的何金兰特为他减免了租金，每月只用付 200 元，水电费全包。

正因为何金兰的个人热情开朗、乐善好施的品质，“观城茶餐室”虽然地理位置较偏僻，但是客人却很多，不光有几年如一日的老客人，而且还有不少来自外地算命顺便喝喝茶的新面孔。许多村民看到“观城茶餐室”空间够大，更愿意来这里喝茶聊天、打牌娱乐。

6. 玻璃口大炒茶餐室

“玻璃口大炒茶餐室”位于陈生 3 路，其门牌号是 P6 号。从名称来看，地域性很强，即“文冬玻璃口”，之所以称之为“大炒”，表明它是一家主营餐食的茶餐室。

“玻璃口大炒茶餐室”门面的左边是“志刚神料香纸店”门面，右边是“鸿福饭店”的门面。进入“玻璃口大炒茶餐室”内部，可见两排桌子，每排依次有 3 张圆桌子，两排共 6 张圆桌子。这 6 张圆桌子每个上面铺着红色餐布，红色餐布上放着一个多功能的红色塑料盒，分别插着筷子、西餐刀叉具和放着一些餐巾纸，每张桌子

图 2－11　玻璃口大炒茶餐室的招牌及室内（郑雨来摄）

则配有 5 把灰色的塑料靠背椅，而靠墙还间歇放着一摞摞塑料靠背椅，以供顾客用。顺着这两排桌子向前走，尽头是厨房间的墙面，中间开有一个窗口，似乎是作为传送炒菜给顾客用的。在窗口下面是一张铝材质的长方形桌子，上面放着一个电饭煲、并叠放着碗盘等物品。在长方形桌子左边是一个一米多高的鱼缸，鱼缸上层放着两个灰色的火锅和一个黑色的方形塑料盒子，下层是养鱼的地方，可见玻璃后隐隐有几条五色斑斓的鱼在游弋。在长方形桌子右边是一个神龛，供奉着祖先神位，神位前放置着一个香炉，香炉上插着 3 根冒着袅袅香烟的香烛。在香炉前有 3 个茶杯和 1 个小碗，似乎是作为敬酒敬茶的物品。而在香炉的左右两旁放着纸叠的金元宝，还有一个菠萝摆放在右边，菠萝在华人的寓意中是“旺”的意思。在神龛旁边是一个冰柜，冰柜上杂乱放置着一些物品。引人注目的是，在室内的两面墙上挂有两幅巨型的山水画，一副是中国张家界风光，另一幅是桂林山水。据访谈，这是店主特地请了当地一位著名画家所画的，店主其实并没有到过这两个地方，其请画家画这两幅中国山水，是想让顾客留下较深的印象，而且在店主看来，“水”也是财富的象征，寓意“细水长流”。

“玻璃口大炒茶餐室”店主叫杜法毅，1980 年出生，祖籍是广西容县大坪村，为第三代华人。他有兄妹四人，其父亲靠在文冬街上卖云吞面起家养活他们。杜法毅从小就有做餐饮生意的想法，长大后却外出打工，后一直在吉隆坡做生意。为了照顾年迈的父母，2017 年杜法毅回到了新村，与朋友一起集资开了这家茶餐馆，杜法毅是其最大的股东。“玻璃口大炒茶餐室”店面是杜法毅租来的，房东退休后移民去了中国，由于房东的女儿是他的同学，所以租金相对较低，1 个月为 1000 元马币。杜法毅平时还要照顾吉隆坡的生意，茶餐室的经营主要是其合伙人在打理，茶餐室的厨师和服务员都是本村的村民。

“玻璃口大炒茶餐室”主要经营晚餐，每天从下午开始一直到晚上。与其他茶餐室不同的是，玻璃口大炒茶餐室卖的茶饮料中有许多是来自中国的。在该茶餐室冰柜里摆满了青岛啤酒、康师傅绿茶、茉莉蜜茶等。这些来自中国的商品，是源于杜法毅对中国的了解。他曾多次前往中国，发现中国的啤酒、饮料等口感要好于马来西亚本地的，况且新村地区以华人为主，而且他们的口味也偏“中国化”。此外，杜法毅也积极引入中国式的销售方法，如利用 Facebook 等网络平台分享茶餐室提供菜肴的信息，既可以让顾客直接来店里吃或也可以做好送至他们家。善于经营的杜法毅还会利用自己身边的社交网络来提高茶餐室的影响力，除了注重维护老顾客，努力让老顾客带来新的顾客。

7. 大家发茶餐室

“大家发茶餐室”位于玻璃口新村陈生 3 路 P8 号，它坐落在两层楼的连排屋的一层，其上面一层是“文冬玻璃口民政党支部”。据说，“大家发茶餐室”是陈生 3 路发生火灾重建后运营的第一家商户，其室内面积大约 150 平方米，是 2002 年开始营业的。

一进“大家发茶餐室”的门，可见大厅有一张收银台，收银台旁边立有一座两层的简易神龛，上一层是祖先牌位，下一层供奉的是拿督公[①]。在神龛的旁边则是一块冲制茶和咖啡的操作台，不过依台上所摆的器物来看，此操作台似乎已很久没使用过了，表明该店

① 新村华人将拿督公作为当地的土地神来祭拜。

已由原来的主营茶和咖啡而变成只经营饭菜的茶餐室了。大厅摆放着6张圆桌，每张桌子配有几把红色的塑料靠椅。“大家发茶餐室”经营时间为每天的下午3点至晚上10点，是一间经营午饭和晚饭的茶餐室。

图2－12 大家发茶餐室内景及墙壁上挂着的“广西三宝”招牌（郑雨来摄）

“大家发茶餐室”店主叫林巧缋，1972年出生于马来西亚霹雳州，祖籍广东番禺。她在1989年17岁的时候嫁到文冬，一开始她丈夫在外地做工，她在家做全职太太，照顾公婆和养育三个儿子。林巧缋开办“大家发茶餐室”是一个偶然的机会，当时她的小姑一直在现在店的对面摆一个小档，主要卖炒粉和炒面，生意不错。于是她小姑便租下民政党楼下的一间屋子，也就是现在大家发茶餐室店铺的地方做生意，到2002年的时候姑姑退休不干了，于是林巧缋与丈夫就由此接手，共同租下了这家店用来做茶餐室，并改名为“大家发茶餐室”，其每周工作六天，只有周二休息。

据说“大家发茶餐室”刚开始经营时是把店一分为二，一部分租给别人做粉面，另一部分留给自己做冲茶的生意。当时，林巧缋让闲在家里的大伯过来帮忙，大伯负责冲茶，林巧缋当服务员，而其丈夫则进行管理。以这种形式做了十多年，直到2014年后林巧缋才开始做大炒，即做餐食。她敢做大炒是因为结婚前的第一份工作是在吉隆坡一家餐馆，虽然那时主要是负责在厨房切菜、打扫餐馆，但也从中学会了炒菜的技巧。不过，林巧缋刚经营大炒时，为了吸引顾客，也做冲茶和咖啡的生意，但后来逐渐发展出专做“广西三宝”菜系的茶餐室。

“大家发茶餐室”之所以将“广西三宝”为主打菜，源自林巧缋一段不同寻常的经历，即林巧缋在新加坡打工时认识了其丈夫，他们结婚后就回到了文冬。她刚到文冬的时候就觉得这个地方很不一样，主要是饮食，因为这里的广西人多，家家户户都会做广西菜。她丈夫也经常带她去朋友家吃饭，而朋友家给他们做广西的“酿豆腐”“味念鸡”吃，这是她在生长的霹雳州完全没听过也没见过的。她在家乡霹雳州时主要吃的白斩鸡，是加酱油、生抽和姜蓉，而这里却要放韭菜、姜等。后来她知道她的婆婆也会做广西菜，而且做得很好吃，于是就向她婆婆学怎么做广西菜，并学会了做各种各样的广西菜，林巧缋在做广西菜的过程中自觉不自觉地融入一些外地的元素，从而使茶餐室形成了自己的独特菜系。

与新村茶餐室最大的不同是，“大家发茶餐室”打造出自己的独特菜系，即“广西三宝”。文冬是广西籍华人主要聚居的地区，除了文冬街上有“广西三宝”餐馆的招牌外，“大家发茶餐室”制作“广西三宝”菜系则是新村唯一的一家。“广西三宝”即芋头扣肉、酿豆腐、味念鸡，“大家发茶餐室”制作的这个系列菜，是在继承传统的同时也融入了创新的方法。如“味念鸡”，是将烫熟的白斩鸡，淋上由香菜、姜蓉、油和酱油等煮成的蘸料而成。“芋头扣肉”至少需要两天准备，先将花肉沥干，在猪皮上扎些小小的孔，抹上黑酱油和少许醋，再用热油炸脆表皮，之后用豆瓣酱，少许南乳与黑酱油调成酱汁，并放入数量较多的八角等香料。“酿豆腐”中加入了韭菜，其馅料以猪肉和鱼肉为主，并将其打成胶状灌入而成。“大家发茶餐室”的味念鸡一只卖 60 元马币，酿豆腐 6 块一份要 15 元马币，芋头扣肉小份 28 元马币，大份 45 元马币。

“大家发茶餐室”的“广西三宝”系列菜吸引了越来越多的客

人。林巧缋夫妇就索性放弃冲茶和出租粉档，专门做起了大炒，并主打“广西三宝”系列菜。由于名声太好，“大家发”的名字反而被淡化，人们都声称说要去“P8（门牌号）”，或直接说去吃“广西三宝”。《我来自新村》节目组甚至曾经亲自找上门采访，在Astro频道播放后，自此食客不断，甚至有很多来自外地的食客专程来品尝。

目前“大家发茶餐室”主要由林巧缋及其三个儿子经营，四人各司其职。林巧缋负责统筹全面，大儿子已经学会了母亲的厨艺，亲自下厨，二儿子负责招待，小儿子负责清理和打扫，亲戚们有时也会过来帮忙。现在一家四口人的生计全部依靠这家店，林巧缋与儿子们即是母子关系也类似老板与雇员的关系。儿子们每天要按时上下班，各自做好自己的本职工作。餐馆的钱也是先汇总到老板娘那里，最后每个月的月末再由老板娘分给每个儿子，付出多的收获多，并设置了一些奖惩制度。

“大家发茶餐室”发扬了传统的广西华人饮食文化，让传统的口味在快速发展的新村地区仍然能有一席之地，同时也慰藉着老一辈人对原乡的思念，以及通过原乡的饮食激发新一代年轻人对自身文化之根的认同。

8. 进发茶餐室

“进发茶餐室”位于玻璃口新村陈生3路P10号，它应该是新村第二间历史较久的茶室，且是一个典型的“家店合一”店，即该店分为楼上楼下两层，楼上住人楼下开店，楼下大厅面积大约100平方米。

“进发茶餐室”的店主名叫黄冠维，祖籍中国广西容县，为第三代华人。在做茶室之前他从事过割胶、电锯工，后来去加拿大打工，90年代又到日本一家工厂打工，做了三年半。1994年他与妻子开了这家茶室。当时“进发茶餐室”不是在现在的位置，而是这条路上一排板屋中的一间，后来这排板屋由于发生火灾而重建，于是店主就花13万买下了这套有两层楼的屋子。“进发”这个店字是黄冠维的父亲所取的，他父亲以前在新村帮人算命、看八字。他父亲通过卜卦而取了这个名字，说是好兆头。

走进“进发茶餐室”，可见一楼大厅是一间矩形的房间，前后都有门，也就是前后通透，即店前后都有门，随时都可以打开，乍看上去大厅显得十分开阔。在大厅的正中间位置顺序摆放着 3 张红色的八仙大圆桌，每张圆桌配有 5 把红色的塑料靠背椅，在大厅靠墙的左右两边则分别摆着三张折叠式的方形桌子，每个方桌配有 4 把红色的塑料靠背椅。大厅的左面墙上挂着 7 个大小不一的装饰画，画框里画有插着花的花瓶或是一束花的花瓶，或几束花的花瓶，而墙正中间是一个“福”字，还有两个小喇叭及一根连接的线钉在墙上，颇具现代气息。大厅的右边墙上正中间是一组食物的画框，画框左下边是一个挂历，而画框的右下边则贴有一张“福”字，“福”字旁挂有一个正在走的时钟，时钟下是一块记录员工的出勤牌。

图 2－13　“进发茶餐室”前后门的内部空间（郑雨来摄）

“进发茶餐室”前门的左右两边是档口，左边的档口是一家卖鸡饭的，右边的档口是卖米粉的，这充分也体现了新村“有钱大家赚”的特征。左边档口的工作台上，摆满了鸡饭的各种调料，而在工作台后面的墙上挂着印有“高朋满座”字样的一面镜子，这是“进发茶餐室”新开张时朋友们赠送的。在前门右边的卖粉的档口前上方，挂着一块销售各种粉的广告牌，牌上写着“猪肉粉”“咖喱鸡粉”“经济粉面”，以及各自酿料的价格，一目了然。顺着大厅往后走，可看见靠近后门的两边堆放着茶餐室的各种物件。左边是放置饮料的地方，其最上一层，靠墙最里边的是一个电源箱，而中间是一个旧式的玻璃消毒柜，柜上放置着一个花篮。在消毒柜旁边，是一架老式的电视机，电视机下放着类似碟放机的电器，还有一些装饰品。在这些柜子前则堆放了各种饮料罐及大大小小的盒子，在其上面还放着两簇盆栽的金橘。在靠近后门的右边，则是一个放着各种饮料冷的柜，在冷柜旁是一个小冰箱，冰箱上面放着一些杯子和茶具。冰箱后面还堆积着各种杂物，已经快到屋顶了。引人注目的是靠近后门的墙角，有一个神龛，供奉着唐番土地公。走到后门的右边，则是“进发茶餐室”的冲茶间，换句话说，该茶餐室的冲茶间是位于后门边上的。

与玻璃口新村很多茶餐室一样，“进发茶餐室”是一家由夫妻经营的茶餐室。据访谈，“进发茶餐室”每天早晨5点就开门营业，一直到晚上9—10点才打烊，每周只有周四休息，其余时间都要开放。店主黄冠维每天四点多就要起床，然后从楼上下来开店，准备一天的应用之需，一直要忙到晚上9点，甚至10点，中午的时候他会上楼休息一下，并换他太太下来负责，他们俩就这么轮流着来。最忙的时候是过年，那时所有的年轻人都从外地回来，这个时候也是新村一年中人最多的时候，而这个时候许多茶餐室停止营业，但“进发茶餐室”仍照常营业，黄冠维有时感觉做到手抽筋，一天大约能卖500到600杯茶，虽然过年赚的钱是平时的三十倍，但是一天下来浑身疼痛，似乎身体受不了。虽然黄冠维有时也想彻底退休过过轻松日子，但是闲下来也觉得无事可做。现在店里雇了一位从越南嫁到新村的女人来帮忙。这位女工每天下午三点过来一直干到晚上，店主每天付给她40元，且包吃饭。

从茶餐室的经营到装修，处处体现着店主夫妇勤奋、朴素的品质。“进发茶餐室”摆放的那台老旧电视机，平时照旧开着。过来喝茶的老年人常常会坐下来一边喝茶一边欣赏电视节目。电视机一直停留在播放中文国际频道，顾客们似乎喜欢收看中国大陆的电视节目。据访谈，来“进发茶餐室”有许多是老顾客，有20多年一直过来这里喝茶的。除了现付外，也有赊账的顾客，还有一些村民来到茶餐室找自己专属的座位坐下。

9. 玻璃口茶餐室

“玻璃口茶餐室”位于玻璃口新村陈生3路P11号，处于P牌号店屋的尽头处，其左边是“进发茶餐室”。“玻璃口茶餐室””店铺位于两层楼的一层，其面积大约有150平方米。从空间来看，“玻璃口茶餐室”是一个长方形的屋子，前后都开有门，而在屋子的右边也各开有两扇门，这更增加了茶餐室的通风和亮度。茶餐室室内分为前后两部分，前面一部分是摆着各种菜肴的门厅到冲茶的操作台，一部分是操作台到后厨和洗手间。门厅里摆有几张方桌和两张圆桌。与这一排的其他茶餐室一样，玻璃口茶餐室分为前后门，前门从门厅出来面对陈生2路，后门面对陈生路，方便住在两边的村民进入。

图2－14　玻璃口茶餐室（李华兴摄）

玻璃口茶餐室的经营模式也是典型夫妻模式。老板姓黄，1956年出生，祖籍中国广西北流六靖，老板娘来自泰国，是泰国人。老板告诉笔者，他们结婚已有20多年了，当初嫁来新村的泰国人很多，他夫人是其中之一，也是为数不多能留到现在的。异国婚恋需要克服很多障碍，他们从当初无法交流到现在已经无法割舍。黄先生告诉笔者，刚开始的时候，太太不会讲华语，他也不会泰语，到现在太太不仅会讲华语，而且广东话也十分流利，还会做这里的华人菜肴。

黄老板不是一直从事冲茶，他在提到早年经历时说道：

> 这间茶室开了不久，现在主要是我和我夫人打理，我儿子在外面做工。我以前是开计程车的，主要是送游客去云顶高原。云顶高原是马来西亚最著名的景点，已经存在了40多年，一直十分火爆。当时我抓住机会从事旅游业，开计程车专门送游客上去，这一干就是30年，后来公司要换车我就不做了才改行做茶室，其实开计程车也充满危险，而且我老了也做不动了。以前在我开计程车的时候，我太太一直在隔壁茶店里打工，跟人家学冲茶，她在隔壁做了7年，后来我从计程车行业退下来之后，我就和我太太商量共同开一家茶室，这也是我太太的心愿。目前这家店是我租的，每月租金1100块。①

虽然是半路出家，但是黄老板的茶技也十分娴熟，做出的茶也深得村民喜爱，据说这也是太太教给他的。茶餐室门厅处照样有一家粉档，经营者姓陆，是这家店的房主，黄老板是从她那里租的店。但是双方各做各的，相互配合。关于他们以及其他茶室经营者之间的关系，黄老板说：

> 现在卖粉的姓陆，是我们这个房的房东，我跟她租的，她主要负责做饭。我们之前也认识很久了。至于租金，我这排店的价格基本都一样。除此之外这里有什么事我们都商量的，对于每杯茶的定价，我们都有标准，不要乱来，做生意你有你的，我有我的，好像时常隔壁没开，他们也会来我这边喝茶，我不

① 根据2019年7月30日对玻璃口茶餐室老板黄老板的访谈。

开我去其他店。休息日也是错开的，我拜三、隔壁拜四、那边拜五。我们也请人过来帮忙，打扫屋子、打包茶，也是很熟的人，他没有工作我们就帮忙一下，一天 30 块包吃。[①]

相互扶持、有福同享是新村地区茶餐室经营的传统，黄老板对这里人际关系抱有积极乐观的态度。他也很感激隔壁教他太太学冲茶的老板，后来自己“另立门户”也没有遭到反对，大家都是一派和气。喝茶的传统并不只是这里的村民，就连老板自己也十分爱喝茶，每天喝茶已经像三餐那样固定，如果在休息日，去到邻家茶餐室喝茶用餐也极为普遍。

谈到未来，黄老板与其他经营者一样，有一种“活到老，干到老”的精神，他说他每天早晨四点多起床，五六点开店，晚上 10 点关门，一周只休息一天。虽然很累，也想再干两三年就不做了，但孩子也不回来做，自己觉得是有生意又舍不得，毕竟太多熟客了，所以放不下他们。[②]

10. 98A 茶餐室

“98A 茶餐室”在新村巴刹正对面，门牌号 98A，因为紧邻巴刹的缘故，所以这里时常能够感受到巴刹的热闹，每逢周一早市，茶餐室门口总有门庭若市的感觉。这间茶餐室每天只在上午开门营业，即从早晨 6 点开到中午 12 点。

“98A 茶餐室”位于一间二层楼的房子里，店主一家住在二楼，一楼就是茶餐室。由于靠近巴刹，老板把正对巴刹的门改建成开放结构，使形成一个“L”形，用卷帘门做大门。一楼店铺面积 50 平方米左右，杂乱地摆着几张桌椅。冲茶的操作台就在正对巴刹大门的左手边，后面是冰柜、储物柜和通向洗手间的走廊，旁边是供奉关帝的神像、祖宗牌位和土地神的神龛。四面的墙上贴有代表华人

① 根据 2019 年 7 月 30 日对玻璃口茶餐室老板黄老板的访谈。

② 根据 2019 年 7 月 30 日对玻璃口茶餐室老板黄老板的访谈。

文化的对联和福字。

茶餐室也是典型的夫妻店，老板名叫苏振胜，祖籍广西容县，今年 50 岁，老板娘祖籍广东番禺。苏振胜的父亲十几岁跟着人到马来西亚，一直做割胶工作。苏振胜有 6 个兄弟姐妹，3 个读英文小学，3 个读华文小学。

这个茶餐室的屋子是他在 2006 年的时候买下来的，一方面居住，另一方面也是为了做生意。苏振胜的经历不同寻常，他父亲十几岁跟着人到马来西亚，当年搞割胶为生，赚钱重视对子女的教育。与其他华人不同，他从小读英文小学，初中毕业后从事焊接工，后来又去新加坡、中国台湾、日本等地辗转工作。苏老板介绍他曾在 2003 年初去日本一家工厂打工，有一段与中国人的特殊经历，他说道：

> 我年轻的时候学焊工，先后在新加坡一家船厂和台湾地区打过工，在 2003 年左右又去日本一家工厂打工，那时候去日本基本都是“跳飞机”，即非法劳工。工厂是在一个叫“Shizuoka”的地方，后来又到“Hamamatsu”。一开始我们到那边人生地不熟，不懂日语，也没有任何可以依靠的人，因为我们签证不合格，所以无法办理一些手续，记得当时碰巧我在路上认识了一位中国人，他说他是留学生，认识一些使馆的人，所以可以帮我们办，只收很少的钱。当时我很感动，他还说大家都是华人出门在外要互相团结，我第一次感受到了华人的情谊。可是当我们把定金 1000 马币按照约定给他时，第二天他没有出现在约定的地点，把我们给骗了。从那以后我开始有点怀疑我们华人，在海外都是华人骗华人。①

苏先生谈到当时的经历时，虽然还有些许愤愤不平，但是他还是对海外华人、中国人抱有好感，他认为当今的中国以不是之前那

① 2019 年 8 月 14 日笔者与 98A 茶餐室老板苏振胜先生的访谈。

个中国，海外华人也意识到了团结的重要性。他与其他普通的华人一样也在时刻了解中国的讯息，为生为华人而自豪。从日本回马来西亚后，他买下了这间屋子，开始学起了冲茶。在访谈中，他热情地准备咖啡和小吃，不收一分钱。

苏老板会讲一口流利的英语，也会一点日语，华语显得相对较弱。他格外重视子女的教育，他的 5 个孩子中，除了小女儿在读高中，其他有 3 位都上过大学。大女儿就职于中国工商银行马来西亚分行，大儿子在马来西亚吉隆坡的华为公司，还有一个在吉隆坡的中国建设银行，小女儿在文冬苏莱曼国民中学就读，成绩也十分优异。孩子们只有到新年才会回到新村，平时只有苏老板夫妇和小女儿在家。

茶餐室没有名字，“98A”只是它在新村的门牌号。现在日常经营都是夫妻俩负责，苏老板负责冲茶，妻子负责粉面的档口，卖一些粉面，主要有：特色的鲜蛤咖喱叻沙、狗仔鸡面、咖喱山猪排骨、冬菇鸡脚、叉烧云吞面、炒粿条、客家炸肉、伊面、板面等，种类算得上囊括八方，反映出她的能干。女儿在课下也能临时做做卫生和招待客人。

苏老板每天定点关门，即便是周一巴刹早市最旺时，他也雷打不动地在 12 点就关门打烊，他说这是因为他要空出时间午睡和做一些其他的事，生活不只是赚钱和工作。地理位置上 98A 茶餐室靠近里面，虽然对面有巴刹，一周之内只有周一人流较大，生意较好，其余时刻一上午都冷冷清清，客人也多是熟悉的面孔。苏老板也时常抱怨马来西亚目前的经济环境，现在生意也不是很好做，食材原料价格上涨，但是新村都是熟客也不好意思涨价，这里地理位置偏僻，外地客人太少，干脆早点打烊。

苏老板热情好客，健谈风趣，他的茶餐室每天都是固定的新村客人，每天都有一位寺庙的出家人会坐在同一位置用餐，点一份素食。苏老板说，对于出家人来用餐每个老板都不会收钱的，这是一份功德。

（二）茶餐室的“关系网络”

在传统社会中，“关系”对于个人的生活和人际交往具有重要影响。“关系”一词成为了解中国人社会行为的核心概念。[①] 按照社会关系确立的基础，可分为亲缘关系、地缘关系、业缘关系。前两者都是建立在原发关系的基础上，具有很强的稳定性。[②] 关系网络起源于英国人类学家布朗以一种非技术形式来分析文化如何规定有界群体内部成员的行为。[③] 他使用社会关系网络来描述社会结构，并将社会网络定义为“一群特定个体之间的一组独特联系，这种关系表现为一种持久的稳定的交往”[④]。我们从茶餐室的经营网络来看，玻璃口新村所有经营茶餐室的经营者之间、经营者与顾客之间，以及顾客与顾客之间都形成了一种稳定紧密的社会关系。

1. 茶餐室经营者之间的关系

虽然任何地区的同一行业的从业者都有竞争，多数情况下竞争要远大于合作，笔者在玻璃口新村调研时发现，虽然小小的新村有 14 家茶餐室，但是他们之间都相安无事，每家都有其固定的顾客，客流量也基本相同。在每家经营种类、品种和服务质量大致相同的条件下，新村的茶餐室保持了很大程度上的“和谐”，用他们自己的话讲，这是一种“良性竞争”。茶餐室经营者与相关货品的供应者之间也会形成一种稳定的合作关系。此外，还有许多附属于茶餐室的档口，档口通常由茶餐室的老板出租给新村其他的商户，由他们提供一些食物等，档口的经营者与茶餐室经营者即是主雇关系，同时也是合作者关系，他们需要合作共同处理在经营中遇到的各种问题。

---

① 黄光国：《论华人的关系主义——理论的建构与方法论的考量》，载黄光国《儒家关系主义：文化反思与典范重建》，北京大学出版社 2006 年版，第 82 页。

② 林聚任等：《社会信任和社会资本重建》，山东人民出版社 2007 年版，第 44 页。

③［美］约翰·斯科特：《社会网络分析法》，刘军译，重庆大学出版社 2016 年版，第 1 页。

④［英］拉德克里夫·布朗：《社会人类学方法》，夏建中译，华夏出版社 2002 年版，第 157 页。

（1）茶餐室经营者与供应者的关系

在茶餐室的供应方面，由于经营种类大致相同，供应渠道和来源基本一致，供货商和茶餐室老板形成稳定连续的关系。茶餐室日常消耗最多的就是冲茶必备的罐装淡奶和炼乳，茶餐室用的罐装淡奶和炼乳基本都是名为“MARIGOLD”的品牌。生意好的茶餐室每天能用掉整整一箱的罐装奶。罐装奶会有固定的时间送货上门，长期以来茶餐室与供货商已经形成了稳定的关系，价格也会因地制宜。笔者一次在茶餐室调查时，遇到了开车过来取钱的H老板，短暂地交流后，他告诉笔者，自己从事经营“MARIGOLD”品牌已30多年，之前一直在文冬地区从事产品代理的销售，由于新村越来越多茶餐室每天消耗大量的产品，所以他有了更多的稳定客源。他每周一次开车往返新村，将整箱的罐装奶和炼乳送到茶餐室，每家一次最多有上百箱，少也有30箱，送货完毕后，他再抽时间过来取钱。由于长期的关系，他与新村各个茶餐室的老板已建立良好的关系，每次不必先付款，而是等到约定好的日期再来收款。每箱的价格也会相对优惠很多，每箱罐装奶在市场零售需要100马币，而这样以批发的形式，每箱平均只要90马币左右。H老板多年负责茶餐室供应，他对新村每家店的需求情况都很熟悉，双方亲密合作使交易成本和交易时间都减少很多。

茶餐室每天消耗最多的还有冰块，马来西亚长期高温炎热，茶餐室是人们消热祛暑的好地方，点上一杯冰水，获得清凉的同时也能提神醒脑，因此对冰的需求就格外重要。茶餐室用的冰块每天每家约一箱，箱子为制冰公司特制的保温冰箱，每天清晨派专车送到新村各家茶餐室，每箱冰块需20—30马币，价格通常以月结的形式，每家茶餐室都是由同一家制冰公司提供。

信任是人类文明大厦的基石，它对人类社会生活而言具有不可或缺性，是维持社会秩序良好运转的基础，通过上述可以看出，新村茶餐室经营者与供应者是一种双向信任的关系，这种信任无关乎亲缘或地缘，也超越了契约，是一种普遍的特殊信任。在平时的交往中，他们也能够在一些问题上积极协商，注重维护长期稳定的联系，这种关系使新村茶餐室经营者与供应者形成了一种“共同体”，这种共同体对双方的生意都有好处。

（2）茶餐室经营者之间的关系

笔者发现，同一条街道的茶餐室经营者会自觉地协定好经营时间和茶品的价格，同一条街道上每家茶餐室的价格基本一致，而且在经营时间上也会尽量错开，这样做的目的是要控制合理的竞争，明确双方各自的边界。进发茶餐室老板 H 先生这样说道：这条街的几家店的价格基本都一样，虽然没有人要求我们这么做，但我们都会恪守这个“规矩”。即便有些店想提高或是降低价格，也持续不了多久，我们有我们的“行规”。做生意你有你的，我有我的，不要乱来。我们的休息日也是错开的，我星期三、隔壁星期四、那边星期五，这样做的目的就会不能说同时开就同时开，同时关就同时关，照顾到顾客也照顾到其他经营者，不能让顾客没地方喝茶，也不能让其他店没生意。①

在实际的经营过程中，茶餐室的经营者们之间也形成了良好的互动关系，笔者重点对 7 家茶餐室老板访谈后发现，他们均存在很大程度上的互帮互助行为，同时在会时常“照顾”别人的生意。

大家发茶餐室老板 L 女士告诉笔者：在新村做生意因为顾客多是熟悉的面孔，所以更要处理好不同类型人的关系。至于同行关系，我们这条街几间关系都十分好的，比如你没有什么了可以找我借，我没有了可以找你借，做生意一定要大大方方的，反正我就是这样，一定不能小气。比如今天我没生意，他有生意，我也不会眼红，没有做就休息，反过来也是一样。比如隔壁那家还没有开的时候，就换过很多家，一直做不起来，原因就是没有向我们这么做，而现在换的这家，我做什么都会打招呼，都会商量，大家的生意就会很好做。有一段时间他生意不好，他的房主逼他出来，那时我们其他几

① 根据 2019 年 8 月 1 日对进发茶餐室老板 H 先生的访谈。

家就帮他，他缺什么我都会给他，比如电饭锅坏了，拿我们的过去给他们用。后来他渡过难关，我们两家的关系就特别好。我永远相信“和气生财”这句话。①

玻璃口茶餐室老板 H 先生：虽然开了餐馆，但是我们也不会经常在自己家吃饭，也会时常选择去隔壁家或新村其他茶餐室做客，其他店的老板也会经常光顾我家。如果我今天休息我想喝茶我就会去隔壁家。平时我们之间也经常互相帮助，比如应对政府监督部门的突击检查、共同选择合适的供货商、协定价格等方面。以前我的太太学冲茶就是隔壁的老板亲自教的，后来我们开茶室之后，他也没有指责过我们。② H 先生对这里人际关系抱有积极乐观的态度。他也很感激隔壁教他太太学冲茶的老板，后来自己“另立门户”也没有遭到反对，大家都是一派和气。喝茶的传统并不只是这里的村民，就连自己也十分爱喝茶，每天喝茶已经像三餐那样固定，如果在休息日，去到邻家茶餐室喝茶用餐也极为普遍。

以上的描述和分析不难看出，对于玻璃口新村的茶餐室经营者而言，相互扶持、有福同享是新村地区茶餐室经营的传统，运用业缘关系网络合理处理各自的竞争关系是他们经营成功的关键，关系网络不仅加强了茶餐室经营者内部的合作和谅解，扩展了这一群体的包容力，使他们之间的竞争始终维持在良性的阶段，也让他们加深了彼此的联系、建立互信，实现社会资本的累积。科尔曼曾指出：“社会资本的形成，依赖于人与人之间关系按照有利于行动的方式而改变。社会资本通常表现为人与人之间的关系。”③ 而普特南进一步认为：“社会资本是指个体之间的关联——社会网络、互惠性规则和

---

① 根据 2019 年 8 月 5 日对大家发茶餐室老板 L 女士的访谈。

② 根据 2019 年 7 月 30 日对玻璃口茶餐室老板 H 先生的访谈。

③ ［美］科尔曼：《社会理论的基础》，邓方译，社会科学文献出版社 1999 年版，第 335 页。

由此产生的可信任性。”[①] 这种建立在茶餐室经营者关系网络基础上的社会资本成为玻璃口新村茶餐室经营者共同的宝贵财富，成为良好互动关系的助推器和稳定剂。

（3）茶餐室与档口的关系

基本上新村的华人茶餐室都有出租的档口，通常茶餐室出租档口给新村能提供一些食物的经营者，这样由茶餐室老板负责冲茶，档口负责卖饭菜，就形成了良好的互补和合作关系，这一方面是为了扩大茶餐室的经营范围提升竞争力，同时也为了分担风险，合理分配资源。多数茶餐室的出租档口由老板的家人、朋友或邻居经营。

荣发茶餐室的云吞面档口由 L 老板出租给一对父女，老父亲约 70 岁，据说曾在美国亚特兰大卖过一段时间云吞面，现在他由亲自制作云吞面，女儿负责打下手，制作出的云吞面味道浓郁、价格低廉也深得村民喜爱。L 老板与他们关系也十分融洽，每月只收很少的租金，他们共用茶室的空间和设施，平摊每月的水电等费用。他们相互合作赢得了更多的顾客，建立了一种“有福同享”的关系。

观城茶餐室老板将自己的档口出租给新村一个卖粉的越南人家，他主营早餐，提供一些鱼滑粉、猪肉粉、水饺粉、各种酿料等，据老板讲，她是经朋友介绍来这里租粉档的，已经做了两年多，由于他家境较贫寒，且售卖的粉夹杂着一些越南口味所以并不十分为新村人所接受，所以他的生意一直也不太好，正因如此，心地善良的老板为他减免了租金，每月只用付 200 元，水电费全包。此外内部的协商也是他们之间显著的特点，当双方合作时间长久，就成了亲密的合作关系，会共同约定营业时间和租金等。这种“协商机制”不是强迫的，而是华人在做生意中潜移默化地形成的。

乐园茶餐室的档口设在正门前的门厅处，粉档的经营时间是上午 6 时到中午 12 时，主要提供煮粉和粿条，粉档老板姓谢，是茶餐

① ［美］罗伯特·普特南：《独自打保龄球》，中国政法大学出版社 2018 年版，第 19 页。

室老板早年的邻居，每月需向老板交租金，但是具体的金额未定，粉档谢老板曾告诉笔者，由于他们已合作十多年，所以双方关系十分融洽，每月的租金只是象征性地交付，根据日常营业的情况，生意好时就多给一点，不好就少给一点，水电费共同承担。

食一食茶餐室位于玻璃口新村陈生 2 路 P1 号，茶餐室老板姓甘，为第三代华人，祖籍广西北流。食一食茶餐室室内面积 80 平方米左右，店内分前厅和后厅，前厅是出租的档口，后厅正面是老板冲茶的操作台和收银台。老板告诉笔者，整个店面是 7 年前从别人手中接替过来的，一开始的时候只提供冲茶，后来他的侄女的丈夫向他租下了前厅用来卖米粉，每月租金约 400 元，双方约定每周三是休息时间，每天营业时间从早 7 点到下午 3 点，大家除了共用设施外，还平分店内的水电等费用，双方已共同合作了 5 年多。

汉密尔顿认为，在长期的历史发展中，中国人的社会以地缘和血缘等社会关系为基石。① 这在海外华人社会也得到印证。在茶餐室内部档口合作经营上可以看出，双方以“熟人”的身份参与到合作的过程中来，在合作的过程中互惠互利，形成合作共生性质的生计方式，这样既可以极大提升外在竞争力，同时也能规避风险，降低经营成本，体现出他们“合作共赢、互利互惠”的商业精神。

2. 茶餐室经营者与顾客、顾客与顾客的关系

由于新村人口较少，村民对各自的生活情况比较熟悉，信息的流通速度较快，人与人之间的信任程度也更深，人与人之间的关系围绕“人情”而展开，所以新村茶餐室经营者与顾客，以及顾客与顾客相互熟知、相互信任、相互关怀就成了他们之间关系的主要特征。

（1）茶餐室经营者与顾客的关系

每家茶餐室基本的顾客数量基本稳定，笔者在调研时发现，每

---

① 王苍柏：《华人网络的再认识：一个空间的视角》，《华侨华人历史研究》2006 年第 2 期。

家茶餐室均有各自固定的顾客，老板与顾客之间也形成了十分密切的联系，这其中相互信任是关键因素。

进发茶餐室老板说：我的店经营已有快二十年了。我们每家都有自己的熟客。我有很多二十多年一直过来喝茶的人，也有赊账的，如果他们没带钱，我也给他们喝，有些时候我直接说我请你喝吧，因为一杯茶也没多少钱，或者干脆就在我这里记账，到了有钱的时候再给，新村这么久大家都熟了，我也不怕他们会赖账。[①] 谈到未来，H先生与其他经营者一样，有一种“活到老，干到老”的精神，放不下的不仅是一种长期坚持的生活方式，还是一种已经深度融入其中的社会关系。

许多新村茶餐室的老板都曾表示，在每天开店前就知道今天要来哪些客人，来的客人不用交谈就知道要点什么茶。这种长时间形成的默契已经成为老板与顾客交流的方式。此外为他人施赠的“请客文化”也是茶餐室的一种传统，当看到没有能力付钱的新村失业者或是残疾人前来用餐时，茶餐室老板会为其埋单。笔者还曾见到过一位衣衫褴褛的出家人经常在一家茶餐室用餐，他走时不需要结账，对此老板的回答是：“为出家人布施是一种福报，没有人会不珍惜这种福报。”

韦伯等人曾指出，传统中国人的信任是一种依靠血缘共同体的家族优势和宗族纽带而得以形成和维系的特殊信任，而对那些置身于这种血缘家族关系之外的他人则表现为一种普遍的不信任。但在玻璃口新村华人经营者与顾客的关系上可以看出，信任超越了以往狭隘的分类，已演变成一种以茶餐室为中心的普遍信任的社会网络，这种网络的扩展与延伸也会形成良性循环。

（2）顾客与顾客的关系

19世纪上半叶，托克维尔在《论美国的民主》一书中对美国人热衷于集体活动给予了高度评价。他发现，近乎所有的美国人均乐

---

① 根据2019年8月1日对进发茶餐室老板H先生的访谈。

于参加各种各样的社会、公众集会等，美国众多的处理各项事务的社团和组织对促进民主和自由具有重要意义。因为公民参与及其网络极大地影响着政府管理。① 反观玻璃口新村华人社会，人们参与公共事务和各种团体活动也已蔚然成风，众多的茶餐室为他们提供了活动、交流、休闲或聚会的绝佳场所。玻璃口新村成立虽已 60 多年，在当地异常迅猛的商业化进程下，置身其中并未感觉到传统村落的衰落，相反一种浓烈的乡土情怀时刻围绕左右，这很大程度上也得益于众多茶餐室所构建的特殊"地方感"，它带来的不仅是味蕾的满足，更是一种人情的温度。以茶餐室为中心的新村社会也更加和谐，这无形中增加了他们之间的关系维系。笔者在 2019 年 1 月在新村调研期间，对 41 名村民做了问卷调查，从"您认为玻璃口新村村民关系如何?"这一问题的回答上来看，有 13 位村民认为"非常和睦"，18 位村民认为"比较和睦"，总计占总调查人数的七成以上。这可以从一个侧面看出至少多数村民认为他们邻里关系是融洽的。

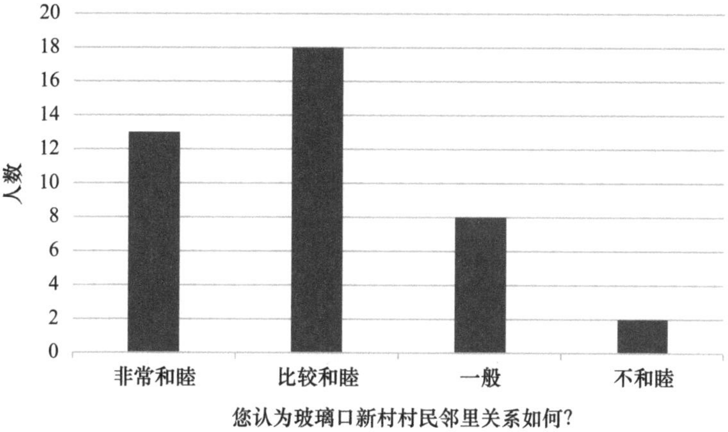

图 2－15　关于玻璃口新村村民邻里关系的问卷调查示意图②

① ［法］托克维尔：《论美国的民主》，商务印书馆 1989 年版。

② 资料来源：根据笔者的问卷信息整理所得。

美国社会学家罗伯特·普特南在其书中曾说：美国人之间曾经存在很强的非正式社会联系，如下班后一起饮酒、宴会上与熟人喝咖啡、每周二晚上打扑克、与隔壁邻居闲聊、参加书友会。这些小小的活动就像把一分分钱投进存钱罐，都能让社会资本得到逐渐地增加。① 同样在新村地区，所有村民都会利用某个时间段来茶餐室点上一杯茶，或是与朋友、邻居闲聊，就像每天固定的功课一样。新村的茶餐室永远是村民的“社交中心”。

此外，茶餐室还会举办一些节日庆祝活动，观城茶餐室老板说：我本人是信佛的，每年观音诞（农历二月十九和九月十九），观城茶餐室还举办盛大的庆祝活动，让客人们免费吃素斋的流水席，最多可以摆到70多桌，这样的目的也是让大家在一起热闹热闹，让老年人也有个聊天的地方。我们这里虽然位置较偏一点，但是客人却很多，不光有几年如一日的老客人，而且还有不少来自外地过来玩耍顺便喝喝茶的新面孔，我们这里观城茶餐室空间够大，相比其他茶室还有外面的空地，我也让他们在我这打牌，不点东西也没关系，做生意的不会撵人走的。所以他们村民更愿意来这里喝茶聊天、打牌娱乐。②

与城市里的快餐店不同，新村的茶餐室构成了一种“熟人”圈子，大部分村民已不是为了仅仅满足每天的“茶瘾”而走进这里，而是要完成每天固定的“约会”。每天一次或每周一次的碰头是弥足珍贵的闲谈机会，可以与朋友邻居谈论私事，但有时也会涉及政治等更广泛的话题。每年地方的国州议员选举，新村茶餐室也通常是设立投票站的地方，新上任的国州议员为表示亲民也会在茶餐室里与民众一起喝茶聊天，倾听民众的意愿，茶餐室为民众开辟了表达意见，参与公共事务的窗口。有老板说：“每年文冬选出的州议员，

---

① ［美］罗伯特·普特南：《独自打保龄球》，中国政法大学出版社2018年版，第90页。

② 根据2019年8月3日对玻璃口新村观城茶餐室H女士的访谈。

都来过我家店里，跟大家一起喝茶聊天。”

笔者发现，每一家茶餐室不仅有几十年如一日的熟客，而且每位熟客还有固定的位置。以文生茶餐室举例，笔者第一次到访是在 2019 年 1 月 25 日，遇到一群围坐在一张圆桌边的中老年妇女，直到笔者一个月后离开玻璃口新村，她们几乎每天的同一时间都会在那里“开会”，但半年后在 8 月的某一天，笔者再次来到玻璃口新村文生茶餐室时，惊讶地发现她们还是一群人完完整整地坐在同一张桌子前，而且每个人也坐各自原来的位置，据访谈得知，她们是附近的村民，经常过来聚会。在他们看来每天在茶餐室的闲聊就是生活的一部分，她们十分享受这种集体生活带来的满足感，绝大多数时候并不在意做什么，打牌、看报、喝茶都不重要，只要大家能聚在一起。老板也习惯了这种生活，甚至每天为她们各自留出专属的座位，不点餐食也没有关系。进发茶餐室老板也表达了类似的观点：经常能看到好多人（村民）在我这“闲谈”，有些时候他们点一杯茶能在一起坐一下午，他们有些人一直都坐在同样的位置，每天来碰头的人都一样。① 笔者一次在荣发茶餐室用餐时，碰巧结识了用餐的来自邻近新村的 F 先生一家，他们经常来这里吃饭，新村茶餐室的饮食方式也已成了他们生活不可分割的一部分，畅谈之余，还留下了彼此的联系方式。也许正是新村茶餐室这种外表上看去朴实无华的食肆，内在却充满着浓郁的烟火气息和人情味，使来这里的顾客会不知不觉建立信任与友谊。

综合上述茶餐室经营者与顾客，以及顾客与顾客之间的关系可以看出，新村茶餐室所建构出来的关系网络是累积和培育社会资本的优质土壤，它孕育了良好的风气，以及在此风气下，华人之间相互信任、相互合作、互助互惠，生活其乐融融，同时也让新村华人巩固了共同体意识，使新村这样一个历史产物在新的时代大潮下依旧焕发勃勃生机。

---

① 根据 2019 年 8 月 1 日对进发茶餐室老板 H 先生的访谈。

二　豆腐卜店

我们刚来到玻璃口新村，就感觉到这里的饮食习惯很像广西，比如村民很喜欢吃豆制品，这在广西那里，当地的广西人也喜欢吃油炸的豆腐泡，即“油果”。我们在调查中发现，玻璃口新村也有几家出售这样豆制品“油果”的豆腐卜店或制作豆腐卜的家庭加工厂，一家是位于玻璃口新村与旧玻璃口村之间的黎氏豆腐卜加工厂，一家是位于玻璃口新村 6 街 18 号的陈氏豆腐卜店，还有一家是 5 街 25 号的李氏豆腐作坊。

1. 黎氏豆腐卜店

“黎氏豆腐卜”不仅闻名于玻璃口新村，而且还在整个文冬都享有盛誉。据访谈，现在黎氏豆腐卜的老板叫黎蔚纯，他说刚刚接手豆腐厂三年多，之前自己是在做外贸，后来因为外面收入不稳定，做豆腐卜收入还要更高一些，而且还能在家里照顾孩子。

图 2－16　黎氏豆腐卜店的小工厂（郑一省摄）

最早在玻璃口新村有四五家做豆腐的人家。黎氏豆腐卜是一家老店，自从黎蔚纯的爷爷就开始做豆腐了。豆腐卜的“卜”是空心的意思。黎蔚纯的爷爷叫黎喜廷，而黎蔚纯的父亲叫黎显强。黎蔚纯有兄弟姐妹 6 人，其排行老 5。黎蔚纯刚开始从事的工作是割胶、伐木，30多岁的时候接手豆腐厂。因为以前是没有机器，都是手动做豆腐，所以黎蔚纯的兄弟们都不愿意接手豆腐厂。黎蔚纯每天早晨4点开始做豆腐。最开始的时候每天10斤，他自己推车出去卖。后来每天做100斤，主要用于批发。他做批发大概已有20年的时间，刚开始每天都是100斤，现在每天可以做300斤了。但是仍然78%用于批发，批发的订单都由黎氏豆腐卜送货上门。而且黎家在玻璃口新村市场还有一个档口做零售，自己的家人在那里卖。以前黎氏豆腐卜的地方在玻璃口新村自己的家里，后来担心危险，搬到了旧玻璃口村这个更开阔的区域。

黎氏豆腐卜刚开始是一个家庭作坊，后来生意好起来后，引入了一些较现代化的设备。磨豆子的机器，以前是用日本的机器，现在用的是中国台湾的机器，但是现在了解中国大陆磨豆子的机器更好，将来也会换成中国大陆的机器。他告诉笔者一些做豆腐卜的知识：首先把黄豆浸泡三个小时，再把黄豆磨成豆蓉，把豆蓉放入铁皮桶中，加入两次热水，打出上面的泡沫和黄豆皮，再加入一次冷水，就做成了浆头。然后把浆头进行两次过滤，就成了头浆。此时，要注意的是，在第二次过滤的时候需要加入一次冷水。两次过滤后的浆头，就变成了豆浆。然后熬豆浆，同时加入石膏粉、墨鱼骨和卤水，就变成了豆腐。待豆腐成型后，打去上面多余的水分，压成扁平的形状，再切块。最后，放入油锅中炸两次。此时需注意，在油锅中加上香兰叶。炸豆腐中先是用温油，目的是让豆腐更脆，而且也是防止油过烫，以免豆腐会爆裂开。炸过的豆腐被放入冷气房中，目的是抽取豆腐卜中的水分。炸好的豆腐卜放在冷气房中，直到豆腐卜凉了就可以取出来了。现在制作豆腐的过程不是全自动化的，因为有的部分不能用机器替代。

黎氏豆腐卜工厂请的帮工都是印尼人，问为何请印尼人，主要是当地华人不愿意替别人打工，所以只能找到印尼劳工。对于印尼劳工的管理，这位黎氏豆腐卜的老板似乎有一套，即每个月的工资不会全额发放，只发放80%，还有一部分是在月头发放，问其为

图 2－17 黎氏豆腐卜小工厂的工人在制作豆腐卜的过程（郑一省摄）

何？这位黎氏豆腐卜的老板说道，如果你每个月的工作全额一次发放的话，这些印尼劳工可能将钱吃完没有了，才能来上班。到时候，会产生没有人来上班的现象。

2. 陈氏豆腐卜店

陈氏豆腐卜店位于玻璃口新村 6 街 18 号，也是一个历史较为悠久的豆腐卜制作店。虽然在机械化方面没有黎氏豆腐卜加工厂先进，但每日生产的豆腐卜也是不少的，其制作豆腐的除了老板陈金华，以及儿子陈家强，还有 1—2 位女工。

图 2－18 玻璃口新村的“陈氏豆腐卜店”（郑一省摄）

陈氏豆腐卜店除在店里制作豆腐对外销售外，还在文冬的巴刹设立豆腐档位，老板陈金华曾谈到其豆腐卜店的情况时说道：

我爷爷从广西北流来这里，到这个村就开始养猪、做豆腐，开豆腐店到我已经是第三代了，现在我儿子也接着做了，我是做帮手。以前我们这里有五六家做豆腐的，现在只留下三家了。我们家请了印尼的工人帮工，这个工艺是从中国带来的，包括石膏粉、碱水，以前豆也是中国进来，大约有十年没从中国进了，现在豆是从加拿大进来的，每天生产200公斤左右豆腐、油豆腐，要一天24小时，我儿子、女儿带领工人分三班轮流制作，一般早上是磨豆浆，制豆腐，到下午才能开始油炸豆腐，一直要干到第二天的2—3点才能完成，然后放入冷库。做豆腐机器也是从中国来的，小孩还是用老办法压豆腐，有机器可以压豆腐的，机器快，但没有老办法压的好吃，炸豆腐是用棕榈油，一天大约要用100多斤油。以前是用椰油炸豆腐，椰油好吃，现在没有了，棕榈油没有椰油香，主要卖给外地的客商，批发到吉隆坡。①

图2－19　陈老板与帮工正在制作豆腐

图2－20　已经制作好的豆腐

除了黎氏豆腐卜加工厂和陈氏豆腐卜店外，还有一家是5街25号的李氏豆腐作坊。据访谈，这家豆腐卜作坊比前两家规范要小的

① 根据2016年8月20日在玻璃口新村陈氏豆腐卜店对陈金华的访谈录。

多了，这位豆腐卜作坊的老板这样说道：

> 我刚开始做是全部手工做，很辛苦，磨豆浆等，很早起床，豆腐要凝固是需要时间的，时间不到做不成，我孩子开始不愿意接手，现在愿意了，我不收他一分钱，而且现在有工人，有机器，不是那么辛苦了，但是他不明白一点：假如工人掌握了全部制作工序，他就会去自己开店了。①

3. 商店、发廊和修理店

除了茶餐室外，玻璃口新村还有一些商店，即杂货店和神料店。杂货店和神料店在玻璃口新村村民中扮演着十分重要的角色。

杂货店和神料店也是村民重要生计方式。神料店在村民生活中具有重要地位，神料店主营佛像、佛具、香烛、纸等，满足村民拜神和祭祖的需要。顺隆神料店在新村家喻户晓，是最早成立的神料店。顺隆创立于20世纪70年代，目前已传至第二代。顺隆店是典型的“家店合一”的方式，店铺面积约20平方米，货架上摆着蜡烛、香、对联、福纸等商品，房檐挂满了自制的用来出售的灯笼。70多岁L老板步履蹒跚，但精神矍铄，除卖神料，他还帮人选良辰吉日和看八字，对华人来说选择良辰吉日既是传统也是需要格外重视的活动。

表2－2　　玻璃口新村的杂货店和神料店

杂货店	地址	神料店	地址	备注
志昌杂货店	142号	永兴香纸店	212号	
德记杂货店	213号	志刚神料香纸店	P5号	
昌进杂货店	206号	真美香神料贸易	P9号	以前为天皇咖啡馆，因债务而换店主名

① 根据2016年8月18日在玻璃口新村对店老板的访谈。

续表

杂货店	地址	神料店	地址	备注
池三才杂货店	205 号			
P2 杂货店	P2 号			
琼记杂货店	412 号			

资料来源：调查统计而成。

1. 琼记杂货店

琼记杂货店位于玻璃口新村 412 号，老板李素琼，吉打力人，祖籍广西容县。李素琼小学就读于吉打力华人小学，中学在私立学校就读。李素琼 28 岁与丈夫萧金结婚后，搬来丈夫所在的村子——玻璃口新村。李素琼与丈夫萧金有 7 个子女，其中五男两女。1971 年开杂货店，那时店铺的位置在 409 号，直到 1976 年才搬到了现在的 412 号。琼记杂货店里售卖红豆冰，在玻璃口新村还是比较出名的，而且仅此一家。制作红豆冰的红豆产自中国，首先需要 400 克的红豆和 600 克的糖，第一步是把红豆煮烂，然后把煮好的红豆水放入小盒中冻，第二步是将椰浆和糖一起煮，等椰浆水煮好了放凉，倒在红豆冰上继续冻。琼记杂货店除了做红豆冰之外还自制燕菜糕。燕菜糕需要来自泰国的燕菜粉，一包 5 元，加入 600 克糖，煮开，冷冻即可。琼记杂货店以前主要销售饼干、糖果和冰激凌，现在店内卖烟、水、零食、香烛、纸，各种日常生活用品都有售卖。杂货店每天都开，没有休息日，经营时间是每天上午的八点到晚上十点、十一点。店内的货物有的是专门配送，有的则需要自己去购进。比如，鸡蛋就是一个星期送一次，都是每周二送。现在虽然店主已经有 70 多岁，但是仍然坚持亲自打理店铺。

2. 志刚神料店

志刚神料店是玻璃口最具历史性的代表。其从 1970 年至今已有四十三年的历史，是家喻户晓的老招牌。虽然曾经遭遇问题而搬迁了三次，老板也不辜负母亲的心愿继续经营。志刚除了售卖神料，也有帮忙“选择好日子”。对华裔来说，选择好日子很重要，它可以影响人的一生，从此是否顺心如意、过着幸福快乐的生活就靠它了。每年的清明节，都有很多村民到店里购买神料拜祭先人。

图 2－21 玻璃口新村“真美香神料贸易”商店（郑一省摄）

随着人们生活水平的提高，玻璃口新村涌现了以手艺赚钱的经营者，包括理发店、自行车修理店。

表 2－3 玻璃口新村的美发店和修车行

美发店	地址	修车行	地址
TOPONE 美发屋	141B 号	福来修自行车店	148 号
优美理发店	P4 号	章兴修自行车店	209 号
美琪男女理发店	351 号	修汽车行	149 号
上雲男女美发室	72 号		
观蓓电发室	47 号		
雅丽电发室			
陈生大屋理发店			

资料来源：调查统计而成。

理发店的出现顺应了时代发展的潮流，也是回流的年轻人重点选择的创业方式。村民与城市居民一样需要打扮自己，传统的理发师已无法满足他们的需求，一种新式的美发屋就很好地满足了他们的需求。与城市相比新村的美发屋收费更低廉，服务特定年龄的一批顾客，因此也有稳定的客源，还解决了一部分回流年轻人的就业问题。新村的传统的理发店叫“电发室”，近几年不少回流的年轻人开设了新型的美发行业，它们通常被叫做“美容美发厅”“美发屋”等，还有一些直接用英文做店面招牌。新村 Kinki 理发店的陈老板从事理发行业已有十三年，十六岁的时候在吉隆坡一家美发店打工，并在吉隆坡专业的美发学校学习，学成后她回到新村，租下了一间店铺专为村民提供美发美容服务。她曾说回到新村的目的是因为新村经营成本较低，村民的消费潜力近几年也在不断提升，每个节假日回家的年轻人都会选择在她家美发，她的技术在大城市里得到过锻炼，回到小地方利用低价格的优势更能得到村民青睐。目前 Kinki 老板雇了两名女孩负责日常打理，每位基础工资 1500 马币左右。根据老板讲，来这里做头发的年轻人居多，渐渐地这里也成了年轻人聚会的场所，与大城市相比，新村的年轻人同样爱时尚，喜欢刺激。新村的几家美发厅老板年龄、成立时间、经营风格各有不同，分别服务于新村各个年龄段和阶层的顾客，都有稳定的客源，所以也不存在强烈的竞争。

随着美发店的数量增多，在城市理发的费用也越来越贵。相对的，在新村里理发的费用起伏不会太大，老板健谈友善的性格也成了吸引和保留顾客的主要原因。

除了理发店外，修车也是玻璃口新村华人的一种职业。玻璃口新村的修车行，是村民依靠自己的手艺而开办的店面。修车店内摆满各种轮胎等物件，店面呈开放性结构，修车的师父蹲着店面外有条不紊地修各式各样的车子。

此外，玻璃口新村也出现了一个新现象，即将老房子改成出租屋或民宿。彭亨州前国会议员兼卫生部长拿督斯里廖中莱主政文冬期间曾提出“新村复兴”的口号，积极争取拨款，提升村内的基础

图 2－22 玻璃口新村的“雅丽”电发室

图 2－23 玻璃口新村的修车行（郑一省摄）

设施、刺激本地农业和旅游业。他主政的时期也被视为文冬发展的“黄金十年”，一大批旅游项目相继建成，文冬地区的旅游业开始迅猛发展，新村一部分村民发现了商机，带动了“民宿热”的浪潮。许多村民将自家闲置的房屋装饰成漂亮的民宿，利用互联网等平台进行宣传。马来西亚文冬浦氏宗亲会由浦文伟经营，他是回流文冬创业的众多年轻人之一，他将二楼装饰一番做成民宿出租给游客们。民宿位于新村 282 号，简称 282 民宿。

第三章　玻璃口新村华人的婚姻与丧葬习俗

玻璃口新村华人的婚姻状况依然保存了自己的传统，其主要以族内婚为主，但随着社会的变化，族外婚也渐渐流行。此外，不同年龄段的婚姻展现了不同的婚姻状况，而不同年龄段的婚姻又都体现了某些相同的特点。玻璃口新村华人的丧葬习俗源于原乡的传统，后因独特的历史经历在南洋落地，又逐渐衍生出具有浓郁特色的当下形态。

第一节　华人的婚姻习俗

“除了共同的历史记忆和遭遇，语言、宗教、地域、习俗等文化特征也是族群认同的要素。”① 婚姻在人类的繁衍发展中起着重要的作用，有学者认为没有婚姻就没有人类社会。② 由于在英国殖民时期，对马来亚境内的各大民族实施“分而治之”的政策，导致华人至今仍有较明显区分“他群”与“我群”的意识，所以选择婚恋对象时，对华人整体的族群认同更为突出，而忽视华人族群内不同籍贯的文化差异。

---

① 周大鸣、秦红增：《文化人类学概论》，中山大学出版社 2014 年版，第 85 页。

② 周大鸣、秦红增：《文化人类学概论》，中山大学出版社 2014 年版，第 155 页。

一　玻璃口新村华人的婚姻类型

玻璃口新村华人由于经历不同的历史时期，且身处不同的社会环境，其代与代之间有不尽相同的婚姻类型。不过，玻璃口新村华人的婚姻类型大致可以分为族内婚和族际婚。

（一）族内婚

族内婚又称“血缘婚”，是在一定社会关系范围内选择配偶的一种婚姻制度。本书的族内婚，是指某一群体内部互婚的类型。在玻璃口新村，族内婚是该村华人婚姻类型中的主流。在我们进行随机调查问卷中，72%的受访者说其配偶是华人，90%的受访村民表示自己希望的结婚对象是华人。可见，玻璃口新村的华人的族内婚倾向十分明显。就玻璃口新村而言，其村民的族内婚应包括当地华人之间的通婚，以及当地华人与其他国籍的华人间的通婚。

据调查，玻璃口新村华人的族内婚依代际表现出不同的特征，因而显现出不同的族内婚类型。

1. 第一代华人的族内婚

所谓第一代华人，即从20世纪初至中期从中国到马来亚谋生的华人移民，这些华人现多已仙去，玻璃口新村仅有少数几个20世纪50年代较晚移民的华人仍健在，他们现已有90多岁高龄了。这一代男性华人大多是在出洋前已成家，或有未婚男子出洋赚到钱后回到家乡娶妻，再携妻儿到马来亚赚钱。当时他们普遍有一种“落叶归根”，即到马来亚谋生，是否赚得到钱到最后都会回中国的想法。此外，这一代华人主要受中国“父母之命，媒妁之言”传统婚姻观念的影响，加上不懂马来文和英语，他们很难与马来亚其他族群发生婚娶关系，所以这一代华人的婚姻类型基本上是在华人内部通婚，除了汉族正统婚制即一夫一妻外，比较特别的是有两头家或一夫多妻的特征。

（1）一夫一妻的婚姻类型

第一代华人从中国坐船到马来亚，面对下南洋的未知风险，有条件的家庭会为出洋的未婚男子先娶妻，婚后妻子需先在家料理家务和照顾公婆，待男子在马来亚稳定后，再申请妻儿出洋。由于第一代华人普遍想法是迟早都会回到祖国，未曾娶妻或亡妻的男子一般是经媒人介绍娶祖国同乡的女子，这是一种父母包办的盲婚哑嫁形式。当然，也有人与马来亚土生华人结婚，但其数量相对较少。

一位经媒人介绍结婚后，于20世纪50年代移民马来亚的女性华人说道：

> 我1929年出生，我老公是高州人，他是文冬广西会馆的会员。我是容县人，高州容县很近的，有人介绍的，以前是不流行谈恋爱，媒人说什么就是什么，老一辈反对广西人和客家人结婚。我二十几岁结婚，结婚都是父母操办，包括看八字、聘礼等。我老公在日本侵略中国时期已经过来马来亚，结婚后再申请我过来，由水客带着先从容县六王镇到梧州再到广州，在香港租房住了三四个月等马来亚护照。大船要搭8日8夜，从香港到新加坡，之后就来文冬。我从中国来就到新村里居住，住了几十年。①

一位华人回忆其父亲在丧偶后，再回中国时娶同乡女子的情况，他说道：

> 我爸爸来马来西亚做工之前，在家已经结婚了，但我哥的妈妈生了他之后就去世了。我爸爸又回去中国娶了我的母亲，原本也想着带我大哥过来马来亚，想想还是留在中国读书好。我爸爸再来到马来亚后，日本刚好侵略马来亚，当日本人走了之后就不能再带大哥过来了，所以我大哥一直是跟着大伯、叔叔一起生活，就连累我们这边要经常寄钱回去，寄钱不只是我

---

① 根据2019年8月3日对Z女士的访谈。

哥哥一个人用，而是一大帮人用。①

（2）两头家或一夫多妻的婚姻类型

已婚男子出洋后或发迹，有能力者可能在马来亚再娶一个或多个妻子，主要目的是让妻子照顾家庭生活起居及协助打理生意。另一种情况是有村民因政治因素被迫遣送回中国，之后在中国又组建了家庭，于是形成玻璃口新村第一代华人较为独特的两头家或一夫多妻的婚姻类型。

一位华人 CZF 回忆其祖父在出洋前已组建家庭，到马来亚后又娶了几位妻子，他这样说道：

我的祖父在这边娶了几个老婆，我祖母很凶，叫她过来，但她知道祖父在这边娶了好多老婆，她就不要过来，一定要留一个孙子就是我二哥在家里，没办法了，所以我们要经常寄钱回去。②

另一位华人 H 先生回忆其爷爷时这样说道：

日据时期，日本人抓了我爸要将其丢回中国，我爸当时年纪很小，于是我爷爷就换我爸回中国了，留下我爸爸与我太爷在这边新村生活。后来我爸爸结婚后就搬进旧玻璃口。我爷爷回中国后又组织了另外一个家庭，即娶了另一个老婆。爷爷有过来马来西亚，我爸妈也有回去中国看他，他活到八十多岁直至前几个月才去世。③

① 根据 2019 年 1 月 25 日对 L 女士的访谈。
② 根据 2019 年 1 月 25 日对 CZF 女士的访谈。
③ 根据 2019 年 2 月 16 日对 H 先生的访谈。

两头家或一夫多妻的婚姻类型仅发生于较为富裕的华人中，绝大部分的第一代华人实行的是一夫一妻制的婚姻类型。在调查中，未听华人晚辈说起其前辈与当地民族通婚情况，这是因语言不通，而且结婚是人生大事，需征求父母意见，与其他民族通婚被父母接受的可能性极低。

2. 第二代华人的族内婚

第二代华人基本上是 20 世纪 40—60 年代在马来亚出生，是在马来亚接受教育的新生代，现多已 80 岁高龄。1948 年新村成立，当时文冬华文教育发展正在起步阶段，大部分人仅在玻璃口华文小学受教育，加上处于特殊的历史时期的影响，“紧急法令”使被认定为黑区的文冬各新村受到严格的军事管制，直至 1955 年才从黑区转为白区①，最后到 1960 年全国紧急状态才解除这种控制，因此玻璃口新村第一代华人婚姻类型呈现出不同的特点，即主要以同乡或与邻乡华人之间的通婚为主。

据调查，玻璃口新村的第二代华人基本沿袭父辈，也就是第一代华人的思想观念，即父母的意见仍起着重要作用。由于集中居住在新村，华人之间的通婚是最为常见的。第二代华人仍以割胶、务农为业，在工作中有机会认识文冬其他新村的不同籍贯的华人，所以玻璃口新村第二代华人的结婚对象已不再像第一代华人只有同乡或邻乡人，嫁娶不同籍贯华人的现象开始逐渐增多。

（1）同籍贯华人之间通婚

由于集中住在新村，一同长大的玩伴自然更容易产生情感，第二代华人不少是与同村邻居异性交往结婚。玻璃口新村的广西人最高时占总人口的 90%，所以广西同乡间通婚是最普遍的。一位祖籍广西容县的女性华人讲道：

---

① 黑区或白区的概念，是指与共活跃强弱的地区，黑区即马共较为活跃区域，白区即马共较少活跃的区域。

当时1959年还在戒严，六点后全都要回来，不能在外面逛街否则会被枪打死。唐人当然是跟唐人结婚，我都没有读过书的，读老书读了三个月就没有读，不识字，当时不会讲马来话也不认识马来人，不像现在她们会讲马来话，看有钱才嫁。我们当时有钱没钱都嫁的，我老公死缠烂打要追得到，以前龙凤酒家有一棵大树，我老公经常在那里等着我。①

（2）不同籍贯华人之间通婚

据资料显示，文冬的华人多数为广西籍，约占总华人人口的60%，其次是福建人、广府人、客家人和四会人。② 而且其他族群比广西人来得早些，导致文冬华人内部的不同族群主要从事的行业不同，贫富差距明显，所以早期较为富裕的福建人不喜欢与广西人通婚。据村民访谈中说道：

福建人来得比较早，都是做生意的，我们广西人来得晚，又很穷，所以福建人很轻视我们广西人，那时候还没有受过教育的一般都是帮福建人打工。好像文冬街上，很多都是福建人开店，客家人都是一半一半，四会一般采锡米。③

随着社会的发展，不同籍贯的华人交流互动，一些不同籍贯的华人之间也开始相互通婚，一位在文冬街上的福建籍女性，嫁给了玻璃口新村的广西人，她说道：

19岁结婚，嫁给广西人。丈夫脾气很好，有学识。爸爸妈妈是反对的，当时福建人喜欢高尚的人，不喜欢广西人的，因

---

① 根据2019年2月13日对SGF女士的访谈。

② 数据来源于《文冬华人大会堂90周年及扩建会堂纪念特刊》。

③ 根据2019年7月29日在玻璃口新村对Q女士的访谈。

为广西人务农要干活，不过我自己喜欢。[①]

而CGR女士是一位广西人，她嫁给了玻璃口新村的广东四会人，她这样说道：

我1964年18—19岁时结婚，自己做工认识的。我今年75岁，我妈是广西容县沙捞根人，我老公是广东四会人，做家私、建房，手艺很好，什么都会做的。什么都愿意做，老板都很喜欢他。[②]

相对第一代华人，第二代华人里不同籍贯的华人之间通婚开始变得常见。据第一代华人Z奶奶说：我生了9个，养活了7个，一个儿子娶福建人，一个女儿嫁给潮州人，其他都是嫁娶广西人，都是自由恋爱。[③] 从这个家庭的第二代子女的结婚对象来看，广西人与广西人结婚仍是主流，但已经有少数广西人与福建人、客家人和广东人通婚，可以说这个家庭的婚娶情况是整个第二代华人婚嫁情况的缩影，不同籍贯的华人间通婚增多，可以表明文冬华人不同群体已经开始不断融合起来。

3. 第三、四代华人的族内婚

第三、第四代华人基本上是20世纪70年代后出生在马来西亚，他们普遍接受初中以上教育，而第四代比第三代接受高等教育者更多些，他们大多从事工商业。第三、第四代华人的择偶观念，是以自由婚恋、更强调感情基础和感觉。不过，在提及结婚对象时，村民的态度主要有“当然是华人”“只要不是马来人就可以”，“最好还是和华人结婚”等等，可看出在异民族的文化、宗教、肤色等更

① 根据2019年2月8日在玻璃口新村对LZY先生的访谈。

② 根据2019年1月28日在玻璃口新村对CGR女士的访谈。

③ 根据2019年8月3日在玻璃口新村对Z女士的访谈。

为突出的族群特点对比下，村民对华人族群内部差异并不在意，仍然是以族内婚为主。

不过，由于有了更多出国学习和工作的机会，第三、四代会与来自其他国家的华人自由婚恋。此外，有部分男性村民因家庭经济状况，或身体有明显缺陷而不能找到合适的婚配对象，但又无法接受与其他民族通婚时，则通过中介或朋友介绍，以买卖婚姻的形式娶其他国家如印尼籍、泰国籍华人女性等。从调查来看，第三、第四代华人的族内婚有三个类型：自由恋爱型、买卖婚姻型和隐性婚姻（即假结婚）型。

（1）自由恋爱型

自由恋爱型，即男女因出国工作、旅游结识或朋友介绍认识而缔结的婚姻。自由恋爱的男女在婚前有充足的时间了解对方性格及喜好，一般婚后感情较为稳定、家庭较为幸福，且在丈夫与家人的帮助下，能较快适应与融入当地生活。

一位41岁的印尼客家女，她于1999年结婚，她说道：

> 我和我老公是去印尼时旅游认识的，认识了两年才结婚。我们印尼那边嫁过来的还挺多，嫁到新村的有几个，有潮州人、客家人、河婆客三种。我1978年出生，到这边已经20年了。我21岁结婚，因为我读完中学，没有再读了，我没有找到工作，一年后我就结婚了。一般上我们父母不喜欢我们嫁给马来人，因为找马来人要进回教，华人一般是找华人，到现在还是这样。不要说马来人，嫁给山地人（当地少数民族）父母都不喜欢的，我当时要嫁给马来西亚的华人，父母说你喜欢，大家就喜欢了。以前我们都比较单纯，没有想那么多。只要人品好，经济上过得去，其他都没有想过。[①]

---

① 根据2019年1月29日对CSQ女士的访谈。

另一位是印尼福建籍华人，其年龄为 41 岁，她于 2003 年结婚，她这样说道：。

> 当时认识我老公时，我是 18 岁，他 20 多岁，我们正式谈恋爱是一年。我老公是 1969 年的，我 1978 年，今年 41 岁，我是 22 岁结婚的，现有两个女儿一个六岁的小儿子，我们是在新加坡做工认识的。我们在 Johor① 注册，然后回印尼摆酒，再在这边摆酒，两边婚礼都有办，印尼办的是西式婚礼。结婚有 7 千礼金，三金这些金器，我们是 2003 年 11 月 17 日结婚的，全部的费用是我老公自己赚的，我们女方没有出钱的。我的嫁妆跟这边是一样的。以前我在印尼都没有谈恋爱，其他人都不喜欢，还是嫁回我们华人。没有结婚之前，我老公去印尼工作过，我爸觉得我老公不错。我老公疼爱孩子，是不怎么说话的人。②

再一位是中国云南西双版纳人，当时 31 岁，她说他们是 2006 年结婚的，现在已结婚 13 年。谈起相识的过程，她说她先在缅甸工作，后调往柬埔寨分公司，因为公司的外国员工是住在同一栋楼，所以他们就相识。他们相恋了 6 年结婚，有了孩子便辞掉工作，随同丈夫来到马来西亚定居。她并没有想要成为马来西亚公民的意愿，一是因为中国公民的身份不仅能享受医疗保险，在西双版纳还能享有更多的福利。二是因为想通过婚姻移民的方式成为马来西亚公民是十分困难的，需要漫长的等待时间和复杂申请手续。综合考虑下，她不想申请成为马来西亚公民，目前是按照规定时间去更新居留签证，她表示，未来可能会回到中国发展和养老。她认为马来西亚的治安和医疗保险仍需加强和完善：

---

① Johor 是马来西亚柔佛州的马来文名称，位于西马来西亚的最南端。

② 根据 2019 年 2 月 15 日对 Elly Liew 女士的访谈。

“在中国随时都能看病，就算大半夜也可以看急诊，而马来西亚不是的，文冬小地方小病可以看，但大病急诊一定要到吉隆坡。”①

（2）买卖婚姻型

买卖婚是一种直接用经济手段交换的婚姻形式，即男方给予女方父母或亲属若干代价而换得与女子成婚。② 换句话说，也是经中间人或婚姻中介介绍并支付一定的中介费买回一位华人新娘。据不完全统计，玻璃口新村目前有 3 例。买卖婚姻型的特点，基本上都是“老夫少妻”，夫妻年龄差距在 15 岁到 20 岁，新娘主要来自印尼的华人，这种婚姻是在 20 世纪末 21 世纪初才出现的。

据调查，有一位 J 先生于 1999 年随马来西亚非法婚姻中介前往印尼相亲，中介费是 17000 马币。J 先生在相亲当天从早上 10 点多到下午 6 点，看了 40 多个女孩才选中了妻子（其 21 岁，印尼华侨，祖籍广东潮州）。J 先生选人的标准主要是合眼缘，其他相亲的女生有些很年轻，年龄太小。在 20 世纪末，15—18 岁的印尼华人女子会被家人催促出嫁，当时很多嫁到中国台湾、中国香港、日本、马来西亚等国家和地区。从在酒店排队相亲的印尼女生数量之多，也可见当时印尼未婚女子嫁到国外之盛行。

另一位村民 C 先生，他于 1996 年年底经朋友介绍迎娶印尼潮州籍华人 YPP。因家庭贫困和重男轻女等原因，YPP 被家中长辈催促出嫁，她出嫁后家中便能少养一个以缓解家庭压力。经媒人介绍，17 岁的 YPP 在 1997 年办好手续嫁入马来西亚。现在家庭成员有夫妻两人与一对儿女，儿子在读大三，女儿在吉兰丹读书。在访谈中，YPP 讲到婚前在印尼的生活及刚嫁来时的想法：

① 根据 2019 年 7 月 29 日对 WYX 女士的访谈。

② 周大鸣、秦红增：《文化人类学概论》，中山大学出版社 2014 年版，第 165 页。

> 我在印尼是有工作的，帮人剪头发和卖茶果。16岁开始学剪头发，因为女生要有一门手艺，即使以后没有了老公还可以养活自己，但学了半年就嫁来这边，手艺就没有用了，孩子的头发都是我自己剪。我不是没有人要，我做工有很多男孩子喜欢我，但我不敢，怕害死别人的儿子，因为有些女朋友出嫁，男朋友就自杀。我知道早晚有一天会嫁出去，是没有选择的，所以我想都不敢想谈恋爱。我比较开朗，不会像她们浪费自己的生命，对我好就一辈子，对我不好就留三个月，我跟我姑说过：我出嫁完成了任务，你们把我养大，我姑我阿婆拿了聘金，我不欠什么，所以后面即使我逃跑了也是我自己的事情。在我们那边订婚的时候要给女方一套金饰，有项链、手链、戒指和耳环，我戴着的是属于我的，钱是大人拿着。①

自由恋爱型和买卖婚姻型两个类型的夫妻在感情基础、婚后生活质量等多个方面存在较大的差异。在调查过程中，我们发现外国华人新娘需要经过长达十几年的不断申请，才有可能获得马来西亚公民身份证。不仅是申请困难、申请周期长等客观因素，还有就是小部分外国新娘不愿放弃自己国籍的公民身份也是一方面的，其中除了对自己国家的认同、对祖国家乡的眷恋以外，还因为祖国的公民身份捆绑的经济利益或享有的福利。由于移民政策收紧，外国新娘目前并无一位能申请成功，可以说外国华人申请公民身份证获批概率微乎其微。

（二）族外婚

族外婚，即华人与其他民族之间的通婚，也就是族际通婚。这种婚姻在玻璃口新村有两类，一类是被异族领养的女孩长大后而嫁给异族的婚姻，另一类是由于华人与其他民族之间长期接触而产生的婚姻。

---

① 根据2019年8月3日对YPP的访谈。

第一类即被异族领养的女孩长大后而嫁给异族的婚姻，其源于华人婚后不计划生育造成子女较多，有的家庭或因重男轻女，或因家庭困难而将女孩送给其他人收养。据调查，这些女孩除了被华人家庭收养外，也有被马来人或印度人家庭领养。一位新村村民CGR说：

> 我有一个堂姐给了马来人养。在搬来新村之前，她跟兄弟姐妹和我的伯父都有来往。我们搬来这里后，她与我们这边就很少有来往了。她给了马来人养，后来当然就嫁给马来人了，她是做老师的，很会读书。①

这些被异族收养的女孩，由于长期与被收养的家庭一起生活，深受异族文化的影响，虽然这些被收养的女孩肤色等体质特征明显不同于异族，其本身也知道自己是华人，但由于对收养自己的异族产生出较为浓厚的族群认同，她们长大后大多嫁给异族男性。从华人的小女孩被异族收养的案例来看，这反映出华人在重男轻女，或男尊女卑的传统观念下，由于家庭经济实在无法负担而做出的选择，也正是由此导致了华人渐与当地其他民族的通婚。

另一类是与其他民族发生的婚姻，这是不同民族之间长期相互接触而产生的。据调查，玻璃口新村村民不仅与马来西亚的印度人、马来人和原住民通婚，而且还与其他国家的非华族人士通婚。这种婚姻，同样也有自由恋爱型和买卖婚姻型。自由恋爱型对象主要是泰国人、柬埔寨人。买卖婚姻型的具体对象主要越南人和老挝人。就这种婚姻的数量来看，村民与其他国家的非华族通婚者高于与马来西亚国内的非华族通婚者。

---

① 根据2019年1月28日对CYX女士的访谈。

表 3-1　玻璃口新村第三、四代华人族际通婚数量①

类别 民族/国家	与马来西亚非华族通婚			与其他国家非华族通婚		
	印度人	马来人	原住民等	越南	老挝	泰国
数量（人）	4	3	1	15	3	3

1. 与本国其他民族通婚的类型

据调查，玻璃口新村中目前有两桩华人嫁给印度人的案例。一桩是华人嫁给纯印度人，另一桩是华人嫁给华印（度）混血者。村民C女士2000年与华印（度）混血者结婚，其丈夫的母亲是被印度人家庭收养的华人，丈夫的父亲是文冬纯印度人，丈夫一家以前住在邻村金马苏新村。C女士的丈夫在玻璃口新村帮人剪头发，由于他长期与华人交往，会讲广东话。有关她与这位华印（度）混血者的婚姻，C女士这样讲道：

> 是和朋友一起玩认识的，以前没想过嫁印度人，以前不觉得他是印度人，因为他一直说广东话，虽然肤色黑一点。他以前带我来他住的这间房子，我觉得有点像印度风格，闻到印度的香料味，才知道他是印度人。我家婆是唐人，小时候给了印度人养，从小都是说的印度话。家公在玻璃口帮人剪头发，不会华语。我妈之前反对我嫁印度人，因为以前觉得印度人人品不行。正因为这样，我们曾分开过，后来又复合了。我爸听到我老公以前不工作，游手好闲，表示不放心，以前的人也不会让认识这种男孩子。我身边的朋友很少嫁印度人，不过，我老公的哥哥也娶了个华人。我老公当年他29岁结婚，已经是晚婚了。这里以前比较多十几岁结婚，现在的人都是二十几岁结婚。②

① 数据来自笔者2019年1月至2月、7月至8月的田野调查所得。

② 根据2019年8月4日对C女士的访谈。

C女士在婚后需要适应印度文化，在日常着装、饮食、家居装饰和宗教等多个方面进行适应与改变。有关这方面的情况，她说道：

家公家婆比较随和，不喜欢的事会说出来。但有些方面还是坚持印度人的风俗，以前我家公很严肃，不允许穿短裤，很注重印度人的风俗。嫁进来之后，装修风格慢慢符合我的审美，我的家公家婆也接受我的做法，我不喜欢的东西他们也不反对我改变。以前这间屋子全部都是印度人，全部都说印度话，很少有说广东话。自从有两个唐人媳妇嫁进来，这里慢慢变得像唐人屋，除了拜神的时候，还是拜印度神。在家里煮唐人餐比较多，平时我们工作，大伯煮一日，然后去妈妈那里吃。印度餐和唐人餐都会吃。吃饭除了牛肉，因为拜观音不吃，其他都吃。会过印度的节日，印度新年会去神庙拜一拜，然后回来吃印度餐，也会去父母家过华人的新年。孩子小时候有教印度话，长大之后，老公也没有再教他们说，孩子都讲广东话了。在父母家和自己家里的差不多，都是说广东话。①

图3-1　神龛（陈润旭摄）

图3-2　“家”家庭合影（陈润旭摄）

新村华人与印度族通婚的原因：一是华人女性从小被印度家庭

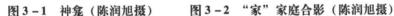

① 根据2019年8月4日对C女士的访谈。

收养，其或其后代长大后与印度人或华人通婚；二是华人男性因经济或其他原因难娶到当地华人女性，经朋友介绍后娶印度女性；三是新村华人与印度族一同读书、生活的交往经历逐渐弱化了族群心理界限，更易接受与其交往和通婚。从C女士的访谈中可以得知，特别是印度人家庭里有华人成员或者印度人父母中有一方是华人，择偶时选择华人的可能性更大，而且华人文化与印度文化在长期接触中，发生了涵化。在家庭中，母亲照顾和陪伴孩子的时间相对更多，孩子受华人文化更深，从而导致了所谓的“华化”现象。

在与马来人通婚方面，玻璃口新村华人中也出现了2桩华人女性与马来族男性自由恋爱结婚和1桩华人娶马来人的案例。不过，从整个文冬华人与马来人通婚的情况来看，与华人女性结婚的马来男性基本上是从商或者从事警察、老师等职业，家庭不一定很富有，但也足以证明华人女性基本很少会“下嫁”给马来男性。如华人娶马来族女性是相对更容易的，因为其对聘金的要求比华人低，可节省下不少的结婚费用。一位玻璃口新村村民这样说道：

> 在我所认识的人中，嫁给马来人的华人女性只有一位，今年应该是61岁了。这位马来人是做教师的，换句话说是师生恋，自由恋爱的，这位华人女性结婚年龄20岁左右，很年轻就嫁了，每年新年都有回娘家。①

据调查，华人娶马来人或嫁马来人，其婚后与原家庭的日常联系较少，每年可能仅有春节回家探望。村民对待与马来人通婚的态度非常强烈，这与马来西亚伊斯兰教徒的婚姻政策有关：在马来西亚规定与马来人通婚者必须改信伊斯兰教和遵循伊斯兰教的教义，华人一旦与马来人结婚，便不能保留自己华人的姓氏，这对于重视

① 根据2021年3月29日对LZY先生的访谈。

宗族的华人来说，没有了姓氏相当于丢了“子孙根”，如华人男性娶了马来女性，也会被认为是忘本，所以绝大部分华人会尊重别人的择偶选择，也可以与马来人友好交往，但无法接受自己或自己的子女与马来人通婚。而且村民认为和与马来人通婚者相处起来会感到奇怪，因为其改信伊斯兰教之后不再吃猪肉。在调查中，有一名父亲在访谈中隐瞒自己的女儿嫁给马来人，根本不愿意提及。

除了与其他民族如印度人、马来人通婚外，玻璃口新村华人还有与“原住民”通婚的。所谓“原住民”，即当地人称呼为“土著”或“山番”的族群，其与马来人一样被视为马来西亚土地的拥有者。文冬的原住民人口占比是 2.82%①，其主要住在远离文冬县中心的森林中。据调查，玻璃口有一位村民娶原住民女性，后来离婚。这位娶原住民的他姐姐 HJL 说起，当时她弟弟喜欢打猎，常住在山芭里，与土著女子来往频繁，偶遇了一位土著女子，并与其结婚。这位土著女子结婚时年龄很小，才 14 岁，而她弟弟已四五十岁。他们结婚后住在山芭里，生育一儿一女。后来，这位土著女子因听信别人说她嫁的老公这么老之类的闲话，于是与她弟弟离婚，婚后再嫁给一位马来人警察。“山芭仔”是她弟弟与土著女子所生的儿子，被其奶妈带大到五年级后由 HJL 抚养，此后一直在新村长大，并于 2019 年初与外地的福建人结婚。“山芭仔”的姐姐后来也嫁给了马来人。据访谈，玻璃口新村华人较少与原住民通婚的原因，主要是华人与当地原住民生活水平及文化差异较大，原住民相对贫困，所以华人与原住民结婚者极少。

值得注意的是，第三、四代玻璃口新村华人对待马来西亚非华族通婚的婚姻类型有着不尽相同的态度，村民们时常以华人与马来人或印度人通婚进行对比的。

---

① 数据来源：https：//zh. wikipedia. org/wiki/% E6% 96% 87% E5% 86% AC% E5% 8E% BF#cite_note—taburan -3。

图3－3　原住民竹木搭建的房

图3－4　原住民打猎工具（陈润旭摄）

华人跟马来人、印度人结婚的态度是有区别的，因为华人和马来人结婚，是完全抹杀华人的文化和传统，就是说必须加入回教，不能吃猪肉，跟印度人就不一样，要看印度家庭这边，是比较个人的。①

如果要和马来人结婚，必须放弃自己的宗教、自己的名字，必须换到回教。通常这是最大的障碍，我也有同事娶印度女孩子，有些印度嫁给华人，印度人就简单一点，马来人就麻烦一点，不能吃猪肉，回到家吃猪肉怎么办？现在马来女孩子受过教育，有自己的职业，如果结婚后男方提出要再娶，她们会提出“我不要跟你了，我要离婚”，以前不一样，马来族女性没有受教育，普遍没有自立的能力。②

因第三、四代玻璃口新村华人仍保留着十分明显的华人族内婚倾向，在工作学习中能与马来西亚其他族群友好交往，但选择与其他民族结婚者仍是少数。因为华人受家本位观念的影响，结婚通常要考虑家庭的意见。不过，也有些村民比较开通，认为儿女与什么族在一起都可以，认为如果能相互了解对方的文化，可以拉近不同民族之间的关系。

① 根据2019年2月8日对LSY先生的访谈。

② 根据2019年2月8日对LZY先生的访谈。

2. 与其他国家非华族通婚的婚姻类型

在玻璃口新村，村民与其他国家非华族之间通婚，主要体现在娶妻方面，这种婚姻以买卖婚姻居多。之所以形成这种婚姻，是当地大龄男子较为贫穷或有身体缺陷，而无法与当地华人女性结婚。为完成组建家庭、繁衍后代的愿望，无奈通过中间人介绍，花一笔中介费来买新娘。据调查，这些外国非华族女性主要来自越南和老挝。越南的新娘大约是在2006年左右嫁入的，据不完全统计有15人以上，而老挝新娘则是在2015年左右嫁入新村，不完全统计有3人。除了买卖婚外，自由恋爱结婚的有4桩，即村民娶泰国新娘3桩，娶柬埔寨新娘1桩。

一位来自越南的新娘R，经朋友介绍嫁入新村八年，目前状态是丧偶。朋友曾帮其办理旅游签证和购买机票，并到玻璃口新村相亲，她说道：

> 以前我跟朋友来这边玩，她是我玩得好的朋友，这位朋友的老公是在这边，她说要帮我在这边找。我过来一两个星期，我现在的老公就看中了我，他就跟我朋友说喜欢我，不让我回越南，要跟我结婚。我来的时候，是朋友给我买的机票，我当时没有钱，是借我朋友的钱来的。于是我老公帮我还，我忘记多少钱了。我老公对我很好，我现在38岁，我来的时候是29—30岁。今年是第八年，这边的人对我挺好，刚刚来我都不会讲华语，后来几个月就学会了。以前我有老公可以帮我，现在他死了，我一个人辛苦点。我父母也对我说一个人在这边辛苦点，我说我长大了，可以照顾自己，不用担心我了。以前我帮爸爸妈妈做工，在胡志明酒楼捧餐。我现在没有钱寄回去，现在钱都是给女儿读书吃饭。钱不够用，因为孩子要上学和租房。新村有很多越南人，旁边这家也是越南的。①

① 根据2019年2月1日和8月14日对越南新娘R的访谈。

另一位越南新娘 H，是其舅母介绍而嫁入新村的，已有十年了。H 比丈夫大 5 岁，其丈夫 25 岁时与她结婚，现在 H 觉得和丈夫沟通不来，女儿上学的钱都是 H 自己负担，丈夫只是很长一段时间才给女儿一点零花钱。目前 H 自己一人经营着一家美甲美容小店，她计划先让女儿在这边上学，等长大后和她一起回越南。H 日常用越南语交流，表妹也是嫁来新村。H 的店面只是简单的装修，门口左边贴着一张英文广告，介绍可以做眉毛、睫毛、美容、美甲等项目。一进 H 的店门能看到两张并排的沙发，左边的墙壁旁立着一个简易的壁柜，用来展示和放置各色的指甲油，进门右边房间放着一张美容床，平时客人在这里进行美容项目，隔壁房间是孩子白天玩耍的地方。H 说道：

> 我家在胡志明，我跟我舅母来的，舅母离婚之后嫁来这里，一开始叫我过来做工，但来这边一个礼拜就找到了我的老公。通常没有钱的，来到这边都是要结婚的。结婚时男方家有给我一条金链，我舅母带我来的机票钱、吃东西的钱，以及结婚办 visa（居留签证）费用一共 18 千。舅母介绍很多人来，我的亲戚在玻璃口有三个，一个在吉隆坡，有一个在双溪吉流。我老公小了我五岁，那时看中了，喜欢就结婚。我嫁过来之后，我再带我姐姐过来。我的舅母在这边赚钱多了，因为她很大年纪了，所以嫁的老公也很老了。她带我过来没多久，她老公死了，她也就回越南了。
>
> 我在这边结婚、找工作，想攒钱帮父母弄屋子，下雨不要淋到就可以了，我们哪里有这么多钱。还没有孩子的时候，钱都寄回去，现在要养孩子，有时候回去给点钱父母用。我们嫁来这边，爸爸妈妈没说什么的，说你自己喜欢，你要结婚就结婚，不要结婚就回去，如果不好就回去越南，有钱就汇钱给他们。我们来这里也是很少人回去。老公对你好就留在这边，如果老公对你不好就回去。在这里报警申述是申述不到，报警做

什么，所以通常很少人离婚，都是自己走了。如果我们要离婚，是带不走小孩子，钱也是拿不到。不想这么麻烦，只有过后再带小孩子回去，所以有人讲我们不好是这样子的。①

总的来看，买卖婚姻型夫妻的相亲过程十分短暂，甚至婚前双方仅是看照片。男女双方并没有能深入了解彼此的性格脾气、生活习惯等，也没有感情基础便缔结了婚姻关系，因而也多出现外国新娘无法适应而逃婚或婚后夫妻感情不和、婚姻名存实亡等系列问题。更有外国新娘恶意骗婚，婚后卷走家中财物。而外国新娘远嫁来马来西亚，婚后面临着语言、生活习惯、宗教习俗的适应与融入。

相比与其他国家的非华族女性通婚，第三、四代华人与马来西亚当地的印度人、马来人和原住民的族际通婚数量更少。可以说，在一定程度上，买外国新娘是不愿与印度人、马来人通婚而做出的选择。不同代际的华人婚姻类型有其特点，婚姻类型反映着不同籍贯华人族群关系的变化。而马来西亚华人与当地的印度人、马来人和土著通婚较少，是由于语言、宗教、文化差异所使然，这也表明三大民族的族群边界仍旧清晰。

二　玻璃口新村华人的婚礼仪式

婚姻仪式是人生礼仪中一项过渡礼仪，是华人婚姻中重要的环节。至今仍有华人认为未行婚礼未算真正的结婚。玻璃口新村华人南来已有百年，其婚礼仪式随着时代变迁，既保留传统也呈现出时代特点。

（一）华人族内婚的婚礼仪式过程及其特点

关于仪式的研究已有不少成果，有学者认为，“仪式作为一种社会形式，属于确定范围内的人群共同体的价值认可”②。而韦斯特马

① 根据 2019 年 8 月 2 日对越南新娘 H 的访谈。

② 彭兆荣：《人类学仪式的理论与实践》，民族出版社 2007 年版，第 9 页。

克认为，“从最普遍的意义来说，婚姻礼仪的社会目的在于使男女的结合具有一种公开性”①。举行婚宴，邀请亲朋好友共同来见证是极为常见的方式。玻璃口新村华人仍较为完整地保留着传统的婚礼仪式，不过随着时代的变迁其婚姻礼仪也趋向简化。

1. 华人族内婚礼仪式过程

在马来西亚多元文化中，玻璃口新村华人普遍实行族内婚，行较为完整的华人婚俗仪式。随着玻璃口新村华人与其他国家的华人通婚，其婚礼仪式也发生了某些涵化。

（1）与本地华人缔结族内婚礼仪式

A. 媒人介绍/男女自由恋爱

玻璃口新村华人主要是通过媒人介绍和自由恋爱结婚。从第二代华人开始，基本上都是自由恋爱结婚。结婚前男女双方相熟谈得来，认为合适的话，会找媒人婆与双方父母进行沟通，然后选定日子摆酒结婚。如今一般谈恋爱直至感情稳定时，才安排双方父母见面，等确定结婚再商量具体细节。村民普遍认为双方亲家婚前都可以商量，男方会充分尊重女方家庭的要求，通常是看能力给聘礼，而女方也不会多要礼金，否则会被认为是卖女儿。

B. 看八字择日

看八字择日是华人社会里一直以来实行的传统，目的是为避免相冲而导致灾难发生，择出吉日举行过大礼和结婚的日子。随着村民思想逐渐开明，不再会以八字不合来拆散鸳鸯。用男女双方八字只是为了择出好日子，即合适新郎新娘举行婚礼仪式的日期和时辰。也有年轻人不进行传统的看八字择日，而自己选择公众假期或周末举行婚礼，因为假期或周末方便亲朋好友前来参加婚礼，共同祝贺。

总的来说，农历八月开始到十二月都比较多华人结婚，过年后也有一些人结婚，或者新人的八字算到刚好是这些月份结婚。选年

① ［芬兰］E. A. 韦斯特马克：《人类婚姻史》，李彬等译，商务印书馆 2017 年版，第 869 页。

尾结婚一般是迁就小孩子放假的时间，因为马来西亚小学中学有四个学期，下半年长假比较多，而选周末等休息日结婚的话，会更加方便自己的亲戚朋友来参加婚礼。

C. 下聘及告知亲朋

下聘俗称过大礼，是婚前重要的仪式之一，一般是由新郎的弟弟去过大礼。20 世纪五六十年代，过大礼需要两只鸡、两瓶酒、猪肉、一盒水果和两盒面等，新人过完大礼一个月后结婚，现在是过大礼两个星期后结婚，否则相隔时间太久，亲戚朋友可能会忘记喝喜酒的时间。以前不流行使用请柬，主人家发红袋来表示邀请亲戚朋友来喝喜酒，一个红袋里面装着两支香烟、两块喜饼，还放着写有结婚日期的红纸片。如今盛行送一盒盒装喜饼和请柬，有些酒店有包含请柬的服务。喜饼通常在蛋糕店或是在村民家里定做，也有人在吉隆坡订，礼饼款式更多，但价格相对较贵。通婚地理范围扩大后，有些男女方家距离比较远，会采用更简单的过大礼仪式，男方通过支付一笔聘金，统一由女方家去采买过大礼仪式中所需的物品，免去了从男方运送聘礼的遥远路程。通常女方收到男方送来的聘礼后，一般会回一些礼品给男方带回。

男方过礼比较多，通常是龙凤礼饼两盒、西式礼饼一盒；双喜八样生果篮（生生猛猛）；椰子两对（有爷有子）、龙凤烛两对；男女对联各一对；茶叶、芝麻两盒（好坚贞，守信不移）；双喜大礼封两个（红包）；百年和好三牲封两个（鸡、鱼、猪肉红包）；核桃、有衣莲子、百合、红枣、有壳花生、荔枝干、龙眼干、红豆、绿豆、芝麻、茶叶（11 样代表一心一意）；扁柏一包（趋吉避凶）。而女方回礼主要有金莲藕、石榴各一对；添丁姜，连理芋头；芙蓉、扁柏；橘子；双喜利市封两个和双喜贺围巾一对。①

由于年轻一辈结婚时，过礼与结婚时间间隔不久，通常过礼和结婚用品都是一起采买，或提前在网上选购。

① 根据 2019 年 7 月 29 日对 WYX 女士的访谈。

D. 采购结婚用品

确定婚期后，需要提前准备结婚时所用的物品，采购结婚用品是非常重要的环节，彰显男方女方家庭对新人的重视以及对新人的祝福，采购的都是含有吉祥寓意的物品。以往是男女方家庭到洋行店或百货公司去采购，当时文冬辛炳街上有一家“同成百货公司”有销售布和各种结婚用品等，同成也是当年文冬闻名包办嫁妆的行家，包括接统傅喜帐服务。[①] 现今年轻人一般是一起到文冬神料店里选购或到吉隆坡可以有更多选择，更有年轻人在淘宝网采买，款式更多，还能节省结婚开销。

新村华人通常在文冬广西会馆楼下的经营了 40 多年的神料店[②]采买婚庆用品，我们曾与老板娘和店员进行访谈，了解当今文冬人结婚的仪式和采买的用品，店员 L 女士是玻璃口新村广西籍华人。据观察，神料店主要售卖华人宗教仪式中使用的香、纸钱、蜡烛等等，还卖婚庆用品，非常全面。值得注意的是，婚礼中需使用的物品很多可用红包或相应的塑料制品代替，在神料店门口用整个展架展示不同的红包袋，红包袋上清楚印有“某某礼金”的字样，例如“离乳礼金”“带路鸡礼金”“金猪或猪手礼金”“三牲礼金”“上头礼金”“开面礼金”“安床礼金”“姐妹礼金”“兄弟礼金”“小舅礼金”“舅子鞋礼金”“大舅礼金”“产业银礼金”“学堂银礼金”“家公礼金”“猪脚酒礼金”[③]“家公家婆礼金”“女婿礼金”等，总共超过 25 个类别，购买此类红包方便主人家在婚礼仪式的不同环节中使用，以免混淆而闹出笑话。随着现代工业的发展和塑料用品的普及，深刻影响着婚庆用品制作的改良，如男女两家路途遥远或者不想买活鸡可以用带路鸡的塑料制品代替，婚礼用品的改进迎合了当下年轻一辈既想听从长辈意见遵守传统，又想更加便利的需求，充分体现了华人的精明与灵活。

① “同成百货公司”的资料来源于文冬文化馆。

② “神料店”是指当地售卖红白喜事用品的店铺。

③ “猪脚酒礼金”一般是潮州人用的，家中长辈有要求就需要。

图3－5　敬茶小杯
（陈润旭摄）

图3－6　礼金袋
（陈润旭摄）

图3－7　两只带路鸡
（陈润旭摄）

另外，新人需要租赁或购买结婚当天身穿的礼服。目前新村华人结婚时一般是新娘穿婚纱，新郎穿西装，晚宴时新娘会穿晚礼服或中式裙褂，受西方文化影响，而且马来西亚全年高温，新娘穿传统中式裙褂会比较热，而穿西式白色婚纱会更加清凉，所以，在20世纪50年代，第二代华人结婚时都穿婚纱与西装，直至现在文冬也很少新人会穿裙褂，因为在婚纱店里也很难找到唐装礼服。

除了结婚用品，女方家庭需要给出嫁的女儿准备嫁妆。据与SGF奶奶的访谈，嫁妆的准备已经发生很大的变化。

> 以前我们在洋行店买的，什么都有得卖。确定日期会帮准备好，还可以帮忙抬上车。从唐山开始，除了大床以外其他东西都是女方买的，现在都是男方买的，还要给聘金，女方白收银纸。现在改变很多了，如果不懂的话，去到神料店里说要新娘的东西会帮忙全部捡好。现在什么都用钱代替，不用这么麻烦，以前要准备的东西真的很多，家公家婆鞋等等。女家门口要挂大红布，代表有喜事要嫁女儿。以前流行写对联贴在男家门口，横幅写着“迎亲”。嫁妆至少准备4—5套新衣服，现在年轻人喜欢穿旗袍，我们当时是穿“阿妈衫”（开襟的衣服）。

还有新娘自己需要用的东西，例如胭脂水粉、眉笔，金饰（手链、项链、耳环、龙凤镯），还有柏枝、槟榔、喽叶，喽叶是吉令人[①]用来包着槟榔吃的，在吉宁店[②]买好便宜的，讲不出为什么要，但就是需要准备的。[③]

表 3－2　新村华人结婚用品男方采买部分清单[④]

物品	数量	用途或寓意
聘金袋	一个	用来装聘金，一般是现金或银行转账、支票
龙凤烛	两对	点燃烛光，寓意充满光明，照亮新人美好的前程
红布	两块	如门比较小，男方选九尺九，女方选九尺，男方会比女方长，意思是不要让女方全部拿完
金猪（烧猪）	一头	寓意结婚后多子多福，像猪一样“猪圆肉润”，也有新娘出嫁前是处女的意思，首次结婚的都需要一头金猪，金猪是男方重视新娘的表现之一，如今也要看男方经济实力买大金猪或小金猪
礼饼或者蛋糕	若干，要求双数	过大礼的时候拿去女方家
开面礼金	一个	给为新娘开面的红包
小舅礼金	一个	新郎给小舅的红包
槟榔红包	一个	寓意“一郎到底”，夫妻白头偕老。现在很难找得到槟榔，可以用红包代替。不过也看女方是否可以接受用红包代替
猪手红包（或者一只猪手）	一个	女方妈妈把女儿养育到这么大，小时候要给女儿洗屁股，所以会给女方一个猪手红包或者一只红包表示感谢
乳金红包（离乳礼金）	一对	如果要给 100 马币，要给两张 50 块，不可以放一张 100 马币，因为老人家说不能只给一边乳房的钱，都要给双数

① “吉宁人”是当地华人对印度人的称呼，含有贬低的意味，但实质并无贬低之意，只是习惯叫法而已。

② “吉宁店”是售卖印度人日常用品的商店。

③ 根据 2019 年 2 月 13 日对 SGL 奶奶的访谈。

④ 根据 2019 年 1 月 21 日对神料店老板娘 C 女士、神料店店员 L 女士的访谈。

续表

物品	数量	用途或寓意
外婆外公礼金	各一个	如果女方还有外婆外公爷爷奶奶，男方也要给一个红包
上头礼金	一个	给为新娘上头人的红包
开车门礼金	若干	新郎给帮开车门的小朋友、兄弟
安床礼金	一个	通常是新郎的父母安床，也可以找一对有儿有女好福气的夫妻
酒	双数	基本要求是两瓶，双数
舅仔鞋或舅子鞋礼金	一双	如果女方的弟弟或哥哥未婚，要送一双“舅仔鞋”，已婚就不用，在过大礼时送去女方家
敬茶杯	一个茶壶 两对杯或三对杯	在敬茶环节使用，目前出于卫生考虑和减少洗杯的工作，现在也用印有双喜的红色小纸杯代替陶瓷杯来敬茶
柏枝	若干	趋吉避凶
四喜套	一个婴儿洗澡盆 一对漱口杯 一个茶托盘 一个尿桶 一个洗脸盆	婴儿洗澡盆是为未来孩子准备的，寓意早生贵子。洗脸盆是以前嫁过去的第二天要打一盆水给家公家婆洗脸，现在已经很少人这样做了，可以不买。如果再简化一点的新人只买一个尿桶和一个茶托来安床
安床用品	一个算盘 一个针线球 一把尺子 一块碳 一对布公仔 四个元钱 若干糖果 一个利是袋 一个橙子 一个苹果	在新人床铺好新床单之后开始安床使用的，算盘以后可以放进钱包，寓意着有钱可以算，针线球是六个小孩环抱一个圆球的造型，寓意多子多孙，尺子寓意是让家公家婆可以量新娘未来生的是儿子还是女儿，一块碳寓意新娘嫁过去可以“叹”世界，布偶公仔寓意早生贵子，元钱寓意嫁过去是有缘分的，有些习俗里是女方到男方要带一把元钱，撒在水池里，可以化解一些东西。安床时，元钱放在四个床角。糖果寓意甜甜蜜蜜，橙子和苹果要用红纸包着带去男方家。利是袋是要准备给“跳床”环节最先拿到红包的小孩
床头灯	一对	以前是“火水”，现在一般都用电

表 3 – 3　　　　　新村华人结婚用品女方采买部分清单①

物品	数量	用途或寓意
产业银礼金	一个	岳母给女婿的红包，寓意是让自己的女儿嫁过去可以有钱、有产业
新娘伞	一把	一般都是用新的红色伞。新娘出门时可能会遇到恶神，用来挡不好的东西
新娘扇	一把	寓意“开枝散叶”，要买大红色，粉红色一般是再婚或者是别人的小妾用的。除了“开枝散叶”，扇子还有别的用处，如果在新车环游的时候，遇到同一天结婚的新娘，婚车停一停交换新娘扇。另外有老人家说：如果在路上遇到白事，有人在出殡，新娘要用新娘扇挡一挡。因为新娘是新人，白事是阴人
上头衣	一套	结婚前的一天要上头，如果八点多洗了澡，在上头之前还要冲一次花凉，五色花或者七色花或者是用柚子叶烧的水，寓意冲干净旧的东西，迎接人生新的阶段。之后再穿新的睡衣（上头衣）。无论睡衣材质，一定要是新的，一般是红色
汽水或蜜糖	双数	用以男方酒水的回礼，寓意甜甜蜜蜜
新鞋	至少一双	新娘到了男方家里是不可以接触地气，如果不买新鞋子，可以买迷你拖鞋（屐）代替
活鸡或者带路鸡迷你摆设	一对	寓意是让新娘以后知道回家的路，不要总是黏着娘家。是三天回门时带回去的
面巾（洗脸巾）	一对	新人洗脸使用
梳子、镜子	各一个	上头时需使用新的梳子和镜子
金色剪刀、针线盒	各一个	寓意新娘贤惠，入得厨房，出得厅堂
头纱	一条	结婚当天，用来搭配中式礼服

① 根据 2019 年 1 月 21 日对神料店老板娘 C 女士、神料店店员 L 女士的访谈。

E. 结婚前一天布置婚房

要提前一晚布置好新房，在新房里放入一大一小的洗脸盆、洗澡盆，牙刷、面巾、漱口杯，数量上都是两件，因为“公婆”都是双数的。另外，非常重要的环节便是“安床”，即新人床上铺好新的床上用品后，再放上莲子、桂圆、百合、柏枝、花生等好意头的东西，需要准备一个新的痰盂，里面放入上述物品及一个红包，为结婚当天的跳床仪式做准备。

F. 结婚接亲

结婚当天是整个婚礼仪式中最繁忙的一天，从早上到傍晚，新人在家中长辈的指引下，按时辰完成相应仪式。20 世纪五六十年代流行的是相对完整的接亲仪式，如今已不流行新娘出门前“抛大裤”仪式，因为“裤”与“富”两字的粤语同音，寓意是新娘嫁出之后不会带走女家的财富。

据调查，接新娘或新娘出门之前要遵循以下程序，也就是要按照以下流程来进行：

上头

新娘先用五色花瓣水洗澡，当地俗称“冲花凉”，洗澡后换成新的上头衣，由家中女性长辈按照吉时为新娘上头。上头完毕后，新娘吃下几颗甜汤圆。以前流行新娘出嫁的早上在女家摆酒宴请女方亲人朋友吃饭，吃完亲朋一起送新娘出门。喜宴时，亲朋好友会给新娘红包或者给金首饰，因为以前金价比较便宜，15 元一只戒指、二三十元一对镯子，200 元一两金①，所以有姐妹或是亲人一起买金器送给新娘。如今都是给红包，至亲可能会送金器。

新娘新郎梳妆

早上八九点有化妆师来给新娘化妆和梳头，梳妆完毕后，再佩戴上娘家为新娘准备的金器嫁妆。

---

① 根据 2019 年 2 月 13 日对 SGF 奶奶的访谈。

新郎迎亲及新娘出门

新郎按照吉时从家里出门到接亲，俗称“接新娘”，如今年轻一辈会玩一些接亲游戏。新娘会按照吉时出门，一般12—13点都是好时辰，过了14点就不是很好。新娘出门时，弟弟为新娘打一把新的大红色伞，如果新娘没有弟弟便是侄儿打伞。新娘一到新娘车上就要换上新娘鞋，上车后出门时穿得鞋子会拿回女家，因为不能穿和带着女家的鞋到男家，有“贱过地底泥”的说法。行旧俗时，如果新娘的哥哥还没结婚，要挂一条新的男士裤子在门口，新娘出门时要“骑裤”，即新娘要从裤子底下走过，这样哥哥才能赚到钱、有前途的意思。另外，农历正月、五月和九月出生的新娘要“抛大裤”，女方准备一条新的裤子，女方哥哥或弟弟在新娘上车后在车尾抛裤子到车头，裤子翻到车头，在广东话中“裤”与“富”同音，采用谐音，寓意“富翻女家，女家还会有钱，女儿出嫁不会带走娘家的财运”。如今男女平等，女儿也是父母的宝贝，所以已经很少村民行“骑裤”与“抛大裤”的旧俗，认为有贬低女性的意味，只有少数第二代华人才知道此旧俗。①

接亲送嫁车队游街

通常新娘车在接亲车队的最前面，送嫁的姐妹坐其他的接亲车辆一起到男家，以前因为出嫁当天嫁妆随新娘一同去男方家，所以在车队的最后需要一辆货车载嫁妆，包括一大一小的衣柜、带镜子的梳妆台、两把椅子、洗面盆、衣服，然后车队一同去文冬三条主街游街。如今男方购置大件家具，通常已经提前搬去新房进行布置，女方的嫁妆放上接亲车辆随车队游街，这也是展示女方家庭对女儿重视的过程。如果新娘家是在外地的话，更是会用塑料制品替代或是直接给女方家红包。如果进男方家门的时间还未到，新娘和送嫁的姐妹还要坐新娘车逛逛，如果出门时间较晚，逛一圈文冬街场便要抓紧时间，赶在吉时内进男家门。

---

① 根据2019年2月13日对SGF奶奶的访谈。

新人进门

车队到了男家，新郎弟弟帮忙开车门时，新郎需要给一封开车门红包，也要给帮新娘打伞的弟弟或堂弟一封红包。新人进门时，会放礼花，家公家婆要先回避到房间内，因为按照礼俗，结婚当天是新娘最大，为了避免冲到公婆，公婆需要暂时回避。行旧俗时，如果新郎的哥哥还没有结婚，在门口也要挂大裤，这样意头才好。如果新郎姐姐还没有结婚，新郎要给姐姐一个红包或者买个手提包。

拜祖先、拜父母、敬茶

进门后，新郎新娘通常在家中长辈的指引下，一同上香拜祖先，再跪拜父母，敬茶给父母及在场的重要长辈，父母及长辈会给新人红包或金首饰。通常帮新人捧着茶托盘的人被称为“大岑姐”或是媒人婆，由家中女性长辈或者会说好话的朋友担任，主要是活跃现场气氛，多说祝福新人的好话。而以往行旧俗时，拜祖先、拜父母、敬茶仪式是结婚第二天才做的。

开床及跳床

新人进入新房后，女性长辈或媒人会打开床上的新被褥，此仪式为开床。开床后会有几个小男孩在床上跳，大人会提前告诉小男孩们去抢新痰盂里的红包和糖果，男丁跳床寓意祝福新人“先生儿子，不要先生女儿”，此项仪式体现的是广西籍华人社会中重男轻女、期望延续香火的观念保留。

婚宴前的“自由餐”

上述主要婚礼仪式完毕后，距离晚宴仍有一段时间，所以通常婚宴前会有“自由餐”，一般会有红糖水和点心，寓意祝福新人甜甜蜜蜜。“自由餐”是当地华人借鉴西式自助茶会的形式，男方家会提前制作糖水和糕点供亲朋好友自助食用，这样也能使一些相互不熟悉的宾客更加自在，逐渐成为仪式中的一部分。年轻一辈中也有只举办“自由餐”，以省去晚上的喜宴支出，值得注意的是，不举行晚宴的“自由餐”会更加丰盛，菜品通常是新人在酒楼提前预订。笔者在田野调查过程中，在玻璃口新村村口的印度神庙参加过一场印度式婚礼，婚礼仪式结束后，婚礼参加者也是以自助餐式享用甜点心、饮料和咖喱粉丝等，所以“自由餐”也极有可能是受到文冬印度人婚礼的影响。同时由于玻璃口新村有来自不同国家的新娘的嫁入，随之而来的文化不同程度上与当地文化结合，一位泰国新娘曾受邀到邻居家里做泰国冬阴功汤①和芒果糯米饭，成为结婚宴会前“自由餐”中的一员，也由此成就了目前广受新村村民喜爱的泰国餐馆。② 在长期的文化接触中，马来西亚广西籍华人婚礼已经呈现出许多与原乡不同的特征，这是广西籍华人在地化的体现。

G. 办喜宴

在20世纪90年代之前，玻璃口新村村民通常是在自己家门口搭布棚办喜酒或借用广西会馆礼堂，广西会馆会员可向广西会馆租借碗筷、桌椅、布篷等。主人家请一位“厨官佬”（厨师）来家里掌勺做菜，费用是100马币一天，届时亲戚和邻居自发提前来帮忙，家庭富裕者会办流水席来庆祝两到三天，但一般人家通常都是请亲戚朋友喝一次喜酒，场面非常热闹。20世纪90年代，开始流行在文冬的酒楼举办喜宴，因为每年农历八月到农历十月是文冬华人结婚的旺季，旺季至少需要提前一个月预订酒席，在酒楼宴请宾客的习惯延续至今。

通常酒楼只能摆几十桌，但需要宴请的宾客酒楼无法容纳时，会选择文冬华人大会堂，也是迄今为止能同时举办酒席最多的场地，但日租金较高，一般都是文冬有相当社会影响力的侨领需要宴请大量的宾客才会使用华堂礼堂。LSH先生因其父亲当时担任玻璃口新村的村长，而且自己也担任多个社会组织的职务，需要宴请数量庞大的村民和社团朋友，所以租用华人大会堂的礼堂。

受马来西亚经济环境的影响，如今新人通常会根据需要宴请宾

① 当地人称泰国“冬阴功汤”为“冬炎”。

② 根据2019年8月14日对CJL先生（娶泰国新娘）的访谈。

客的实际情况及自家的经济条件来商量决定酒席的规模，不会铺张浪费。

图3－8　喜事在家门口挂大红布（陈润旭摄）

图3－9　女家采买的部分嫁妆（陈润旭摄）

H. 回门

回门即出嫁的女儿回娘家，通常是结婚三朝回门，如今回门基本上不等三天，通常是新娘敬完茶，紧接着从男家拿一篮水果回女家，新娘喝杯茶就回男家。过大礼时，女方家庭会全部要下礼品，而三朝回门时，女方家会回一半的礼品，同时会回芹菜（寓意新娘“勤快做工”）、莲子（寓意“连生贵子”）和糖果等。

纵观不同代际玻璃口新村华人的结婚习俗基本上是按照家中长辈的要求做，可以说，长辈的监督是维持华人传统婚俗的重要力量。

（2）与其他国家华人的婚礼仪式

由于华人社会中都比较注重礼仪，所以玻璃口新村华人与其他国家华人结婚时，男女双方需要兼顾两方的家人，但可能因为两个国家距离较远，在举办婚礼仪式时会根据实际情况进行调整，选择只在一方举行或是双方都举行正式婚礼仪式。上文有已论述到玻璃口新村村民与其他国家的华人通婚分为自由恋爱型和买卖婚姻型，一般女方父母还健在的话，会在女方家里举行较为隆重的仪式，以表示对妻子的尊敬和爱惜，主要目的也是为了让家长们放心自己的女儿嫁出国。买卖婚姻型在举办仪式中，几乎都由男方出钱。

买卖婚姻型的婚礼时间短，基本上是相中后翌日便要举行仪式，相对来说是快速且紧凑的，但在熟悉当地婚礼习俗的印尼当地媒人协助下，婚礼仪式都能顺利完成。印尼与马来西亚两方中介会为新人准备聘金和所需要的物品，联系婚纱店和预定婚宴的菜式，前往印尼相亲的男子无须操心太多，在媒人指引下完成婚礼仪式即可。相比之下，自由恋爱结婚的夫妻举行婚礼仪式的时间更灵活。

华人之间结婚实行聘娶婚，婚俗仍然遵循华人传统，但仪式从21世纪伊始简化。玻璃口新村华人的婚礼习俗主要是择日（确定婚期）、过大礼、安床、结婚和回门（回娘家）。聘礼物品中也体现着华人在马来西亚的文化适应，如在男方过大礼时，会送椰子一对，寓意“有椰（爷）有子”，儿孙满堂，今后也会当爷爷的好意头，而椰子是热带水果，而新村大多数华人祖籍地在广西，其地并不产椰子，所以没有将椰子当作过礼礼品的习惯。新村华人在结婚前，男方父母一般会拿新人双方的生辰八字去对，目的是择选结婚日子，如果八字相冲，师傅会想办法化解，择选一个符合双方命理的日子举办婚事，与男方父母会因看八字命理不合而反对嫁娶的封建旧俗不同，体现着新村华人接受自由开明思想的影响。可见，华人族内婚婚俗仍传承和沿袭华人传统婚俗，也抛弃封建迷信的不合理内容。

2. 华人族内婚礼仪式过程变化的时代特点

在《文冬广西会馆纪念金禧特刊》中记载了关于红白事委员会工作职责以及会馆曾在1953年提倡婚丧节约，公布《彭亨文冬广西会馆提倡婚丧节约简则》，其原因是自1948年紧急法令后，广西人聚居在文冬市区，加上朝鲜战争爆发，胶价大涨，同乡间婚嫁者大增，尤以1950—1952年为最多。主要从事橡胶行业的广西籍华人得以积累更多的财富，导致此阶段的婚嫁场面十分隆重，甚至花尽积蓄以造成新人婚后家庭生活困难。

结婚者一面行旧式大礼，拜祖等，一面设茶会行文明结婚礼，为兴伴新娘，得搜借数十辆大小型新净之汽车，随西乐队之引导结婚花车游街三匝，继举行宴会，更或晚间玩新娘，将旧花样当新出头者，可谓包罗新旧礼法大全，中西合璧，加倍隆重也！往往一个克勤克俭略有积蓄的工届同乡，为了一时之排场面子，作哑巴食黄连之新郎，结了婚用完四五千元，就得重新挨命，接着来年生儿育女，负担医药教养成人之责。①

由于新村早期华人自南来，胼手胝足地从事割胶和锡矿行业，后受到西方婚俗文化的影响，从50年代新村人采用中西结合的婚礼仪式，同时举行茶会与传统喜宴，更有大小型汽车接亲送嫁，导致结婚费用大大增加，因此，文冬广西会馆向会员同乡发出倡议婚丧节约，但后来并未普遍实行，由此可见，新村华人十分看重结婚这一人生礼仪。

彭亨文冬广西会馆提倡婚丧节约简则

（甲）结婚节约简则

（一）本会门面不用花牌，只用横彩书明两姓联婚之横额。

（二）行礼仪式，秩序男女结婚者有合格的年龄及双方主婚人（介绍人可有可无）到场，本会任何职员皆可为证婚人，签名存底本会发给证书为有效。

（三）结婚者亲友，一律以不请不贺为定则，虽有贺仪可心领璧谢以省麻烦，双方不得执怪，如恐亲友未周知者于婚后可拜访其亲友介绍互相认识，或赠以结婚者合影之明信片照片，则更有意义也。

（四）本会于揭示牌公布男女会员结婚者之相片及日期与会

① 周涤非：《本会馆五十年概况》，《文冬广西会馆纪念金禧特刊》，2015年，第20页。

员周知。

（五）男女自由平等而结婚，取消身价银及其他耗费之俗例，男方可敬赠女方妆奁费不得超过二百五十元。

（六）男女亲家皆以平常过节聚餐之款待为上席。

（七）结婚者双方不得再以【繁文缛节】为借口致悮（通“误”）婚事。

（八）本会提倡以上节约简单仪式，只收回特备结婚证书费五元，礼堂费则免收。

（九）男女结婚者于家庭内应敬老尊长，对不必要迷信及形式概行省略。①

如今文冬广西会馆红白事委员会已取消，也不再发出结婚证书，相应的是在婚姻助理注册官或国民登记局登记结婚，婚事由会员自家操办。

第二代华人 83 岁的 SGF 奶奶非常熟悉新村华人的婚礼习俗，从其在 1959 年结婚至今参加过很多婚礼，见证新村不同代际华人婚俗的变迁，加上对多位村民的访谈梳理出“行旧俗”与当前华人族内婚姻礼仪过程，华人婚俗基本保留完整，少数仪式和礼品在当代年轻人婚礼中不再流行，其中“抛大裤”仪式已不实行，茶籽油已很少使用。

（二）华人族际婚的婚礼仪式过程及其特点

据调查所得，玻璃口新村华人从第二代开始有少数村民与马来人、印度人、越南人等非华族发生族际通婚。由于华人在马来西亚仍保留父系社会的习惯，体现在族际通婚的婚礼仪式过程中，即以男性所属民族的婚礼仪式为主，女性所属民族的婚礼仪式为辅。同时会结合双方家庭的经济条件、地理距离等决定整个婚礼仪式过程。

---

① 来自《文冬广西会馆纪念金禧特刊》“本会馆五十年概况”，第 234 页。

1. 华人族际婚礼仪式过程

（1）华人与马来人婚礼仪式

热心公益事业的华人回教徒 YSM 先生担任玻璃口新村志愿消防队的财务，其妻子是马来人，他说起穆斯林的婚姻仪式是非常简单，有订婚和结婚两个仪式。他的婚礼则更简单，仅有订婚一项，虽然其认为加入回教后仍是华人，自我身份认同是华人穆斯林，但并没有行华人传统婚礼里拜祖先等仪式，也没有华人传统婚礼隆重，只是请亲戚朋友几桌而已。可见，在回教的宗教信仰与华人的民族身份之间，其选择穆斯林的婚礼仪式，这也与其配偶同为穆斯林有直接关联。

（2）华人与印度人婚礼仪式

在华人与印度人通婚的情况中，基本会采用两个民族的婚礼仪式，是为获得对方家庭对族际通婚的接纳与认可的一种形式。如男方是华人，会以华人传统婚礼为主。如是华人女性嫁给印度男性，则会以印度婚礼为主，玻璃口新村村民 C 女士嫁印度人，印度婚礼和中式婚礼均有举行。

另外，新村村民娶其他国家非华族女性，从数量上看，主要是泰国人与越南人，其婚姻仪式取决于男女双方的经济实力和双方家庭的地理距离，一般选择在男方家举行婚礼或双方分别举行婚礼。自由恋爱型主要是娶泰国女性，泰国的婚姻习俗与马来西亚广西籍华人不同，其婚礼仪式是男女双方协商而定。而以买卖婚姻的形式娶越南新娘者多是穷苦人家，基本上没有举行婚礼仪式，在家里拜祖先和请最亲近的亲人吃饭即礼成。娶越南新娘的家庭一般比较贫苦，介绍费已是男方家庭要支出的一笔大额费用，所以通过介绍去买越南新娘的家庭通常不举行复杂的婚礼仪式，也不摆喜酒。多是仅在家里拜完祖先后，再请家人吃顿饭。

婚礼仪式是华人婚姻中最重视的部分，由于族际婚姻中结婚双方来自不同的民族，受不同的文化的影响，甚至来自不同的国家，因此使用的婚礼仪式有所不同，通常会以男方民族的婚礼仪式为主。

2. 华人族际婚礼仪式特点

从第二代广西籍华人开始与其他民族人士通婚，举行婚礼仪式时并没有经验借鉴。在双方家庭商量的基础上，结合双方民族的婚礼习俗，最终形成广西籍华人族际婚礼仪式特点。其中要考虑的因素有：男女双方家庭经济条件、家庭地理距离及家庭关系等。婚礼仪式可以说是族际通婚双方家庭的文化交流及交融的首次集中体现，除了通常以男方所属民族的婚礼仪式为主这一特点，相比族内婚，广西籍华人的族际婚礼仪式还呈现出以下特点：

一是在婚礼仪式举行过程中，需要更加关注和尊重不同民族间的文化差异。如玻璃口新村村民 CJL 先生娶泰国女性时，女方家庭邀请泰国佛教僧人主持过大礼仪式。泰国清迈的佛教文化与马来西亚文冬华人社会的道教文化之间的差异，影响着族际通婚的婚礼仪式。二是族际通婚的婚礼仪式更易受到经济条件与家庭地理距离及家庭关系的影响，婚礼仪式举办情况更为复杂。前文曾论述到族际通婚中娶外国新娘的原因，经济因素是影响是否举办婚礼的主要因素，也有因家庭距离遥远，而选择只在男方或女方家举行正式的婚礼。由于文冬地区仍以华人族内婚为主流，对华人与马来西亚印度人或马来人等其他民族的通婚多持反对或不赞同的态度，所以在影响家庭关系的情况下，在婚礼仪式中很可能出现男方或女方家庭成员的缺席。

三　新村华人婚姻禁忌

受多元文化及自由思想的影响，新村华人婚姻观念逐渐变得开明，虽然通婚禁忌仍在发生作用，但其影响作用越来越低。

（一）通婚禁忌

虽然文冬广西会馆早在 20 世纪 50 年代开始提倡男女平等和婚恋自由，但新村华人在近亲结婚和不同族群之间禁止通婚方面仍有一些禁忌。

整体来说，玻璃口新村村民对反对近亲结婚的科学认知比较模糊，大多只是知道传统上近亲结婚不好。在我们设置的问卷中，48%受访者选择“近亲结婚不科学，反对”，22%和30%分别选择“没想法”和“保持中立”。据调查，玻璃口新村特殊儿童中心有一对“特殊”兄妹，其父母是表兄妹，近亲结婚导致后代成为特殊儿童。

避免同姓结婚是近亲结婚禁忌的表现之一，第一代与第二代华人的婚姻观念中“同姓不能结婚”是明晰的。而第三、四代华人了解近亲结婚的弊端，没有亲属关系的同姓不影响通婚。

另外，据调查，各方言群的华人之间不能通婚的禁忌仅在第一代、第二代中存在，少数第三、四代有听家中长辈说过，但并不实行。20世纪70年代初存在文冬其他籍贯的人家不愿意与广西人通婚的现象，一户住在文冬街上的福建永春人家反对自己的女儿嫁给玻璃口广西人，因为文冬的福建人多是经商，家庭相对富裕，而在文冬广西人一般是割胶务农为生，会比较辛苦，所以父母反对。目前玻璃口新村村民对不同籍贯的华人之间不能通婚的概念比较模糊，受访村民普遍表示：没有想过只选广西人结婚，认为是华人即可，具体婚恋对象由自己喜欢，第三第四代华人通常到大城市工作，交友范围更广。由于与印度人、马来人或是其他民族通婚的差异对比，在择偶时根本不会在意对方的籍贯，与印度人、马来人通婚通常会遭到家庭反对。

二 婚期禁忌

新村华人比较重视婚期，通常是确定结婚后，男方父母先拿新人双方八字请人进行择日。一般来说，一年中农历四月清明节、七月鬼节和重阳节前后都很少华人结婚，当地华人认为意头不好。更严格者，婚期不会选择在冲撞新郎新娘的四个月内，如选择了冲撞父母的四个月，需要做仪式去化解。

图 3－10　悬挂在茶室的广告牌
（陈润旭摄）

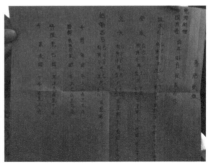

图 3－11　为新人手写的时间表
（陈润旭摄）

对择日的重视一直延续至今。玻璃口新村中国新娘 WYX 嫁到马来西亚之后，跟随其公公学习婚姻择日，多年来兼职为新人看八字择日，择出过大礼、安床、上头、结婚等良辰吉日以及负责解释过礼、结婚当天需要使用的物品清单。择出好日子是新人走向人生婚姻新阶段的开始，广西籍华人一般都遵循看八字择日，期望婚姻顺利，白头到老，没有这么多坎坷的美好心愿。

值得注意的是，据调查从第二代华人结婚时开始，也就是 20 世纪 60 年代，父母请人看八字仅是为了择出结婚日子，并不以八字看命理和作为是否适合婚配的依据，体现了村民破除迷信，尊重儿女自由婚恋，不以看八字旧俗来干涉儿女婚姻自由，这是婚姻禁忌中的进步。[①] 看八字只是为了择出吉日吉时的习惯一直延续至今，也有年轻人不以八字择日，自行选假期或周末举行婚礼。

三　未婚先孕禁忌

未婚先孕在玻璃口新村仍是一件不光彩的事情，是主人家不愿提及的污点。如情侣怀孕后，再确定结婚时间，此情况也被当地华人戏称“先上车后补票”，如今也成为一种较为常见的现象，逐渐被

---

① 根据 2019 年 1 月 28 日对 X 先生的访谈。

社会接受，但未达到适婚年龄的女生未婚先孕仍是一件让其父母或本人蒙羞的事情。

四 参加婚礼人员的禁忌

为了新人婚后一切顺利，在婚礼仪式上，参与婚礼仪式中某些环节的人员也是有讲究的。在结婚前，会充分考虑哪个环节由哪位长辈或同辈来为新人完成仪式，通常男方女方父母及长辈各自商量安排，已经避免不合适的人参与重要的仪式环节。如帮新娘上头的女性长辈一定是要有福气的人，将福气带给新娘。还有在送嫁时，家中有些人是不能送新娘上车的。也有在新娘进门的仪式中，家公家婆要先回避，因为结婚，新娘最大，为避免冲到公婆，所以暂时回避。①

玻璃口新村华人婚姻观念变化明显，具体表现为：一是婚恋自主意识不断增强。从华人第一代的媒人介绍的“盲婚哑嫁”，到第二代华人不愿接受父母的安排，坚持选择自由恋爱，再到第三第四代华人完全自由恋爱结婚的转变，选择单身不结婚，其家人也不会逼婚。二是生育观念转变，重男轻女程度不断下降。因为第一代第二代华人基本上无节育意识，持多子多福的传统生育观，导致生育儿女的数量较多，多则十个以上，少则七个到五个，再到华人第三第四代只生育两三个，生育率保持下降趋势。三是婚恋对象接受范围更广。第二代华人普遍认为，华人当然是与华人结婚，到第三、第四代华人没有规定自己的婚恋对象是华人，而是看感觉。

第二节 华人的丧葬习俗

丧葬习俗之所以能够保留至今离不开代代相传，除文字记录依此传承，口耳相传、仪式展演或者参与都是传承的渠道。玻璃口新

① 根据 2019 年 2 月 13 日对 SGF 女士的访谈。

村因广西籍华人居多，不仅保存了原乡的丧葬习俗，也随着时代的发展而有所变迁。

一 早期新村华人的丧葬仪式

19 世纪末开始是文冬的开矿的繁荣时期，20 世纪初广西籍华人因此前来谋生。“来谋生”正是大多数广西籍华人的心声，国家动荡，生活困苦，漂洋南来是为了自己找到活路也是为了给祖国的亲人带回希望，所以大家都没有想过在此处扎根，最终都是要回到中国的，“叶落归根”“入土为安”这是他们骨子里的观念，丧葬习俗自然也就是祖国原乡的那一套。“听我爸爸说，以前那些人在马来亚死也要回到祖国去死，老话讲要叶落归根嘛，不然死在马来亚没有人去祭拜他了。”① 从文冬开埠到“二战”之前，即使文冬华人聚集，但其实散落在各个山林矿区，整个社会是一个华侨社会，所以在地化归属感不强。因此，如果重病那么一定会尽可能想办法回到原乡死，或者去世之后一定要托同乡把自己的骸骨带回祖乡埋葬，正是骨子里的“落叶归根”的观念促使他们这样做。而广西会馆当时就起到了一定的联络作用。“以前不是讲水客吗，还有同会馆认识的，（骨头）就请人帮忙带回去祖国，或者就叫人带他生前的衣服回去立个衣冠冢，这样就有人可以祭拜了”②。

至于丧葬仪式，当时在马来亚生活也依然是比较辛苦，工作辛劳，没有大肆举办的条件，都是简略操作，物品使用则都是在当地的商店进行购买，商店商品从中国购买，正如《民国时期南洋国货运动》中提到“华人虽侨居外洋数百年，而祭祀祖宗之礼仍未废也”③，所以，在操办丧葬事宜上也是沿袭传统。但若是回到原乡，还会再办一场传统的葬礼。

---

① 根据 2017 年 1 月 19 日在陈 B 家对陈 B 的访谈。

② 根据 2017 年 1 月 19 日在陈 B 家对陈 B 的访谈。

③ 全副新式香炉、烛台、香筒之类，炉台等适用于华侨。

华侨社会发生变化，认同开始转变是在“二战”之后。随着国际局势的变化大家开始渐渐把马来亚当成可以落户的地方，尝试着在此地扎根，慢慢华侨社会变成华人社会，祖国变成了祖籍国。但是骨子里的传统却并未丢掉。

1945 年日本投降退出马来亚之后，恢复英国殖民的局势，剿共引发紧急法令，社会再次进入紧张时期，但是殖民者并没有约束华人文化习俗，因此，在一定程度上使得华人能够开展传统丧葬活动。但是，丧葬是人生大事，按照传统进行需要大量的人力物力财力，对当时的大部分广西籍华人来说难以负担，因为他们的收入主要是来源于割胶农耕。

> 那时候社会很危险，被日本人打，大家都躲到山芭去，万一有人往生了也没有搞得那么复杂，实在是顾不过来，但是还是要埋到两广义山去的，会馆也会支持一些钱给会员料理后事①

广西会馆作为广西籍华人的凝聚中心则为乡民提供很大的帮助。另一方面，“二战”结束后，民生短时间很难恢复，为了引导乡民更好的生活，广西会馆在 1953 年推行婚丧节约运动，以至于特作出丧礼节约简则。

虽然呼吁大家简化丧葬仪式，节约物品资金，但是并未有成效。因为丧葬习俗是千百年形成的传统，要想因为一纸呼吁而变化是难之又难。不管贫富，新村华人如传统一样都尽自己所能把丧葬办的体面。

1957 年马来亚独立后，在国家的民族政策下，反而激发了华人繁荣己身文化的决心，丧葬活动在 70 年代达到高潮，十分浩大。一方面，是民族政策激发了华人民族认同、文化认同；另一方面是华人资本开始积累，华人社会开始积极发展。

20 世纪七八十年代是马来西亚经济迅速发展的时期，也是华人

① 根据 2017 年 1 月 20 日在陈 B 家对黎 JX 的访谈。

文化繁盛时期，当时的丧葬仪式十分具有代表性，依然最大程度的保留原乡风貌。根据 20 世纪 80 年代丧葬仪式的老照片和访谈资料试图对其进行勾画再现。整个丧葬过程可以细分为初丧、打斋、出殡、安葬和祭祀。

表 3－4　　丧葬礼仪程序

初丧	打斋	出殡	安葬	祭祀
报丧	建坛、启师请神	抛粮	呼龙	安灵
遮神	买水、上孝	绕棺拜别	抛冢鸡	做七
入殓	开坛	宣读祭文	落土化灵	合炉上祖
设灵堂	招魂	发引还山	立碑	
	拜忏、拜药师		捡骨葬	
	过桥			
	破地狱、给牒超升			
	开光点主			

资料来源：根据黄 GS 访谈整理。

（一）初丧

孝眷们会在第一时间通知长辈亲属来处理相关事宜，例如请道公为往生者打斋、搭建灵堂治丧、联系棺材佬、纸扎佬购置丧葬所需物品（猪、鸡、香烛、纸钱、纸扎等）。“那时候亲近一点的其实马上就知道了，距离远的亲戚就打电话告诉了，其他的朋友就不敢去说，人家也是怕丧气的。”[1] 所以，报丧也分远近亲疏，近亲直接告知，邻舍远朋则是通过看到讣告、丧榜知道。道公会向丧家收集资料，写出讣告和一张殃榜并将其贴在治丧处显眼的位置，名单上记着丧家住址，孝眷姓名以及往生者姓名、性别、农历生卒年等情况，魂高几何，六道轮回入何道（天、地、人、佛、鬼、畜六道，算法上是一套与往生者岁数有关的公式），避忌时间方位等。“讣告

① 根据 2017 年 1 月 25 日在蔡 YZ 家对蔡 YZ 的访谈。

那个时候是写在一张大白纸上的，写明是谁人何时去世，享年多少，在哪里办丧事，就贴在村口或者是自己家外面的墙上，现在都是登在报纸上了。”① 亲近一点的街坊邻居也会帮帮手做点事情，道公根据丧家情况来推算计划丧葬事宜负责打斋，其他的大小事务则是由“棺材佬”来处理，“那时候也是棺材佬做啊，但是没有像现在搞成商业一条龙的模式，以前就是联系熟悉的人做那些（入殓、纸扎等），志刚神料店他爸爸以前就是在家做纸扎了”②。

棺材佬会先将祖先神龛里的神位都遮住，“主要是用红纸遮住丧府的神像及祖先神位，要是窗户或者其他的反光也是要遮起来，可以用白的”③；帮助家属为往生者沐浴和穿上寿衣，期间“要用白色布幔将往生者围遮起来，寿衣是比较传统的中式服装（民国旗袍/长袍）”④；然后将往生者移进棺材。

棺材是用整棵的大木材做成的，一般选用桐木或者是松木，将圆木剥掉树皮晾干然后再打磨光滑。棺材可以分为棺身与棺盖：棺身底部是一块完整的长方形木板，长约 2 米，宽约 60 厘米，厚度约 6 厘米；棺材头部尾部则是各用一块等腰梯形的木板，上长约 70 厘米、下长为 60 厘米，腰长约 60 厘米，厚约 6 厘米；将直径约 60 厘米的圆木一分为二作为棺材的左右两侧，一般是长约 2 米，宽约 50 厘米，厚度就是圆木半径约 30 厘米，大部分是与底部的木板长宽相近；使用直径约 70 厘米的圆木剖开两半取其一作为棺材的顶部也就是棺盖。其中棺材的用料必须是整料、不能使用小木板拼接粘合；棺材不使用金属钉子，而是由传统的榫卯嵌合而成（梅花木）。“棺材是好的木材就贵，常用的好棺材比如‘梅花木’。以前都是人工做的，很耗力气的，不像现在，由工厂专门做，去拿货就可以了。”⑤

① 根据 2016 年 7 月 23 日在玻璃口新村摩托修车店对黄 GS 的访谈。
② 根据 2017 年 1 月 23 日在玻璃口新村摩托修车店对黄 GS 的访谈。
③ 根据 2017 年 2 月 8 日在财神庙对李 MD 的访谈。
④ 根据 2017 年 2 月 8 日在财神庙对李 MD 的访谈。
⑤ 根据 2017 年 2 月 8 日在财神庙对李 MD 的访谈。

棺材里面铺上金银纸钱，两旁放置往生者身前的衣物用品；棺材要停放在屋子的大厅中央，用长凳子架起来，棺头朝内，棺尾朝外。玻璃口新村广西人也讲究“寿终正寝”。但是如果往生者是在家外去世，则是不能够拜进家中，一般就在家门口搭设灵堂放置。棺前要设置一张灵桌，用来摆放遗像、神主牌和祭品。还要点一盏“引魂灯”，表示为“往生者照亮前往阴间的路”①。

灵堂一般是在丧主家内或者屋外的空地上搭建而成，如果是在家中去世就在屋内设灵堂，道公道场则是设在屋外；如果不是在家去世就会将棺柩放置在屋空地，另一边留给做道场的道公建坛做法事。灵堂一般在屋内，用白色的布在屋子里挂起来表示是灵堂，灵堂外挂有灯笼（某府某某公，享阳××岁）②。

（二）打斋

一切事宜准备完毕，就到道公主场了。首先他们将神像挂在相应的位置。具体如下：将佛法僧三张神像挂在道场中间，在佛法僧之下挂上地藏王和道公的祖师，道公也将在该处建坛。在其他两边挂上十殿阎罗、功曹、城隍、引进、坛将。坛外还要挂一张韦陀。整个神像分布如下图：

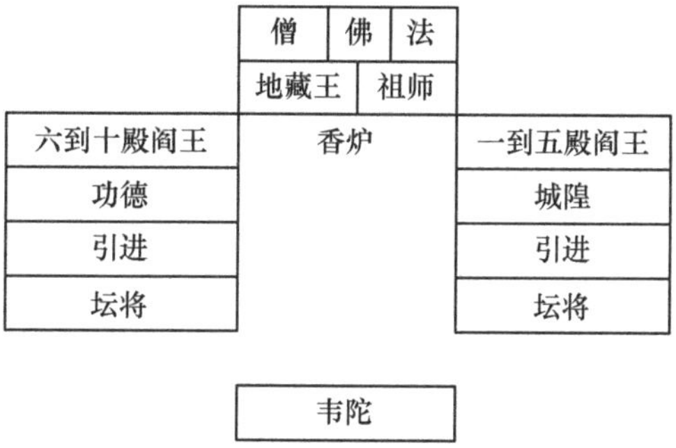

图3-12　神像悬挂位置图（袁贵香制作）

① 根据2017年2月8日在财神庙对李MD的访谈。

② 享阳通常会在周岁上加三，叫做“积闰”，一说是代表：天、地、人。

神像挂好之后就开始鸣锣动鼓，道公师傅称之为“开坛”，然后点香就开始启师请神。请来神灵之后道公会向神灵说明意图，请求诸位神灵超度往生者，使之免堕酆都地狱。将众位神灵请到坛中就座后，还有买水和上孝，买水是为了给往生者沐浴，上孝则是在往生者棺前“遵礼成服”。“以前都是真的要穿麻，现在不用了，表示一下意思就行了。”①

接着就是发关发表来招魂。以关文和朱表“证明往生者和祖先是因为参加超度而来，避免他们受到阻拦，并且由各位神灵来指引他们前来道场”②，招魂科仪书中就写道“……大圣打开五方狱门接引亡魂转家堂……”③ 在仪式尾声，道公将宣读作为往生者通关证明的一张文书，好让往生者能够顺利抵达道场接受超度。“避免不知情的神明、鬼差拘留和盘查往生者，耽误他们抵达道场的时间”④。招魂仪式中，孝眷必须呼唤往生者，让他“循着孝眷的声音来到道场”⑤；而师傅则会透过圣杯（圣筊）证明他和祖先的到来。透过掷筊杯来验证往生者和丧家祖先是否来到道场，以一阴一阳的圣杯为信号得知往生者与祖先已经来到道场。

然后是拜忏、过桥。主要是为了能够让往生者消除罪业造登极乐，因此对生前不对的地方进行忏悔。所以就由道公带领往生者灵幡、孝眷向道场中的神灵参礼膜拜求得宽恕。参拜顺序是三宝（佛法僧）→四府（观音紫竹林，目连，三清，宗师）→十殿阎王→地藏王→斋家香火神→虚空过往神→在位圣贤。由于往生者死后灵魂到达地狱，阎王会根据往生者生前事迹来判罪记功德。如果有罪的话就把它记录在功德案上，没罪就把他判到快乐乡。接着就是过桥。这里的过桥指的是过奈何桥。用黑色的布大约三米搭成桥（表示奈

① 根据 2017 年 2 月 5 日在福禄寿长生店对李 MD 的访谈。
② 根据 2017 年 1 月 28 日在黄 GS 家对黄 GS 的访谈。
③ 根据 2017 年 1 月 28 日在黄 GS 家对黄 GS 的访谈。
④ 根据 2017 年 1 月 28 日在黄 GS 家对黄 GS 的访谈。
⑤ 根据 2017 年 1 月 28 日在黄 GS 家对黄 GS 的访谈。

何桥），连接棺材和灵台。将十只碗压在布上，每只碗里装满米，上面放一只鸡蛋，插一双筷子，代表给十殿阎王的[①]。然后用灵幡在布桥上拂过，拂过桥头、桥尾以及十殿阎王时要念经，一共要拂十二次，也叫做“十二渡”，主要表示引渡亡魂由阴曹地府通过奈何桥脱离苦海，得到超升。再往后就是拜药师，“生前吃了很多药，辛苦药师了，所以也要忏悔拜拜”[②]。

完成之后就会得到赦免书来赦免往生者的罪行，意思是前面向阎王、药师的忏悔都得到了赦免，也为后面的破地狱仪式做了铺垫。早期的玻璃口新村广西人丧葬仪式是带着很重的表演的，就像戏剧一样真人扮演，娱神娱人，拜药师的环节还会扮演药师药童上山采药、生火煎药的场景[③]。

发放赦免书的仪式分为两个小故事：第一个故事说的是唐僧和孙悟空一起前往西天取经普度众生，唐僧由道公身穿袈裟头戴毗卢帽手执禅杖扮演，孙悟空则是由道公的助手穿着猴子衣服和面具来扮演；第二个小故事讲述的则是神灵将往生者赦免书委托给宣赦官，宣赦官来到道场将赦免书带给道公，以便道公救出往生者。

接着就到了游沙城破地狱的环节：用四堆沙子分别放在四个角，在上面架上用白布围起来的四方架子，来表示地狱的沙城，里面倒扣一只陶罐。陶罐上点两支蜡烛，表示地狱里的刀山火海，在外面罩上纸质的地狱城，下面以四方桌子为底，桌腿用白纸封闭地围起来，上面架一张四方桌，用青纸糊出城门柱子和门楣，表示地狱的东南西北四个城门，每个城门都有守卫，守卫牛头马面由道公的助手扮演。为了表现刀山火海的炼狱，道公还会有助手们还会头顶油灯、手托油灯在道场内跑动；仪式进行时，道公手执禅杖与牛头马面进行一番打斗并将其打败，表示已经破开了地狱里的四角城门；

---

① 根据 2017 年 1 月 28 日在黄 GS 家对黄 GS 的访谈。

② 根据 2017 年 1 月 28 日在黄 GS 家对黄 GS 的访谈。

③ 根据 2017 年 1 月 28 日在黄 GS 家对黄 GS 的访谈。

然后移开桌子，将陶罐打破，拿出底下的往生者神主牌下并将其带回灵堂表示已经将往生者从地狱解救出来。

破地狱完成之后，最后往生者会得到神灵给予的契约牒文，以此证明往生者得到超升。得到西方超升公牒文一道；阴宅屋契一纸①。孝眷们会为亡者采买灵屋让亡者在阴间有安身立命之所，灵屋在道公的书中被称为“阴楼”。开光是为了使得阴楼洁净能让往生者入住。一般在封棺之前进行。“立时将盖棺材恐虑阴楼黑暗染有诸般秽气，未曾开光祝赞洁净屋宇，亡灵难搬入居住。”② 道公向三宝和观音祈求神水撒到亡者阴楼，意思就是将阴楼的每个角落都装点。上有明珠装饰的屋顶，地上铺就金砖，院子有各色花草，撒到的地方都是服饰往生者的童男童女金银造就的景物。然后将神主牌点主开光，意思就是表明他已经离开阳世而孝眷将在日后把他当成神来奉祀；为纸扎的童男童女开光。用朱砂笔点触其头顶、五官、四肢、五脏来让他们既美观又有能力，更好的成为往生者的侍从。将牒文与屋契用火烧化，超度死者的亡灵。

（三）出殡

接着就是出殡了，一般是次日上午。一般会有抛梁。抛梁就是道公在灵堂梁上（通常是棺柩后竖起来的背景木板约两米高）将五色豆、谷、粽子抛出，孝眷就接取并将其带回家食用或者是栽种，祈求五谷丰登、衣食富足。“吾师手捧菓粽抛梁头，儿孙世代出公侯；吾师手捧菓粽抛梁尾，兄与成田弟置地；吾师手捧菓粽抛梁中，富贵并石崇。”道公向头中尾以及向东南西北中五个方位分别抛一次。

出殡前，由孝眷们拜别往生者。宣读祭文、拜祭往生者。由德高望重的长辈宣读祭文，对往生者生平论述并表达深思之切，孝子孝孙跪在草席上垂聆，以表孝心。祭文宣读完毕，烧化。拜祭顺序

---

① 根据 2017 年 1 月 28 日在黄 GS 家对黄 GS 的访谈。

② 根据 2017 年 1 月 28 日在黄 GS 家对黄 GS 的访谈。

为：近亲→女婿→亲家或亲戚→朋友及其他人。然后就要抬棺材上山入土，也叫“还山”。出行前，在离家门口不远的地方，孝眷们跪下以背对着棺材（意为不舍），然后抬棺的人将棺材从其背上抬过再前往墓地。出殡的时候一定会走文冬市区的三条大街。

（四）安葬

玻璃口新村“广西人”传统葬式是土葬，寓意落土归根。到达早已备好的墓地，先祭祀后土，然后再将往生者的灵柩落土放入墓冢，道公喃念经文告知往生者已经到达墓地；然后将一只大公鸡从墓冢上抛过，意思是旺龙，也叫做“抛冢鸡”，使得这块墓地变得很好，往生者子孙后代兴旺繁盛。

然后孝眷将神主牌带回家中，请道公到丧家为亡魂安设灵位供奉往生者，并按照三餐来供奉食物。首先，师傅会在选择的位子摆上桌子、摆奉祭品。师傅也将在桌子附近的墙壁贴上一张纸，称作“七单”。“七单”上面会写明做七、合炉上祖、谢土完坟等时间以及所需用品。往生者埋葬后数日，子孙亲自到来巡视，也就是“巡坟”或“拜三朝”；然后在坟上竖立墓碑，才算圆满的结束。

在下葬三年或是五年以后，玻璃口新村“广西人”会进行捡骨葬，捡骨葬需要请师傅择日进行。师傅通过参照通胜书来看日子，不宜选择重、复、双、丧日，应该选择吉或者中的日子。选好动土开棺的日子之后就要提前三天对往生者进行祭拜，点上香烛，摆上祭品，家属叩拜往生者说明迁土捡骨的意图，捡骨师喃念经文向往生者说明捡骨的时间和好处，避免往生者灵魂在不知情的情况下被惊动而承受灾祸。一直到捡骨当天，往生者家属与捡骨师一起去到坟前，家属需要带上香烛纸钱供品、捡骨师需要带上开棺捡骨的工具。首先家属祭拜，而后捡骨师喃念经文招魂安魂，拿锄头在坟墓的左右前后中五个方位依次敲击，表明向五方龙神土地打招呼，接着就开始动土挖坟；挖开坟丘后露出棺材，捡骨师用钢钎撬开棺盖，查看尸骸腐烂情况，若棺木密封性较好或者是土壤干燥很可能会出现尸骨未腐的情况，如此还需重新盖上棺盖一年之后再来捡骨；如果已经完全腐朽骨肉分离，那么就可以进行下一步。捡骨师将之称为“遗捡”：捡骨师将尸骸拣出来，用干燥的纸擦拭干净，用明火烤干骨骸中的水分；然后按照脚趾骨→胫骨→腿骨→尾椎骨→骸骨→腰椎→胸椎→肋骨→肩胛骨→上臂骨→桡骨→手指骨→下巴骨→头骨的顺序等依次叠放进事先准备好的陶瓮当中（这种陶瓮是专门盛放骸骨的，高约一米，直径约0.6米尺，上、下端略小，呈橄榄型，顶部有盖子，一个嵌入瓮口，一个罩在口外；陶瓮没有纹饰，外漆淡黄色的釉，通常被称作“金坛”）。在金坛的外盖里侧写上亡者的姓名和生卒年月等信息，最后将金坛重新埋入原来的坟地或者是新的坟地当中，在埋葬时需要先祭祀坟地后土，然后对往生者进行招魂安魂，最后放入墓坑填埋。

（五）祭祀

1. 回魂夜祭祀

在殃榜上写有往生者“魂高几尺，何日回魂，从何方回来和离开”的信息，说的就是回魂夜。回魂夜指的是在安葬往生者后的第几天夜里，亡魂返回阳间，因为人们相信人死了之后还不会迅速地知晓自己已经死了，回魂夜当天由鬼差护送亡魂回到生前居所，一般是从窗户、烟囱之类的地方进入屋内。所以，在回魂夜当天丧家不能把门窗关死，要在亡魂来去的方位留空隙方便其顺利来去；另外要在屋内摆放丰盛的祭品，荤素搭配用来犒劳讨好鬼差，还需要摆放往生者生前喜欢吃的食物。在亡魂和鬼差停留在屋内的时期丧家不能看，以免惊动亡魂。①

2. 七七四十九日祭

“做七”就是每隔七天进行一次祭祀，需要准备较丰盛的祭品来祭祀亡者。期间不断地点长香，直至头七；因为在头七之前，往生者将留在阳间活动，直到头七对家人做了最后的探望才离开，所以必须一直点长香，让往生者能够待在家中。四十九天后做七结束，

① 根据2017年1月27日在玻璃口新村摩托修车店对黄GS的访谈。

不再通过这个灵位供养往生者，而是将往生者神位并入祖先神位，往生者正式成为祖先神，也叫作“合炉上祖”，以便往生者接受供奉。将往生者灵位的香炉与祖先神位的香炉用红布连接起来，然后由师傅对丧家的祖先喃念来进行说明，再由孝眷将往生者香炉中的香枝与香灰顺着红布拿到祖先神位上的香炉（红色）。仪式完成之后丧家会将那块红布挂在门上。

往生者逝世后的第四十九天之后，除了在家中的仪式，还有在坟墓的仪式——谢土完坟。谢土完坟首先祭拜墓地的土地，表示感谢其庇佑而使得往生者的墓地整顿工作能够顺利完成。师傅先进行一些准备工作，包括贴符张、插旗子、在墓碑上盖红布、绑红布，而孝眷则需进行摆奉祭品、焚香点烛、插香插蜡烛的工作。要祭拜的是往生者墓地旁的后土神位和龙神，再拜往生者。仪式过程中道公呼龙，请求龙神多多照顾往生者的墓地，保佑孝眷家中昌隆兴旺。呼龙时，师傅站在往生者的坟上，向孝眷撒下谷类、豆类；孝眷则将它们带回家食用，或是放在花盆、空地发芽栽种，祈求五谷丰登、衣食富足。

早期玻璃口新村华人的丧葬仪式主要是与往生者有无子孙有很大关系。没有子孙的往生者丧葬仪式一切从简，较少进行隆重的丧葬仪式，只进行简单的招魂和超度就直接下葬。而有子孙的往生者丧葬仪式会更加隆重。

二　新村华人丧葬仪式的变迁

早期玻璃口新村华人丧葬活动之所以能够按照传统，自主进行，与当时英国殖民统治实行的民族政策有一定关系，三大民族分而治之。随着1957年马来亚合联邦独立，对国民的丧葬事务也有了更加明确的规定管理，华人的丧葬习俗也发生相应的变化。

（一）殡葬政策与改革

随着马来西亚的建立，以及市场经济发展，传统的殡葬习俗出现变迁，即现代殡葬业逐渐占领市场，在文冬也有一批人以超前眼光应对时代变更，他们将丧葬从业人员联系起来形成一个庞大的关系网，大家各取所需，因此，在网络中的人逐渐具有占领市场份额的优势，而网外之人则逐渐式微。不可否认，殡葬业的成型与发展是时代的推动，以“棺材佬”为核心链接点，将各个要素连成网络，实现最高效的商业运转模式。殡葬从业者已经从兼职变为专职，地方性知识也已经成为行业专识。

1. 1976 年马来西亚殡葬政策

根据马来西亚在 1976 年颁发实施的地方政府法令 176 法令，可以知道马来西亚政府对各族丧葬事务管理的政策。其中第九十四条到第一百条，主要是对土葬和火葬提出了要求。包括土地、场所、资质以及墓地规格大小的规定。① 这项法令的出台一定程度上约束和影响着两广义山的经营运作，进而对玻璃口新村华人丧葬的行为有了一定影响。

2. 两广义山的改革

文冬两广义山已经有上百年的历史。在英国殖民时期，两广义山的前身就在广福庙的对面，一共只有五英亩面积的地，随着后来人口的增多，死亡人数的增加，原有的墓地已经饱和，向英殖民政府申请另外一个地方扩建并得到批准，是由政府批准的两广义山公墓。从玻璃口新村向西北部方向走，经过金马苏新村再往前 3000 米左右就是文冬两广义山的范围。早期每逢春秋两季，乡亲们就会聚集在各自的会馆，一起上山拜祭，拜祭之后一起享用包点、饼干和汽水等祭品。后来人口多了，去世的人也多了。在后事的处理上总要有人管理，于是就由各个村德高望重的领袖聚合成立了“两广公所管理委员会”，后来改名为“两广义山管理委员会”。

在 20 世纪 80 年代，华人的贫富差距还是很大，所以，在丧葬仪式中也有不同体现，一般家庭较为富裕的才会大肆举办丧葬礼，坟墓也会修的很大，会占用较多的土地面积；另一方面，七八十年

---

① 王琛发：《马来西亚华人义山与墓葬文化》，吉隆坡：新纪元学院，2016 年。

代风水看地开始在马来西亚华人社会兴起，大家都追求风水宝地，所以埋葬时会根据个人需求来设定朝向、方位。因此，整个两广义山之原一片杂乱，两广义山委员会也根据国家法令并针对这些问题和乱象在1981年2月28日提出了管理规范：

1. 凡未逝世者，不接受预购寿地；

2. 已逝世者，限购墓地一段；

3. 如属夫妇，其中之一已逝世，可以多购相连一段；

4. 社团、会馆及联宗会，可购地十二段；

5. 总坟只许葬金塔，不得葬棺木；

6. 任何人在本义山树立无名碑记，尚属未经合法手续，一律将其铲除；

7. 已购买之地，不得私下转让他人，除非有足够理由，同时经本董事会统一批准者例外；

8. 购地必须按照号数顺序，并领取本义山之正式收据，方为有效；

9. 面积：一、二号地八英尺夹十五英尺，三号地六英尺夹十英尺；

10. 依照地段尺码，不得超越前后隔邻一面发生争执；

11. 地价：一号地一百五十元，二号地九十元，三号地四十元，方斗一十五元指定三号地内；

12. 开冢工银：一号地及二号地一中央实土计深度六英尺，棺木阔度四十寸以上开冢工银一百元，棺木四十寸一下开冢工银八十元；加深一尺加工银一十五元，在加深一尺再加工银二十元，若继续加深或特别加多其他工程则由主家与开冢工人磋商，其资源付出额外之工银本义山董事部不负责列入地价单内；三号地一中央实土计深度五英尺开冢工银四十五元，加深一尺加工银一十五元，再加深一尺再加工银二十元；小童方斗工银一十元（十二岁以下）金塔工银五元，大人方斗及奉教棺

(Coffin)[1] 与大棺同价；

13. 开冢工银与深度已明文规定，工人如有无理苛求或发生争执请向本董事会投诉解决之；

14. 三号地如建造永久坟墓，必须另补地价九十元；

15. 如有执金或移葬，必须事先停止本义山司理或管理人

16. 凡经执金或移葬别处，原有之就冢穴则归公有不得私下转让，移葬之新地，须照章在补地价；

17. 凡建造坟亦必须事先通知本义山司理或管理人；

18. 建造坟墓必须遵照本义山之规则进行不得越过界限，不得银盏或破坏他人之坟地；

19. 承接造坟者，每造一坟必须先缴公按柜金（缴纳押金）一百元方能动工，若然有犯规则，按柜金充公，经过一次犯规，第二次造坟则须先交交按柜金贰佰元方能动工，如屡次犯规，本义山董事部将考虑停止其在本义山造坟之权利；

20. 承接造坟者违反规则，除被没收按柜金外，如越界限，须负责罚款每方尺十元（多则照计），被罚款后，仍须负责退回原有之地界；

21. 建造坟墓竣工时，经过本董事部派员调查后，确定无犯规则，按柜金退还承造者；

22. 本义山管理修正规则，1981 年 3 月 1 日生效；

23. 本规则如需调整与修改时，由董事会议决通过执行修改之。[2]

此项规范主要是对丧主购地、工人开工以及风水师造坟做出了明确要求。更加规范了两广义山的管理。

除此之外，文冬两广义山对义山墓地收费的标准分别在 1978

① 根据 2016 年 7 月 24 日在两广义山管理委员会对黄 Y 的访谈。

② 资料来源于两广义山管理委员会。

年、1981 年、1991 年进行了修正。1978 年制定的单位墓地价格为：一号地，12×14 尺，地价 90 元（马币）；二号地，12×14 尺，地价 55 元（马币）；三号地，6×10 尺，地价 20 元（马币）。1981 年对墓地价格和面积进行了修正：一号地，8×15 尺，地价 150 元（马币）；二号地 8×15 尺，地价 90 元（马币）；三号地，6×10 尺，地价 40 元（马币）。1988 年重新拟定了墓地，在新开辟的义山山顶分 A、B 两级，A 级增设为特别地，B 级地设为新地一号地。并在 1991 年对墓地价格做了重新调整：特别地，8×16 尺，地价 1300 元（马币）；一号地 8×13 尺，地价 200 元（马币）。关于墓地级别的划分，其划分依据是风水好坏与交通便利与否，风水好、交通便利的墓地位置就价格更高；反之更低。①

3. 新工委会的改革建议

为了摈弃迷信思想、虚伪形式与繁文缛节的陋习，提倡简朴与节约精神，马来西亚各州华团华人礼俗革新工委会在 1986 年对丧礼提出改革建议，作为各社团和社会各界人士参考和采用的标准。广西会馆也对其转载，呼吁广大会员丧礼改革。

在 1986 年马来西亚各州华团华人礼俗革新工委会对丧礼提出改革建议，改革建议原文共六节三十条，为华人丧葬仪式中的费用、治丧、奠吊、出殡、埋葬和追悼做出了修改建议。

第一节　丧礼原则

（一）摈弃迷信色彩与虚伪仪式。

（二）简单朴素，以示哀伤。

（三）肃穆庄严，以示孝敬。

（四）提倡节省葬费，以赞助文教及公益。

第二节　治丧应注意事项

第 1 条　讣闻应用浅白语文。

① 根据 2016 年 7 月 24 日在两广义山管理委员会对黄 Y 的访谈。

第 2 条　棺木以廉宜轻便为主。

第 3 条　死者寿衣，可用死者平常穿着的衣裳。

第 4 条　灵堂中央设遗照，周围用花卉点缀。

第 5 条　祭品用鲜花、水果。

第 6 条　只用香烛拜祭为宜。

第 7 条　废除为死者洗脸、叫死者吃饭、哭灵等仪式。

第 8 条　封棺时、孝眷环立柩旁，封棺毕，孝眷对灵柩三拜。

第 9 条　孝眷不穿麻衣，不戴高粱孝子冠。孝子不拄哭丧棍。

第 10 条　孝眷一律穿白或黑衣服、白或黑鞋；为了鉴别身份，孝子、孝女、媳妇戴小方块黑色孝布；侄辈与女婿小方块黑色孝布加红线。孙辈戴蓝色孝布；外孙辈加扣曾孙辈戴青色孝布；外曾孙加红线。

第 11 条　停柩时间以不超过三天为宜。

第三节　奠吊应注意事项

第 12 条　废除有关团体、亲属等祭品及铭旌。

第 13 条　尽量避免致送丧家挽轴，刊登悼词。

第 14 条　亲友前来吊慰，对灵前行三鞠躬礼，孝眷也以鞠躬回礼，废除跪礼。

第 15 条　对社会有贡献者，可由社团代表联合举行追悼会。社团代表致祭时，以上香、献花、行鞠躬礼即可，不必念祭文。

第 16 条　丧家如对学校、社团有特殊贡献者可由有关团体派乐队至治丧处奏哀乐（唯须避免派小学乐队）。

第 17 条　如经济许可，丧家应节约丧费赞助文教、慈善事业。为捐款不宜在灵前或丧礼仪式中交付。

第 18 条　守灵期间，款待吊慰亲友，以免铺张浪费。

第 19 条　守灵期间，应保持肃穆气氛，以示哀思。

第20条　吊丧者衣着必须朴素，以表肃穆。

第四节　出殡应注意事项

第21条　出殡前家属致祭，无须依次跪拜，可一齐默哀，行三鞠躬礼。

第22条　抬棺上柩车时，家属应参与，让他们最后一次为死者服务。

第23条　出殡行列应保持肃穆安静，废除引路鼓及撒金银冥纸，应直接将灵柩从治丧处送往坟场。

第五节　埋葬及火葬应注意事项

第24条　灵柩入土后，可由出家人或孝眷代表先撒下第一把泥土，然后孝眷及亲友们才跟着撒土入穴，其他仪式可免。

第25条　在坟场或火葬场，孝眷只需用鲜花、水果或加香烛拜祭即可。

第26条　进行火葬者，取得骨灰后可撒入河海，或存入瓮中，安放于家里或寺院。

第27条　进行火葬者，坟场占地面积须规定。(可由各地义山理事会或有关之乡团划一单穴、双穴墓地而积及坟场之规格。)

第28条　若要为死者立神主牌，可安置家里，寺院或宗祠。

第六节　追悼应注意事项

第29条　做七期间，孝眷只需以鲜花、水果拜祭。

第30条　在死者忌辰或清明节时，可开追悼会，忆述死者生前的嘉口懿行，以勉励后辈。①

此项改革以“薄葬厚养”为主要改革核心。对丧礼流程、费用、器具均提出了意见和建议。这份改革建议让玻璃口新村的华人丧葬

① 根据2016年7月24在两广义山管理委员会对黄Y的访谈。

习俗也发生了一定变化：现在每当亲友过世时，家属开始联络殡葬业者、安排治丧地点以及协调治丧事宜。由殡葬业者将所有的琐碎小事和程序烦琐使人劳累的工作一起完成，如为死者洗身、穿衣、化妆和将尸体放入棺木、放随葬品、封钉和盖棺等。而家属还可以根据自身情况来要决定是否推迟仪式，先由殡葬人员把尸体防腐或冰存。然后在报章上发讣闻、刊登启事来通知亲友向其示丧。同时还可以通过在丧家门外悬白色灯笼来告知街坊四邻家有丧事。在发引出殡之前，棺柩一般要停放一两天左右，所以由家眷负责守灵和烧脚尾钱。然后就是打斋超度，亲友告别，化灵和举殡。有的人是基督徒，会按照西式丧礼的流程进行，不做打斋超度，只开追悼会、祷告然后唱圣歌。

4. 广西会馆红白事委员会的婚丧节约重申

跟着时代和政策的变化，广西会馆对婚丧事宜节约问题再次提出了重申，希望呼吁大家获得改革效果。

另一方面，在20世纪80年代，随着马来西亚殡葬业开始发展，火葬也开始流行起来，但是对于相对传统和保守的玻璃口新村华人来说还是过于新潮，只有少部分“新兴人士”尝试，新一代的“华人”很快就开始接触和接受火葬。他们认为火葬是最方便最干净又省事儿的安葬途径，火化之后装入骨灰瓮中只需要很小的地方就可以跻身，不需要为了找到合适的墓地劳心劳力。

玻璃口新村华人的丧葬承袭着原乡传统，色彩浓郁。但是随着居住国的发展和变化，丧葬仪式发生一些变化也是在所难免。从华人踏足马来亚的土地到扎根于此，传统的丧葬习俗就是刻在骨子里的根，形式可以根据经济条件而不同，但是程序很少会变，追根究底，还是其自我认同在起作用，是对传统的敬畏之心，是自我归属感的承载。

（二）丧葬仪式过程中的主家与服饰

随着社会的发展，马来西亚玻璃口新村华人的丧葬仪式发生了某种程度的变迁，不过，从丧葬仪式的内核来看，该仪式中也充分体现着华人传统的亲疏关系、等级关系等等，最为明显的表现主要体现在服饰上，以及不同的主家、不同的身份、不同的丧葬服饰。

1. 主家的类型

丧葬仪式是一个人生命的终结，主家的不同类型则决定了丧葬仪式的不同。而主家的类型其实完全与往生者的身份有很大关系。在玻璃口新村华人的丧葬当中，主要有以下几组不同的往生者身份划分：男性/女性；成人/未成年人；已婚/未婚；有子/无子。

在男性丧葬仪式中，主要由其子女尤其是长子承担重要角色，掌控整个局面；而在女性丧葬仪式中，则其娘家也扮演的十分重要的角色，其子女受到娘家人的监督和指导。

在玻璃口新村判断往生者成人与否，以前是看其是否结婚成家，而今主要是借由年龄来判定，年满 18 岁即为成人。未成年人去世则是“白发人送黑发人”的痛殇，丧葬仪式通常也较为简单，由父母兄姊操办。

已婚与未婚者的丧葬仪式相比较，也有区别。二者相比，未婚者缺少一派姻亲。婚否通常伴随而来的就是是否孕育有子女的问题。未婚者通常无子女，那么丧葬仪式中由其父兄侄男担任重要角色。

2. 亲属丧服的类型

从礼仪上来讲就是丧家子孙需要遵照古礼成服，为往生者披麻戴孝以示对其的感恩之情。现在的孝眷不再披麻戴孝，只用不同色的衣服或者是在袖子上佩戴不同颜色的孝志来划分不同角色。简而言之，在参加丧葬仪式的人员中还有直系亲属与旁系亲属之分，关系远近辈分高低都在仪式中有所体现。如今较为明显的体现主要是在服饰上。

直系亲属一般包括了直系血亲和姻亲。主要包括了配偶及其父母、父母、子女及其配偶、祖/外祖父母、孙/外孙子女及其配偶。旁系亲属则包括兄弟姐妹、叔伯姑母、堂兄弟姐妹。

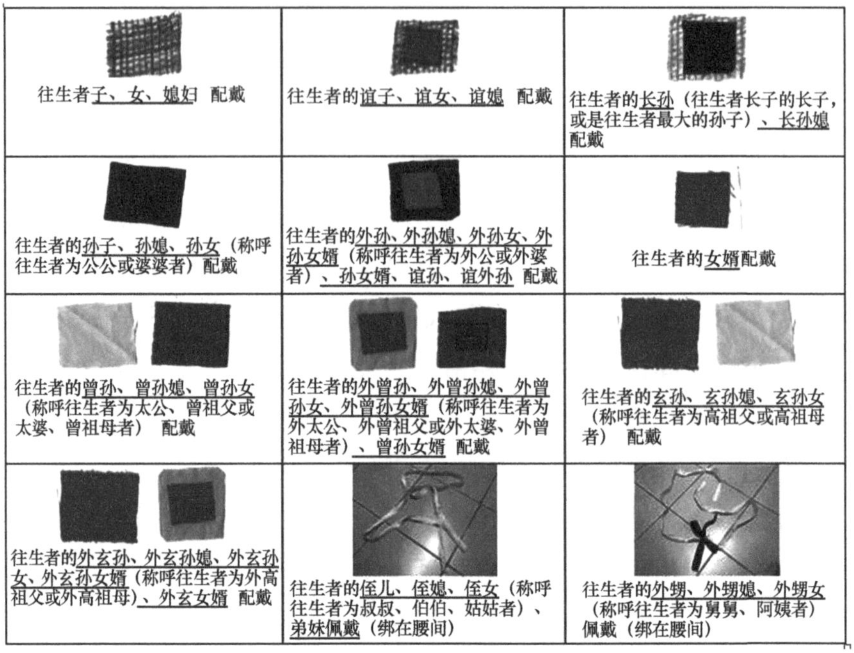

图3－13　孝志的类型

三　新村华人丧葬仪式的功能与内涵

范热内普认为，仪式可以分为“分离—过渡—聚合”，丧葬仪式同样遵循其规律。在送终到为往生者入殓入馆的阶段属于分离阶段，从打斋到下葬的阶段属于过渡阶段，下葬完成后进入聚合阶段。从往生者病危亲眷送终那一刻起，往生者与孝眷生死分离，丧家与世俗生活暂时脱离；打斋仪式既是往生者从阳间到阴间的过渡，也是丧家从神圣空间准备重新回到世俗空间的过渡；在下葬结束后往生者去到该去的地方，丧家孝眷们又重新回到世俗空间，回到原来的日常状态中。

简单地说就是丧葬仪式作为丧葬礼俗中的主体，具有和其他仪式相同的过程即从结构—反结构—结构。在丧葬仪式举行之前，一切都是日常生活的样子，社会和人们都处在相应结构当中；当孝子开始报丧到往生者落葬就是反结构的过程，这个过程中原有的社会结构被打破，人们进入不同的角色（往生者、孝眷、道公）当中；落葬之后人会回到日常生活当中，是一个再建构的过程，最后建构成一个新的、平衡的社会结构。

从另外的理论角度来看，整个丧葬仪式具有非常重要的功能。丧葬仪式具有心理抚慰功能。从文化功能主义角度来看，这种心理抚慰不仅是对临终者的关爱和孝顺，同时能够缓解生者失去亲人的悲痛。即将面临死亡的老人的心情是难以捉摸的，有的不安，有的安详；生者面对临终者时情感也是因人而异的，有的害怕直接面对死亡，有的难以接受死亡事实。这种多元复杂的内心世界外化于仪式，诉诸一系列前后相续的礼仪来表达、宣泄、呈现。

通过访谈了解到，其实玻璃口新村华人在面对死亡还是会有恐惧等情绪，会选择回避。当亲人去世的那一刻起，在其情感上仍然是崩溃的。面对尸体，生者的内心是复杂的，可能会产生恐惧、无助或自责的心理反应，也可能导致茫然无措的混乱心理。因此，举办丧葬仪式时，大量人员来互相帮扶是有作用的，可以帮助生者不要陷入消极的苦痛中，一蹶不振。

整个仪式中道公带领因为亲人的逝世而悲伤难过的一众孝眷对往生者的献祭、参拜，在复杂连续的仪式当中向往生者表达哀思和祝福之意。孝眷认为往生者得到祝福和超度就会安下心来不再恐惧陌生未知的环境；同时繁复的仪式将孝眷的哀伤得以转移，避免过度悲伤而有害身体。整个仪式抚慰了亡灵去到陌生环境的不安，缓解了生者对死亡的恐惧以及对往生者的不舍之情。

死亡是人人都要经历的，生命对大家都是一视同仁的。但是，丧葬仪式并非人人相同。一场浩大的丧葬仪式也有着深意。总而言之，玻璃口新村的广西人喜欢大办丧事，但是同一村落的广西人也办理迥然的丧葬仪式。理由主要有三个方面的原因：经济条件和社会关系、社会地位。家庭经济水平更高，才更能够支付高额的丧葬费用；社会关系广，前来祭奠的人员众多，场面宏大；社会地位比较高所以前来吊丧和帮忙的人也很多，丧葬仪式实际上是一种群体行为，有着十分强大的社会整合功能，人们的关系借此拉近。

从华人踏足马来亚的土地到扎根于此，传统的丧葬习俗就是刻在骨子里的根，形式可以根据经济条件而不同，但是程序一丝都不会变，追根究底，还是其自我认同在起作用，是对传统的敬畏之心，是自我归属感的承载。

对于马来西亚这样一个多族群、文化多样性的国家来说，尤其国民在生产方式上大多数仍然主要处于前工业化或工业化初期的阶段，文化变迁则面临着更为复杂的处境。每个族群都拥有自己的文化，华人也一样，在华人内部还有方言群文化的差别。玻璃口新村的华人丧葬文化是其传统历史文化中一个重要的组成部分，华人丧葬的变迁其实是侧面了解其社会文化变迁的一个视角。丧葬文化其实折射出传统文化，主要是因为“以死为大”的丧葬文化浓缩了“广西人”的价值观、历史观、人生观。在这个庄严、隆重的仪式上，死者得到了安宁，家属得到了安慰，生者得到了感悟。对亲属的追思、对家族的感恩、对族群的认同，都在这一特定的场域里得到了集中表达，其实就是生存意义在地方性知识文化中得到了阐述和发扬。

不管是传统的丧葬仪式还是新式的丧葬仪式，其实都是各代马来西亚玻璃口新村华人在表达自我的认同，这种认同是多维度的，例如宗教信仰的认同、方言群的认同、华人的认同等。

第四章　玻璃口新村华人的宗教信仰

宗教是人类社会发展到一定历史阶段出现的一种文化现象。近代以来，华人因政治或经济及其他原因漂洋过海，移居到了东南亚各国。在异国他乡生存时，为寻得安慰时，依托故土的神灵拜祭以排解忧愁、寻找心理上的安慰便成为常态。但凡华人所到之处，无不建庙立寺，宗教信仰已经成为华人加强与祖籍国联系的寄托，也已成为华人更好地在异国安身立命的精神慰藉。

马来西亚社会由于民族多元，其宗教信仰呈现出多元的状态。玻璃口新村华人的宗教信仰也是如此。他们自 1948 年搬到玻璃口新村直至现在，村里出现了 1 个庙宇，多个个人祭坛，还有 1 个基督教堂，村民似乎信奉各种教派和神灵，从而构成了村落的家户信仰体系和公共信仰体系。村民的信仰十分有趣，既有华人传统的天公、土地神、观音、韦陀、太上老君、释迦牟尼、财神，也有对泰国四面佛、日本佛、仙四师爷、拿督公等神灵的信仰，充分体现了佛道体系下的多元信仰的特色。从信徒圈来看，玻璃口新村村民与周边市镇或其他村落的庙宇及其信仰圈紧密相连；从宗教仪式上看，每个庙宇都会定期举行相应的活动，这些宗教活动也成为玻璃口新村华人日常生活中不可忽略的一个重要组成部分，潜移默化地影响着他们的日常生活和行为。

第一节 家户信仰体系

家户信仰体系，主要指民间家庭或家族所信仰的神灵体系。具体来说，就是每家每户所各自信仰和祭祀的神灵，比如家神、祖公神，以及诸如天官、观音、关公和土地公等。

一 天官崇拜

在玻璃口新村，每一户村民家门外都会立有一尊红色的神龛，一眼望去，似乎是一幅亮丽的风景线。这个红色的神龛所供奉的神灵，叫“天官”，也叫作“天公”“天神”。

图4-1 玻璃口新村的天官神龛（郑一省摄）

村民们家门外供奉天公的神龛里都写着“天官赐福”的字样。道教奉天、地、水三神，亦叫三官，天官即其中之一。天官名为上元一品赐福天官，紫微大帝，隶属玉清境。天官由青黄白三气结成，总主诸天帝王。每逢正月十五日，即下人间，校定人之罪福，故称“天官赐福”。“天官赐福”，语出《梁元帝旨要》：“上元为天官司赐福之辰；中元为地官赦罪之辰；下元为解厄之辰。”后来道教又以上元天官正月十五日生，中元地官七月十五日生，下元水官十月十五日生，届期设斋诵经。明刻《三教搜神大全》卷一“三元大帝”载：“上元一品天官赐福紫微帝君，正月十五日诞辰。”民间则于春节（农历新年）开始，敬天官以盼福音。

图4－2　“天官赐福”神龛（袁贵香摄）

在玻璃口新村村民的心中，“天公”是最大的神。这种天公神龛就放在大门口的左边，侧着朝向家里，里面放着一尊写着“天官赐福”的神牌，然后是一个香炉和蜡烛台，三杯茶，一碟水果或者发糕。除了大门口的天公神龛外，也有一些村民在家中供奉天公，即在墙上贴这样的对联，上联“吉庆有余”，下联“天官赐福”或“受天百禄”。其周围再配上灵芝或杂宝，多用于祝贺生辰的画稿、礼品装饰等处。还有用于影壁上的方形装饰画一“福字灯”。一般内容为“天官赐福”，画面上除绘有天官和“天官赐福”字样外，再加四季花和祥云等张贴物。

二 祖先崇拜

对祖先的祭祀源于古人的灵魂不灭的观念和鬼魂崇拜。鬼魂观念是中国祖先崇拜的前提，祖先崇拜便是在这一基础上演变而来的。祖先崇拜是鬼魂崇拜中特别发达的一种，人对于子孙的关系都极密切，以死后其鬼魂还是像在冥冥中视察子孙的行为，加以保佑，予以惩罚。

玻璃口新村村民的祖先崇拜，主要表现为在家中设置祖先神龛，祭拜祖先。如到某个玻璃口新村的家中，一进门都会看见其大厅靠正面墙边有一排摆放神灵的神案，其中便摆放着祖先的神龛。

村民每日早晚都会给祖先上香，其他节日，以及婚丧礼仪及禁忌活动中，均包含对祖先的信仰和祈盼。正如中国农村地区称之为香火堂一样，这个摆放在正厅的祖先神龛，在玻璃口新村师公的宗教科仪书里是将这个祖先神龛称为“香火”的，“……斋家香火接引亡魂到坤府王宫第九殿……”① 可以说玻璃口新村华人村民的祖先神龛是由香火堂演变而来的。

早期是一张大红纸贴在厅堂正中间，上面写某氏历代祖先始太高曾祖显考妣一派宗亲之神位，两边写两联祝福子孙后代绵延不绝的对联，比如“祖德流芳千载远”“宗枝发远万年长”之类的。来到马来西亚之后忙于生计，孩子教育比较匮乏，所以慢慢不太会写香火堂上的字了，但是，在记忆中记得爷爷父亲在世前写在家中厅堂的大红纸，有的就变成了只在厅堂中间贴一张大红纸来代表祖先香火了。

马来西亚文冬神料行业的发展迅猛，所以变成了家家都供奉镶边的祖先牌位了，上面的内容还是与第一代相同，但是大红纸则变成了小神牌，一个大约是一米长、七十厘米宽，一个则是三十厘米长、二十厘米宽，二者体积大有不同。

---

① 根据 2016 年 7 月 29 在黄 GS 的汽车摩托车修理店对黄 GS 的访谈。

图4－3　祖先神龛（袁贵香摄）

玻璃口新村大部分村民供奉祖先神牌，并且还在神牌四周用红纸框出来了一个较大的方形，其实就是在回溯最初祖先神龛的样子。现在的祖先牌位一般是工厂批量生产的，村民只要去神料商店买回来就可以了。大多是红底金字金边框，上面的字略有不同，但是大同小异，都是传宗接代长长远远的意思。其中有些人已经不记得自己具体祖籍哪个村镇了，但是，他们依然会在家里为自己的祖先设位置来拜祭，他们认为，即使不知祖源何处，也要记得祖宗生恩。“有祖先才有我们，应该在家里放个祖先牌位才可以。”①

祖先神龛要放在家里门口正对位置，红纸框出比祖先牌位更大的方形，在红纸框的上面两个角贴上金花，两支金花的中间贴五张红纸或红包皮，前面放香炉烛台，“有的家庭每天早晚都会上香供奉，有的家庭是每个月的初一十五上香供奉，也有的家庭只是在大日子的时候才会上香供奉。我们家会在春节拜天神土地祖先，以前我的太太在世的时候每天早晚都要拜。现在她去世了家里就不是每天拜，我只是初一、十五、大日子烧烧香罢了”②。所谓的大日子，就是春节、春分、元宵节、清明节、端午节、七月十四中元节、八月十五、重阳节、冬至等中华传统节气。除了这些大日子，人生中的大日子也会祭拜祖先，比如结婚、生子、丧葬等。在大日子里，

① 根据2016年7月21日在隆盛香料店对谢YH的访谈。

② 根据2016年7月23日在民众图书馆对萧YM的访谈。

需要购买一些供品来供奉神灵和祖先，其中三杯茶五杯酒是一定会有的，还会有葱、蒜、生菜、水果、发糕、包子、粽子、鸡和肉等，有少量家庭还会供米饭，这些供品全部都有自己的特殊含义，“葱是叫祖先和神保佑一家老小聪明；蒜是会算”；生菜表示“生财”；水果多是苹果橘子，苹果平平安安，橘子大吉大利；发糕表示“发财”，包子粽子表示“买马票要包中或者是孩子考试考得好包中状元”①。

在祭拜时一般要按照顺序进行：先拜屋子外面的天神，再拜家里供奉的神比如关公、观音等，之后再拜家里供奉的土地神，最后才能够拜祖先。这说明在玻璃口新村“广西人”的传统信仰世界中神灵也存在着等级差异。

图4-4 大日子祭拜祖先（袁贵香摄）

① 根据2016年7月23日在民众图书馆对韩ZG的访谈。

1. 中元节中的祖先崇拜

鉴于笔者在调查过程中并未遇上清明扫墓以及重阳祭祖（春秋两祭），因此不再细述。下面主要论述玻璃口新村村民在农历七月十五（中元节）的相关表现，考察其传统节日中的祖先崇拜，主要可以分为家中祭祀，义山（坟冢）祭祀，庙堂祭祀。

中元节家祭以玻璃口新村蔡玉珍家拜祭情况为例，蔡玉珍家中供奉观音土地和祖先牌位，屋外供着天神。须得准备好祭品：有三茶五酒、生菜香葱芫须、生果，发糕，全鸡一只，猪肉或烧肉一条。祭品备好，拜祭就开始了。先给家中拜祭的神明祖先都点上三根中号线香，首先是拜祭屋外的天神，点上烛两支，随后向其许愿作揖（蔡玉珍许愿家中顺利，身体健康，买马票中大奖），然后停留一段时间，这段时间是留给天神享用祭品的，然后就焚烧纸钱以及纸质天神官衣，烧完就给天神添一次茶和酒，待纸钱纸衣焚尽，拜祭天神完毕。按照这个步骤依次拜祭天神→观音→土地→祖先。在拜祭祖先烧纸衣时，准备了六套（老祖男女各一套、嫩祖男女各一套，已故丈夫一套，已故小叔一套）。

从蔡玉珍于中元节在家中祭拜祖先使用的祭品和仪式程序可以看出，他们认为人死后便具有了某种超人的力量，能够在冥冥之中给世人降灾难或赐福于世人，因此对祖先的祭拜能够得到祖先的庇佑，保佑家人平安。三代以上甚至更为久远的先祖一般会在义山得到祭祀，有对姓氏总坟的祭祀，但更多的是由义山管理委员会请法师做道场（盂兰胜会）。毕竟中元节的出现就是祭祖礼俗受到了佛教影响。

2. 丧葬中的祖先崇拜

玻璃口新村村民对祖先的祭祀也存在于亲人死后举行的丧葬仪式。下面以笔者看到的丧葬仪式为例。死者陈 RS，男，51 岁去世，未婚，祖籍广西容县六王村。丧家请的是传统喃摩佬进行超度，整个仪式与笔者在广西容县杨梅镇见过的丧葬仪式程序几乎无差。比较有意思的是死者的棺材放在室外，因为当地人说在家里去世就放在家里，在家外面去世就放在外面，魂是跟着自己的身体的，如果放在家中，魂也会跟着进去，不愿意走；棺材上打着油纸伞，家内外的各个神位及祖先位都被用白纸盖上，镜子甚至连玻璃也要盖住，当地人说是避免有光照到亡者的魂，鬼魂会害怕，镜子映射灵魂，灵魂进到镜子里面就无法往生了。另外，在丧榜上写着“化亡者陈RS府君一位神魂享阳五十一岁；原命生于：丙午年润三月十九日吉时建生；“不幸终于：丙申年七月十二日亥时正寝（当地人说亡者性别男则书正寝，女则书内寝）；一查生人勿近9、21、33、45、57、69岁入殓封棺出殺避之（外人不忌）；一查回魂：七月廿一酉时东方归来，戌时西方归去；一查亡魂魂影八尺高，吊魂九日；一查亡魂六道由鬼道轮回托化往生；择取今月16号（星期二）上午十点正发引；火葬于劳勿荣华富贵山庄火葬场焚化”。出殡下葬后，由喃摩佬点主带领死者灵魂由墓地回到家中，与祖先神灵合炉，从而也变成家中的祖先神，与一众祖先一起受到后人供奉。

莫斯认为“人类的一切行为都受到某种或明或暗的、能够带来奖励或报酬的交换活动的支配。因此，人类的一切活动都可以归结为一种交换”，而人与祖先神之间的交流也可以说是一种双向的互惠关系，祭祀是人们对神灵的讨好与收买，神灵得到了人们的供奉，人们也在供奉与祭拜的过程中得到了自己的所需，祈福攘灾。村民认为祖先能够庇佑子孙后代，为他们消灾降福，但是如果子孙不供奉或冒犯祖先的神灵，他们也会反过来作祟祸害子孙，作为他们不孝顺祖先的惩罚。人们的信仰活动都离不开各自的利益需求，人们拥有某种信仰，是因为他们想通过这一信仰实现自己的所需，归根结底是为了自身的生存利益。人们对神灵的信仰是这样，对祖先的信仰更是如此。因此，人们对于祖先的信仰充斥在生活中，也正是由于人们与祖先的不断互动使得人们对祖先的历史记忆得到强化，整个族群形成了一种默契。

虽然玻璃口新村村民已经在马来西亚生活了多年，但血脉里倒是依然鲜红，不曾忘记根在何处。祭祀先人的方式有多种，但是血脉文化根源的本质没有改变，而是将传统中国的祖先崇拜在移民社会文化脉络下的进行调适，使之更加能够承担起整合家庭、家族乃至社会的时代新功能。

马来西亚文冬玻璃口新村的华人既保持华人性而又能动地适应国民规范，一方面保持自我民族文化，另一方面引进种种非华人文化价值，既不与对国家的效忠发生矛盾，也包含着传统的历史认同，而成为对抗同化压力最有力的立脚点；华人以民族语言和传统习俗维持传统文化的族群社会功能，扮演着国家社会发展的重要角色，在这一过程中，华人形成了本身的“华人文化圈”，并进一步孕育着华人文化的发展与创新。每一个民族或族群对“我们的文化”都有一个相对一致性的假定，以便区别于“他者的文化”。玻璃口新村村民的祖先崇拜与周边其他族群都不相同，因而也成为族群认同意识的一种体现，是维系该族群文化的重要纽带。

三　土地神

土地神观念的产生始于原始社会自然宗教时期万物有灵思想下人类对土地的普遍崇拜。我们在调查中观察到，玻璃口新村的华人村民家里一定都会供奉土地神，大约是因为从祖乡来到异地，需要土地神灵的保佑。陈 LM 家供奉的土地神：在房屋客厅正对门的墙上挨着地板上放置一个土地神的神龛，神龛背靠着内墙。神龛的底座由枣红色的木材制作而成，底座略显单调且陈旧，布满了厚厚的一层灰尘。底座上镶有一个如相框式样的金黄色框架，框架上点缀着金银珠宝。在框架内贴有一张外围白色、内部红色的纸张，纸张的上方写有“聚宝堂”，“聚宝堂”的正下方写有“五方五土龙神，前后地主财神”，两侧还有一副对联“土龙生白玉，地可出黄金”。纸张的外围是双龙戏珠的图案。在神龛的前方摆有一个褐色的香炉，香炉的外壁上有“四脚龙”的浅浮雕，栩栩如生。香炉内插满了残余的香根。香炉旁边叠有几个杯子，是平时祭拜土地神时装酒和茶使用。

玻璃口新村华人在家中设土地神位，神位有神牌，神牌是木质；或者是在屋外设土地祠。上面写着“五方五土龙神”“唐番地主财神”，两旁写着“土能生白玉、地能产黄金”或者是“中外贵人来扶持、财源广进万方来”的字样，总而言之是将其当成财神来拜。另外，在坟墓的后方也会设有一个后土位置，后土被人们认为能够保佑坟墓平安往生者安宁的土地神。

图4－5　土地神（袁贵香摄）

玻璃口新村华人父辈或祖辈在两广义山的坟地后都会设有“后土”。设“后土”的目的，顾名思义，是为了守护坟墓。通俗点说，就是专门守护坟墓的“土地”。在中国有这种说法，后土是善治水之神，有后土神守护，就可以得到免水侵坟墓之祸。当地华人在修筑好坟后，会在坟地后堆一个土墩，并在土墩前立有一块石碑。石碑的做工各有不同，有的单纯是用水泥做成，然后在上面刻有红色的文字“后土”，十分简单；也有的人用水泥做成后，在其边缘涂上红色的油漆，显得更美观；甚至有的人在石碑上方装饰有葫芦形的雕纹。事实上，在中国，这个后土的作用是防止别人侵葬。久而久之，在民间自然而然形成一条规矩：凡后土与坟墓之间的距离是不允许别人占葬的。

在玻璃口新村，每逢中国农历的清明节到来，当地华人步行、骑车或跋山涉水前往墓地，祭扫坟墓，通常全体家庭成员都会一同前往祭拜。在坟墓正面同方向左侧，有一块石碑，上面用汉字刻文“后土”，字体颜色为深红色，夺人眼球。家庭成员为先人摆上供品前，首先要祭拜“后土”，并在其前放上供品，供品有一头烧猪、菜肴、米饭、甜糯米团、粽子、茶水、啤酒、饮料等。拜祭时，每人手里都会拿数根香（具体多少都无规定，烧得越多表示越旺）俯身祭拜，还会用家乡话说些吉利话语。拜祭完后，家庭成员会给“后土”烧各种金银珠宝，如果烧后的灰烬漂浮到高空，则表示“后土”已领到他们的心意，待金银珠宝和黄纸钱都烧完后，家庭成员方可拿供品到先人坟前祭拜，在他们看来，这是对“后土”的敬意，也是希望他能够继续守护坟墓，给全家人带来好运气。

除了土地信仰外，玻璃口新村华人的家户信仰体系还有四面佛、日本佛、真佛宗和一贯道等，这些说明不同宗派的信仰人数增多。

“四面佛”在泰国被认为是法力无边，掌握人间荣华富贵之神，也被叫做“有求必应佛”。玻璃口新村华人一共有三户人家拜四面佛，门牌号为27号、142A、200号，其中27号和200号家庭是因为家里各有一位泰国媳妇，所以拜四面佛，142A家庭没有泰国成员但是因为本身对财富的追求而祭拜四面佛。四面佛神像供奉在高约2米、工艺精细的金色神龛内，正襟危坐，全身金碧辉煌，东南西北四面都是同样的面孔，八只手一手持令旗（代表万能法力）；一手持佛经（代表智慧）；一手持法螺（代表赐福）；一手持明轮（代表消灾、降魔、摧毁烦恼）；一手持权杖（代表至上成就）；一手持水壶（代表解渴、有求必应）；一手持念珠（代表轮回）；一手持接胸手印（代表庇佑）。正面求生意兴隆，左面求姻缘美满，右面求平安健康，后面求招财进宝。① 求神的信徒一般准备12炷香，1支蜡烛和4串花环来祭拜。首先点上蜡烛，然后从正面开始接顺时针转一圈的顺序祭拜，每面献一串花，上3炷香。

① 根据2016年7月23日在球场茶餐室对罗SR的访谈。

图4-6 四面佛（袁贵香摄）

在玻璃口新村，我们还发现有几户村民信仰“日本佛”，他们是创价学会的成员。对其中一户进行深入交谈，发现她的家里房间不多，比较拥挤，所以就用将佛像供在柜子里面，每天早晚课、拜佛的时候把门打开来拜，拜完就把柜子关上。笔者在门口路过时发现该名村民正在拜佛，正想走进去一看，村民连忙把柜子门关上了，笔者提出想要拍摄却被教徒阻止，一方面是觉得拍佛像不好一方面是觉得隐私被打扰，所以在笔者的再三恳求下只得以拍到柜子、祭品以及教徒手上的念珠串和唱文。据悉，这是有人来村子里传教引导她进教的，并告诉她这是日本的佛教，花费150马币向传教者购买佛像画、念珠串，每天早晚都要唱文。

在玻璃口新村华人当中，信仰真佛宗的人不少，这些人一起将玻璃口新村476号买下来作为会所注册了社团，建立的真佛宗分道场，道场里面供奉的神五花八门，几乎包括各类宗教神。

马来西亚玻璃口新村还有一贯道信徒，他们提倡素食，可以不必完全遵守一贯道对素食的要求，但是也有一些成为终身的素食者。一贯道设有家庭佛堂与公共佛堂。个人家庭中设有规模较小的家庭佛堂，而公用道场中则设有公共佛堂。部分较大的道场，另设有讲堂，专供讲道用。佛堂所摆设的主要是三盏佛灯（油灯），左右两盏代表日月，中间（或上桌）一定会有一盏佛灯（母灯），代表的是无生老母（或称 明明上帝、无极老母），左右（下桌）则有两盏油灯（他们称之为两仪灯），代表的是日月①。

玻璃口新村还有一间漆成白色的房子，是基督教徒做礼拜的地方，大家把它叫做“White House”。这表明在玻璃口新村也有一些信仰基督教的村民。与基督教接触是20世纪50年代，当时玻璃口新村村民很多都是在文冬公教中学上学，公教中学是一所教会学校，校长是修士。而在21世纪玻璃口新村华人新生代与基督教接触加深，主要表现在文冬基督教堂教会对华人学生的吸纳。“她（大女儿）是信基督教的，她老师带她去的，周五周六下午有车来接傍晚又送回来。”② 玻璃口新村华人信仰基督教并非完全真正意义上的信

图4－7　玻璃口新村基督教“白房子”（袁贵香摄）

---

① 根据2016年7月25日在邓JH家对邓家JH的访谈。

② 根据2016年8月13日在周AL家对周AL的访谈。

奉西方的基督教，在大部分人眼里，他们觉得“基督教也是信神，华人也是信神，信基督和信菩萨信鬼没什么大的区别”①；另外也有一些人主要是享受传教的舒适环境“我们去跟着导师念一念就可以了，又有空调又有东西得吃，几舒服啊”②，回到家后仍旧烧香烧纸拜神；当然还有一部分主要以学生为主，学生跟着导师祷告就像在上课一样十分认真，所以潜意识里还是受到基督教的影响“我已经会背那些祷告了，去都是听这些东西”③。

第二节 公共信仰体系

所谓公共信仰体系就是指庙宇体系下的信仰，信徒们根据自己的信仰到相应的庙宇举行相应的仪式，进行各种宗教活动。换而言之，即宗教活动是在固定的场所，按照某一约定俗成的程序要求和一系列的规约，在相关的神职人员指导下所进行的。玻璃口新村村内公共信仰体系下的庙宇主要是福安殿，财神庙、广福庙、拿督公庙等。

一 福安殿及其神灵

玻璃口新村村落范围内有一座神庙——福安殿，村里人都知道此殿的存在，也时常有人拜祭，也有许多外地来的信徒。福安殿主要的宗教活动是观音诞、唐天府神诞和中元节施幽。

福安殿是玻璃口华人的公共宗教信仰场所。福安殿位于新村西部，里面供奉着唐天府、释迦牟尼、观音三位主神。唐天府最开始是私人神坛供奉的神，就在玻璃口新村村民黄秀华的家里，直到 1980 年才在现址修建福安殿供奉唐天府。寺庙里供奉的唐天府

---

① 根据 2016 年 8 月 14 日在进发茶餐室对梁 XB 的访谈。

② 根据 2016 年 8 月 13 日在巴刹面档对李 GP 的访谈。

③ 根据 2016 年 8 月 9 日在乐园茶餐厅对韩 MY 的访谈。

是中国本土神灵，据传他是使人免除瘟疫的神，未成神之前是中国高州府信宜县的人，他降生的时候异于常人卓尔不凡，因为瘟疫而死所以痛恨瘟疫，死后埋葬在一个风水宝地，玉帝见他非常适合做神仙就将他封为天府，“天启二年得道，位列仙班”。后来广西北流遭受瘟疫灾祸就将唐天府的神驾请到当地去除瘟，祈求庇佑。

图 4－8　玻璃口新村福安殿殿门（郑一省摄）

福安殿供奉的主神是唐天府，还有佛教和道教体系的其他神灵，如释迦牟尼、观音菩萨、哪吒、济公等。根据庙祝陈 PL 所说，七十多年以前唐天府降神到她的母亲黄秀兰身上，说自己是唐天府，天启二年得道，一共有三兄弟，他最大，老二唐二总兵，老三唐三太子。他是对付瘟疫的神灵，得道前是高州信宜人。庙祝陈 PL 的母亲祖籍广西北流，二十一岁来到南洋。这间庙 1953 年一开始是在家里私人供奉，1968 年众信众一起捐钱会议在村子里建立了现在的庙宇，1971 年获批建庙，1980 年建成。主要就是供人拜祭和跳童替人问事。

福安殿内的这块旧年的木牌写着福安殿建立始末，其记述道：

图4－9 玻璃口新村福安殿建立始末木牌（袁贵香摄）

天运宏开，地灵人杰，万业兴隆，靠凭神力扶持，万物茂生，则望风调雨顺。王封雷门天府唐一阁老，唐二总兵、唐三太子，三位圣，乃系同胞兄弟，原籍中国广东省高州府信宜县林中村□生人降生时。仙凡道骨不凡。横祸从瘟疫为天于明朝，天启二年得道伍列仙班威灵显圣于高州。后广西北流县不幸灾瘟四起，禾稻失□，旦夕寝食不安，幸闻天府威名，神通广大，除煞降魔，救民救物，均效众民等，讨商议□，请道师，代为作福许愿，求神庇佑。幸蒙圣力扶持，则民康物阜。天府庙宇仙宫，迎请圣驾登座开光恭奉万民永乐，百物沾恩，至民国卅年后，天府威灵显圣，扶降新童，日夜缠绵倾倒，寝食不安，直到公元1952年，始开金口说□要黄秀□开□立圣，侍奉千秋，普救万物生灵。至次年，1953年择吉二月初二，优请道师。未家开□，家家得福，户户安宁，沾恩如海，无处可报。至1959年6月6日，乃天府圣□请道师开□，建醮报答神恩并设业山赈济孤魂，施衣施食。1968年秋，众信等提倡建议申请建庙基址，三年后始获政府允许批准基地。众等同高，合力筹备建筑基金，历经数年始告落成完竣，而卜吉择取。1980 年，□次庚申农历八月廿六日丑时进神开光点相，设□建两宵……①

福安殿内一共供奉三大主神：唐天府、释迦牟尼、观音，这三位神灵都是黄秀兰在家里建坛时所供奉，建成福安殿后依旧供奉。福安殿将三位大神放在一排，同时以不同的神龛将其分辨。

图 4－10　玻璃口新村福安殿内景（袁贵香摄）

唐天府居殿内右侧，神龛上书“天府宫”；中间为释迦牟尼，上书“三宝殿”；左侧为观音菩萨，神龛上书“慈航院”。这样的命名使得三位神灵竟似真的坐在各自的公府之中。唐天府的神龛内挂有一把铜钱剑并红底黑字一幅，字书“茅山李老君；邓一太师；北帝爷；唐三太子；太白星君；唐天府；韩山爷；姜太公；唐二总兵”，且在唐天府像旁有规格较小的神像，如关公、太上老君。中间“三宝殿”神龛，供奉释迦牟尼，旁边也放着四大金刚、弥勒佛等神像。观音的慈航院内同时供着千手观音等其他小神像。三大主神前都放有三杯茶和一盏香油灯，三大神龛前都摆着供桌（2 米长，1.3 米宽），上面摆着一个香炉和供奉生果。在唐天府神龛的下方有一个白虎神龛，里面置一黑纹黄虎，身后有文写“刚 常”“敕令白虎星

① 资料来自玻璃口新村福安殿内的牌匾，后经笔者整理后所得。

君”，两旁书“青蚨遍地盈门发”“白玉盈门在户来”。慈航院观音神龛下方有一个土地神龛，里面供奉土地，与家中供奉的土地神龛摆设无差。白虎和土地都供一杯茶和一炷香。

再往外是有一张大长桌（3 米长，1.3 米宽），有佛光普照的字样，桌面中间放一个大型香炉，两侧为一个红色方形盒子。香炉是方便信众将进奉三大主神的香插在里面，盒子则是进奉三大主神的香烛。最外面是一张长桌（2.2 米长，1.3 米宽）分别供奉武财神关云长（右）、当年太岁（中）、文财神。

殿外有天神、门官、拿督公，拿督公是马来西亚当地的土地神，玻璃口新村的华人认为来到马来西亚的土地上生存就必须祭拜当地的土地神以求得庇佑。除了庙宇里面设置拿督公神龛外，在山林、街道也有拿督公神龛祭祀，但是很少有人在家中祭拜拿督公。

从福安殿的摆设和神像来看，福安殿是佛教道教混杂的多元神庙。“天府公”中的茅山李太君、太上老君、关公等都是道教神，却与唐天府放在同一神龛，加之唐天府神诞不吃斋吃荤，两处相加说明唐天府也是道教神；而“三宝殿”中的释迦牟尼则是佛教神；“慈航院”中的观音是莲花座上打坐观音，是佛教的观世音菩萨，而“慈航”二字则是道教对观音的称呼，但是福安殿在做观音诞时以全素斋菜供奉布施。由此福安殿的神灵有道教神也有佛教神，神灵佛道掺杂。而作为福安殿的主持人和乩童的黄秀兰在于 1959 年（戊戌年）十二月皈依佛教并在马来西亚槟城佛学院获得了皈依证明。道教乩童与佛教皈依同时存在于她的身上，不得不说也是玻璃口新村华人佛道掺杂的信仰表现。

目前福安庙是 CZF 奶奶在看庙，当我们问到福安庙的来历时，她这样说道：

老的都走了，我在这边看庙，然后我们有注册的，现在我们自己打理。福安殿主神是唐天虎，在中国很兴旺的，现在没有人认识了。他有三兄弟。在中国北流那边，广西发瘟疫，就

图4－11　玻璃口新村福安殿为马来西亚道教总会会员及黄秀兰皈依证明（袁贵香摄）

请他这个神，神咒是这样写的：广东信宜地，出生地在林桐。天启二年得道上天，弟兄三人，唐二总兵，唐三太子，属于道教。因为很灵显，所以广西发瘟疫就请他过来。他最最拿手的就是瘟疫方面，（主神）跟我的父母来到这边，所以他上了我母亲的童身。先到沙巴，然后来到这边。主神上身到香港，没有显灵，到了沙巴就很厉害了，我听他们讲的，她走进大海里面，然后不懂在哪里又走上来，所以说以前通信没有这么发达，只是口传而已。

以前有戒严，不可以出去的哦，以前是没有医生看的，之后说弄间庙给神住，看中这边就在这边建。1980年建的，后来我负责打理而已。没有上我的身，上了我弟弟的身，反应很多的，要一步一步的，不是随便，好像人家现在那个乩童，一个师傅叫整10个出来的，整十个里面又叫，他不是我们这样能叫的，是神。童子要在这边打坐，一个神上了他的身，然后很久才开口，叫作什么什么，然后做法事，上过刀山走过火链，才可以正式成为这个童子，我们叫童身，不能叫乩童，是有分的。

童身和乩童是不一样的，童身是神自己上身，乩童是做师傅叫10个徒弟来，10个里面又叫10个。不讲人家，我们自己做自己的。

有人来问神，我弟弟他就来，平时他去做工的。他在街上开按摩店的，有人来问就做，不分时间的。我母亲也是这样，以前医药没有这么发达，半夜人家生病了，半夜都来，还下着毛毛雨，回去自己发大伤风。所以不分时间的，乩童是有分时间的，上午就问，下午不问，大伯爷二伯爷，那个阴神是晚上的，白天不做的。我们的神是阳神，什么时间来都可以，乩童是叫出来的。六月初六是神诞，现在放兵的时间就不同样，游神又要人力和财力，人家游我们不游。财神庙年年都有游神，平时不是一直摆在这里，我们说开始存兵，收信众的香烟啊，这一个日子什么时候放兵，像海陆空一样有放假，跟阳间是一样的。五色豆是兵粮。靠这个五路神兵维持，多多流行病那就最糟糕了。

自己做的东西，“自鬼唔可以自喃”，自己做的法事，自己家里死人，自己的不能唱。传教的时候，上童的时候，他有问你的，医人还是医己，当然是医人啊。春节期间要放兵，正月十六，放了兵，就煮一下菜，假如你来就上桌吃就是了。喜欢添香油就添，又没有限制你，12：00开始吃。每个神庙都要有组织，主席呀财政这些。每年只有两次这样的活动，六月初六神诞，放兵。升天诞八月二十六，太多诞期很辛苦。福安殿这个名字是神起的，在我母亲那时候已经定下这个名称了。每年做年报，每个月都要开会，我们就比较随便。检查这个是政府的准字，一段时间又要更新，十几个人，经费就是诞期信众过来添点香油钱。①

① 根据2019年1月25日对玻璃口新村CZF女士采访录音整理所得。

乩童现象作为玻璃口新村神秘的民俗活动，与广大百姓的生活息息相关。生活在这里的人，生命过程中的许多重要的事情，都会寻找当地“灵验”的乩童指点迷津。有的乩童也会在文冬重要“年节”时，表演不可思议的绝技，让百姓叹为观止。乩童进入精神恍惚状态被文冬华人称为“出乩”或“起乩”。出乩活动是文冬乩童最主要的活动，其活动可以分为私事类的活动和公事类的活动。私事类的活动是以个人或家庭为中心的出乩活动，与百姓生活尤为密切。人们一般都会选择比较“灵验”的乩童问卜求神，特别是在年前时，很多家庭都会找乩童“问家门”，以求心理上的慰藉；遇到不明疾病或是困难时候也会寻找乩童指点迷津。而公事类的活动主要是以村社集体为中心的出乩活动，一般是指武乩童出乩现象，其出乩仪式是一场人神共乐的活动。他们参与当地的绕境巡游活动，睡在钉床上或坐在钉轿上，被抬着当活生生的神灵供奉，并在游神结束后参加走火路、舞钉球、爬刀梯等绝技表演，以此驱邪除晦、祈求合境平安。公事类的乩童起乩活动是文冬传统文化的大杂烩，囊括了文冬的很多民俗文化，包括戏剧、音乐、杂艺、服饰等。其实乩童的特殊“神力”一般是经过特殊训练或是乩童个人天生就有一种灵活的反应能力，能够有超一般人的记忆力。而乩童的绝技表演也不是什么神秘的现象，是乩童处于一种无意识状态下的表演，在这一状态下，乩童的痛觉相对迟钝，另外乩童也在有意和无意中利用了一些科学原理。文冬乩童习俗与文冬社会密切相关，扮演着重要的社会作用。既有对文冬社会积极的影响，也有消极的影响。随着现代化的步伐加快，乩童习俗中的某些元素也在发生着变化，但是作为一种植根于人们思想观念的民间信仰，它在今天仍然扮演着重要的角色。

二　紫竹林观音堂

“大慈大悲、救苦救难、广大灵感”，“千处祈求千处应、苦海常作渡人舟”，这是玻璃口新村的华人们对观世音菩萨的形容。笔者在田野调查的过程中也发现了许多华人在家中供奉观音，也构成了家户信仰体系的一部分，而更重要的是在村内还有三处公共庙宇供奉观音。

在玻璃口新村与就旧玻璃口新村交界处有一座供奉观音的庙宇，它的名字是紫竹林观音堂。观音在当地民众心中的功能是保佑平安，“祈求观音保平安”是当地民间最普遍的事，许多父母常把出生婴儿带入观音庙上契给观音，祈求孩子健康长大。据说紫竹林观音堂是村民们最常去的地方，因为这个庙宇是旧玻璃口新村历史最悠久的（约60年），相传是由刘大姑创办，每年至观音诞，前来膜拜的人络绎不绝，信徒们享用素斋饭，并祈求观音保佑。紫竹林观音堂门口对联写着“座上莲台频结子，瓶中杨柳自生枝”，也暗示它能保佑供奉者后代子孙的繁盛。

图4－12　玻璃口新村与旧玻璃口村交界的紫竹林观音堂（郑一省摄）

其实玻璃口新村村民们对于观音没有统一称呼，民众称之佛祖、娘娘、妈、嬷，而佛教徒则称之为观音、观世音、菩萨、大士、观自在。玻璃口新村村民当中信仰观音的信众，一般以妇女为主。走进紫竹林观音堂，你会看到满天神佛，逢初一、十五，妇女们都会为自己、为家人祈求膜拜保平安。善男信女都会到紫竹林观音堂拜一拜、放生小鸟等。当地人认为，观音堂是一个提供公平的平台，做“和事老”，因此其在玻璃口新村和旧玻璃口村扮演着重要的角色，并形成一个祭祀圈，也就是两村村民祭拜的场所。紫竹林观音堂，每年在中元节都要举行一种施幽祭拜仪式（见下图）。

图4-13 2016年9月玻璃口新村紫竹林观音堂举行施幽祭拜仪式（郑一省摄）

施幽是人们为了祭拜无主孤魂所进行的布施和超度，希望无主孤魂安安分分不要扰乱村民的生活。这一场拜祭中所有的用品用料皆是信众捐赠。其中拜祭的主要祭品有生果、斋菜和白米饭，除此之外，还有三茶五酒。素鱿鱼、素叉烧、素猪肠仔、素鱼饼这些都是庙里自己用面粉面筋做的，外形和味道与真的相差无几。祭品备好，施幽就开始了。由主动来帮忙的信众将食物分发下去，整整齐齐的列在道路两旁的油纸上，每个位置都点上香和烛，放上纸钱和纸衣（所以施幽也叫“拜路边”）。准备好这些，堂里的斋姑就开始念经超度亡魂，念罢就开始焚烧纸钱纸衣，斋姑继续唱念参与布施幽灵的人员名单，念罢则施幽结束，供果由众人分而食之。

施幽是向那些没有后代拜祭的无主亡魂进行布施和超度。也就是说，玻璃口新村村民的祖先崇拜除了人们对鬼魂的信仰外，血缘观念也在其中体现。施幽仪式是玻璃口新村村民祭祀亡灵，同时酬神驱邪、祈求平安所进行的一种祭祀活动。应该说，施幽仪式是族群社区认同的方式，也是村民维系族群情感的重要纽带。

三 广福庙

广福庙，也称“仙四师爷庙”，在文冬华人大会堂1914年成立之初就由其所管辖。广福庙造型古朴、历史悠久，距今也有一百多年了，百年来香火不断，可以称得上是文冬华人信仰、团结与人文的象征。由于玻璃口新村紧挨着广福庙，而且还有“广福庙”乃两广和福建人的庙宇传说，更使这个以广西籍华人占多数的玻璃口新村融入文冬华人的祭祀圈之中。

图4－14 文冬街上的“广福庙”（郑雨来摄）

广福庙一开始只是一间十分简陋的亚答屋，至今已经先后经过三次重建。第一次修建是在1891—1898年之间（即是在光绪十七年至光绪二十四年）。根据历史记载，广福庙最先创建于1880年左右，但是获得“广福庙”这一名称则是在1902年。

广福庙的主神是马来西亚华人社会著名的民间信仰——仙四师爷，与吉隆坡仙四师爷庙同源。吉隆坡仙四师爷庙是叶亚来于1864年（清同治三年农历九月二十六日）创建的，奉祀仙师爷和四师爷。

仙四师爷的来历有一段神奇的历史，相传正是仙四师爷显灵才使叶亚来平定内战，光复吉隆坡。“仙四师爷”是“仙师爷”与“四师爷”的合称。“仙师爷”指甲必丹盛明利。盛明利，祖籍中国广东省惠人，诞生于清道光三年，公元 1822 年。据传说盛明利小时候非常聪明机敏，道光九年（1829），他刚满七岁时，就进入私塾接受教育，18 岁时，经史子集，无不精通。同时他还拜师习武。当时，惠州境内的罗浮山上盗贼猖獗。盛明利的家人为躲避盗匪迁移至新安县葵涌墟居住，盛明利也只好辍学，开始经商。道光二十八年（1850），他 28 岁时登上大船南渡，来到马六甲，不久就得到鸿发号老板陈玉发的录取，成为正式员工，后聘请他为鸿发号经理。头脑灵活，行为果断的他很快积攒了大量财富。咸丰九年（1858）37 岁时，他奉老板命令，前往芙蓉亚沙创办明发锡矿公司，锡矿公司在盛明利的经营下取得巨大成功，他也因此更得老板器重。他也成为叶亚来在双溪乌绒（芙蓉的旧称）的上司。不久之后，芙蓉发生了亚沙土人和加榄母土人械斗的事件，盛明利见义勇为，成功为双方调解，并重新划定势力范围，出钱开辟水道，双方遂相安无事。当时人们知道此事后，把盛明利尊为领袖，盛明利由此广结人缘，成为双溪乌绒的华人甲必丹。1860 年，芙蓉地方的两名土酋因为争夺华人采锡的保护费和抽税权而爆发战争，华人被迫卷入战争，盛明利不幸战败，传说盛明利遇害时，颈部出白血，死后曾显灵两次，其旧部在芙蓉亚沙建立庙宇以纪念他。1862 年，叶亚来声称得到盛明利托梦，来到吉隆坡发展，为了酬谢盛明利的恩惠，1864 年 9 月 26 日，叶亚来亲往芙蓉恭迎盛明利的神位，回吉隆坡供养，并安置在一座庙内，即最早的师爷庙。

“四师爷”指锺来，祖籍中国广东省嘉应大立堡乡，在家中排行第四。锺来自幼聪明过人，熟读经史，年纪稍大时，转而学习医术，专为街坊乡民看病，稍有空的时候他还跟随兄长学习武艺，并在苦练下，武功已达到炉火纯青的境界。锺来到南洋发展，最初抵达的地方是霹雳州的打扪。他一路为人看病，同时帮助同在此地的华人。

当时正值霹雳州锡矿业发展的巅峰。各方为了锡矿利益而产生冲突。叶亚来当时正好应刘壬光甲必丹的要求，放弃双溪乌绒的甲必丹一职，来到吉隆坡寻求发展。锺来一向钦佩叶亚来的为人，所以就南来投靠叶亚来，两人惺惺相惜，他于是成为叶亚来的生死之交。两人招募人才，在短时间内集聚了力量。锺来有常胜将军的称号，他统帅三军，在城市和郊野之间作战。在吉隆坡的内战中，他也是叶亚来全部战役的主将。在不到一年的时间里，他发动反攻，收复失地，奠定了吉隆坡的基础。叶亚来为纪念盛明利和锺来的恩与义，遂在庙内同时供奉两人的神位。

马来西亚目前共有16座供奉仙四师爷的庙宇，彭亨州的广福庙为其中之一。广福庙隶属于文冬华人大会堂，是华人大会堂的资产，庙宇主理人由华堂委派。华人大会堂承担着保护和维修的使命。广福庙在建立之前只是一个华人膜拜的小神龛。1891—1901年，文冬暴发了一场瘟疫，死了许多华人矿工。当时负责文冬开发的陆佑想到叶亚来曾在雪兰莪战争中靠仙四师爷显灵而反败为胜，所以决定把吉隆坡的仙四师爷请到文冬供奉，以安抚民心。据说，陆佑当年从吉隆坡仙四师爷庙中，请了众神出发，前面是大仪仗队，后面是虔诚大众，一行好几百人，陆佑本人却骑一头驴子，背着仙四师爷神主灵牌，跋山涉水，花费了两天一夜才抵达文冬。陆佑将神明请了上座，再度焚香膜拜，演戏酬神，果然仙四师爷大显威灵，文冬瘟疫遂告平息。广福庙也在1902年被正式命名，在广福庙的名称中，“广”涵盖广东、广西、当时属广东省管辖的海南也在两广之内，“福”就是指福建，加上文冬客家人主要来自于广东与福建，“广福”就完整涵盖了文冬五大乡团的华人。元老张炳财追忆马来西亚独立前后时期的广福庙时表示，当年庙宇有人在文冬区内逐户上门拿香油，在二战光复和平后还有做大醮，很多精彩节目可以看，包括上刀山等。“以前的居民无论有任何事情都会来庙里问乩，大概在50多年前，我记得有一段时间，这里经常发生车祸，巴士与巴士不时相撞。后来玻璃口村民问乩时，说是由于仙四师爷神像被蒙着双眼，看不到哪能不车祸？原来那时庙祝们怕神沾染到灰尘，都把神像封起来，后来解封了，就没有那么多车祸意外了。”1957年9月20日的旧报章，也曾有这样一篇报道：广福庙在重修的过程中，因故触怒了供奉的仙四师爷，地方领袖召开紧急会议后，召集千名村民聚集庙前，祈求神明的宽恕，神明在民众求恕后息怒，并通过乩童降坛指示。[①] 从当年类似的报道，都可以看出文冬人对广福庙以及仙四师爷的崇敬。

广福庙大门两边竖匾各书：仙灵临福地，四德保文冬，小文写着：光绪岁在上章困敦桂月吉旦立，还有“泽及群生”的牌匾，写有“光绪廿七年季冬吉旦”，还有刻着“光绪岁在玄摄提格桐月吉旦立”的“福锡民生”牌匾，意即文冬盛产锡矿会为乡民带来福运。

图4－15　广福庙仙四师爷神像（郑雨来摄）

广福庙作为文冬华人的信仰中心，供奉了众多华人的神明。寺

① 资料来源：《吉隆坡仙四师爷庙150周年纪念特刊》。

庙供奉的两位主神是仙师爷和四师爷。两位大神的前身分别是盛明利（仙四爷）和锺来（四师爷），一般上，仙四师爷庙只有两尊主神，但广福庙有4尊（两大两小）。如今供奉在广福庙的大神像，是当初原有的神像，据说这两尊神像制作巧夺天工，木雕的神像里头有五脏器官，就和人体一样。其余的还有福德正神、文武财神、关圣帝君、玄天上帝、黑白无常等神像。广福庙每逢初一、十五及神诞庆典，善男信女纷至沓来，寺庙的香火异常旺盛。

图4－16　广福庙仙四师爷宝诞游神仪式（郑雨来摄）

每年农历七月初七是仙四师爷千秋宝诞，文冬华人举办大型的游神仪式，由于每年庆祝仙四师爷宝诞耗费巨大，动辄数万元，而且还需要庞大的人力筹备，后来华堂在1997年决定，将一年一度的众神出游改为三年一次，其他小规模的庆典仍每年举行。文冬华人各个阶层在这个时候都会在这几天聘请外州的粤剧表演团和乩童，还会举办盛大的众神出游活动，游行队伍巡遍整个文冬市区，为保佑国泰民安、风调雨顺，队伍每到一处沿旁商户居民纷纷上香膜拜，锣鼓喧天，人山人海。这一天也同样是文冬华人社会领袖聚会的时刻。笔者有幸在2019年8月7日参观了游神仪式，游神仪式盛大壮观，是全体文冬华人共同参与的盛会。广福庙的游神仪式中庙内供奉的大小神明36位都要被“请”出来参加游行，除了主神仙四师爷打头阵，观音娘娘、天后娘娘、龙母娘娘、如来佛、李广将军、土地公、财神爷、华光大帝、关圣帝君、齐天大圣等神明均要按顺序加入队列，有些则通过乩童做法，请神上身的方式来参与游行。整个游行规定需绕文冬市一周。游行前一天，乩童要占卜凶吉。游行当天，游行队伍的顺序依次为：舞龙、舞狮、提灯队伍、铜锣队、回避和肃静牌子、开路先锋、马来西亚国旗和彭亨州州旗、嘉宾团（包括顾问、各社团领袖、华堂理事等）、众神的神像和乩童、神轿、七仙女以及古装人物、华堂花车、高脚七（西游记）。游行从下午5点半集合陆续开始，结束后已是深夜，之后华堂理事们还要举办恩典仪式，祈求四季平安、诸事如意。

三　拿督公

在玻璃口新村，拿督公崇拜无处不在。特别是在公共信仰体系的空间，即在本村的庙宇如福安殿、紫竹林观音堂就有“拿督神龛”或“拿督庙”存在，而且在玻璃口新村隔壁的金马苏村，还有一个拿督公神庙和一个称之为“拿督公公祠委员会”，它们都构成了玻璃口新村的公共信仰体系的内容。

玻璃口新村的华人非常敬畏“拿督公”，认为拿督公是马来西亚本土掌管土地的神灵，与祖辈从中国带来的土地神信仰有些类似。

拿督，是马来文 datuk 的音译，它是一种马来人的原始宗教信仰。这种神灵分布在自然界或人世间，其有几种类型：一是普通庶物成精，如古剑、枪、古炮、戒指；二是自然界之灵，如山岭、石头、河；三是动物成精，如老虎、鳄鱼、蟒蛇；四是巫师或巫师死后显灵；五是圣人死后显灵，如祭师、经学者、长老；六是圣人显灵，一些言行特异或有特别神异的传说者，在现代马来西亚，“拿督”是荣誉制度下的一种称号，不具有世袭和封邑的权力，只是一

图 4－17　玻璃口新村福安殿外的“拿督公庙”（郑一省摄）

种象征式的终身荣誉身份。

图 4－18　玻璃口新村隔壁的金马苏村“唐番拿督祠”神庙（郑一省摄）

拿督公神龛普遍见于马来西亚各角落，可以说只要有华人聚集的地方，就会看到拿督公神龛。在一般的认知中，拿督公是属于番神，尤指马来神明，泛称番拿督。拿督公是马来特色的神明，至于是何种神明，学者之间有不同的见解。人类学家往往站在融合（syncretic）的视角去探讨华人民间信仰的转变。学界最为普遍的是将其归为土地神，或马来民族“科拉迈”的崇拜。在玻璃口新村，当地华人将“拿督公”称之为当地的土地公，并建议祭祀。在当地华人的庙宇旁都设有祭祀“拿督公”的地方，不过，一般都在华人的庙宇旁，其神庙或神龛都显得较小并赋予华人的元素。例如，“拿督公”的神庙或神龛都为红色，神龛都有对联，其上联为“拿圣威灵保民众”，下联为“督公显赫护村坊”。

“拿督公”崇拜是东南亚华人一种独特的信仰。华人对拿督公的信仰，一方面是种族交流的结果，另一方面，也可以说是华人先辈把自己和拿督（酋长们）的关系投射成人神关系而形成的信仰。关于华人的“拿督公”信仰的形成也有不同见解，主要有两种：一种认为华人的拿督公信仰是源自马来人非伊斯兰教传统的地方保护神“科拉迈”（Keramat），是持有本土认同尤其是马来认同的保护神；另一种认为“拿督公”是华人自创的崇拜神明，是将马来语的“拿督”与华语的“公”这两种称呼祖先或前人的尊称结合起来，用来泛指人鬼和地祇类的神明。不同的是，大伯公是纯粹来自“唐”地的土地神，拿督公则是“番”地的土地神，在很多拿督公神坛上一般都有一个写着“唐番拿督”或“唐番拿督神位”的牌。可以说，“唐番拿督是华人在马来半岛对土地神再概念化的产物”，也是华人在异民族文化下延伸出的新崇拜。东南亚华人的拿督公崇拜加强并影响了华人固有的土地神或地域神信仰，是华人传统宗教信仰在地化的重要表现。

第五章　玻璃口新村华人的饮食习俗

饮食是人类赖以生存和发展的第一要素，从人类产生的那天起，饮食就是维持人类生存发展的最基本的物质基础。饮食作为一种文化，在今天已是无可争辩的事实，其指食物原料开发利用、食品制作和饮食消费过程中的技术、科学、艺术，以及以饮食为基础的习俗、传统、思想和哲学，即由人们食生产和食生活的方式、过程、功能等结构组合而成的全部食事的总和。饮食早已超越了单纯生物学意义上的目的，而是体现人们热爱生活、彰显自我、追求高雅、注重体验、丰富情趣的文化载体和符号，是一项包含着社会意义的重要文化活动。

饮食习俗因区域的不同而不同，这是自然环境和社会环境共同作用的结果。饮食习俗是文化最直观、最外在的表现形式。从中国到达马来西亚文冬的华人，他们的饮食文化经历了一个漫长的演变过程。但是，无论是怎样的变化，到达文冬的华人首先都要为了生存，而在饮食方面则作出一定的调适。

第一节　华人的饮食类型

陈志明注意到："食品加工及其特定文化的食物风味取决于历史

传统和地方性经验，同样也取决于自身的本土化和全球化进程。”① 玻璃口新村华人村民食用的众多食物中，大致可以分为两类，一是带有浓厚祖籍地特色的原乡饮食，二是受到其他族群影响的在地化饮食。

（一）原乡饮食

原乡饮食即从祖籍地沿袭或带来的饮食，由于玻璃口新村的华人大多来自广西，在这里所指的就是其从祖籍广西沿袭或带来的饮食文化。

1. “广西三宝”

在玻璃口新村，乃至整个文冬市的华人家庭、餐馆都流行着一个传统的菜肴，这就是“广西三宝”。所谓“广西三宝”，即由味念鸡、酿豆腐和扣肉构成的广西风味的菜肴。事实上，和广西籍华人一起来到马来西亚的其他华人族群，如广东人、客家人都有食用扣肉、味念鸡、酿豆腐的习惯，但是这三样菜的标签仅贴给了广西籍华人，也从侧面反映出广西籍华人对其传承最为到位，对其保留最为完整。

这种“广西三宝”菜肴，能勾引起广西籍华人的历史记忆，加强其自我认同。在广西，似乎没有“广西三宝”这个菜名，但这种美味的菜肴种类却是在广西存在的。比如“酿”，现在流行于广西的就有酿豆腐、酿苦瓜、酿茄子、酿萝卜、酿莲藕、酿腐竹、酿辣椒、酿冬瓜、酿柚子皮乃至酿肉丸、鱼丸等，几乎形成了系列的“酿”菜。而在玻璃口新村吃酿是很常见的，我们的住家蔡玉珍阿姨就会时不时为我们做豆腐酿、腐竹酿还有茄子酿，但是在这里面是以豆腐酿做的次数最多。我们也看到玻璃口茶室、乐园茶餐室的粉档在早餐中都有酿出售，其中另有蛋酿、秋葵酿、

---

① 施吟青：《华人饮食在菲律宾的涵化与本土化》，转引自陈志明：“Food and Ethnicity with Reference to the Chinese in Malaysia”, In *Changing Chinese Foodways in Asia*, ed. David Y. H. Wu and Tan Chee-Beng, Hong Kong: The Chinese University Press, 2001, pp. 125 - 160。

苦瓜酿和辣椒酿。我们住家隔壁的居民周AL告诉我们，她做豆腐酿所需要的材料：鱼（茭鱼），猪肉（半肥半瘦），胡椒粉，葱，香菜，盐，豆腐卜。实际上，玻璃口新村广西籍村民不仅在食物的制作上遵循广西传统，就连取材也有严格要求。如制作广西酿豆腐中所用的豆腐卜，广西籍村民一定会选用村里两家豆腐卜厂的。原因有三：第一，这两家豆腐卜厂是由广西籍华人开办；第二，这两家豆腐卜厂的制作手艺是从中国带过来的；第三，这两家豆腐卜厂的黄豆是由中国进口。

扣肉，是一道用猪肉制成的，玻璃口新村华人家庭常见的菜肴。“扣”是指当肉蒸或炖至熟透后，倒盖于碗盘中的过程。实际上，广西和广东目前仍流行这种扣肉菜肴。新村村民制作的是最有广西特色的芋头扣肉。肉皮金黄、芋头雪白，黄白相间，形状和颜色像龟背，外观极美。据访谈，制作芋头扣肉的方法较麻烦。其制作方法分为三步，首先是将芋头提前洗净切片，待水分晾干后，放入油锅炸至表面酥脆。其次是把五花肉放在沸水中以大火滚煮35分钟，取出。在猪肉皮上搽上白米酒和酸醋，用叉在猪肉皮上刺上许多小孔之后再搽多一次白米酒和酸醋。再放入热油里，以大火炸，炸至金黄色（炸至烧肉皮颜色），盛起，马上浸泡冷水中（大约4—5小时）待皮发了即可。将事先用南乳、豆酱、胡椒粉、五香粉、糖、蚝油、黑酱油、生抽、米酒、酸醋、500毫米清水、葱头仔蒜米（打碎）、果皮调好的调味料加入肉片一起搅拌。最后将肉片和炸过的芋头间隔按需排在深碗中，以小火蒸1小时20分钟即可。即使是在今天，生活水平已经大幅提高的情况下，在新村村民的家中，煮夫们大体上仍承袭着祖辈传下来的制作流程和方法，广西芋头扣肉也还是年节、祭祀、招待贵宾时的头等大菜，可以看得出它依然是所有菜中分量最重、地位最高的。

味念鸡，其实就是流行于现代中国广西和广东的白斩鸡。这是一道中国南方的特色菜肴，其形状美观，皮黄肉白，肥嫩鲜美，滋味异常鲜美，十分可口。肉色洁白，皮带黄油，具有葱油香味，葱段打花镶边，食时佐以特制酱油，保持了鸡肉的鲜美、原汁原味，食之别有风味。在玻璃口新村，味念鸡逢年过节必备，深受村民的青睐。其实，我们在调查中发现，玻璃口新村村民各家做味念鸡菜肴的方法有些不同，但主要还是体现在蘸料的不同上：如黎 YJ 做味念鸡时要给鸡按摩 20 分钟左右，还要用冷水震 20 分钟，他告诉我们用冷水震是为了保证鸡肉的口感更嫩更紧。在蘸料方面，黎 YJ 喜欢用韭菜、葱头、炒花生碎、油还有黑油一起调制。而笔者的住家蔡玉珍阿姨在做味念鸡时，做蘸料所用的材料有：葱、蒜、圆须、酱青、油。村民唐 BL 做味念鸡蘸料所需的材料是：韭菜、姜、盐。首先是把油加热，再放入盐，再放姜，再放韭菜，最后加入煮鸡的水。村民周 AL 做的味念鸡蘸料所需的材料：葱头、姜、蒜米、香菜、葱的叶子、酱油。有时也用小葱、蒜泥、姜、香菜和葱的叶子，不用韭菜。

2. 米粉

在玻璃口新村，村里的华人最喜欢光顾的就是米粉摊位。据说，这是玻璃口新村早期移民从广西带过来的饮食习俗。一些资料表明，广西原乡的饮食民俗很大的一个特点就是以各式各样的“粉”为中心。从地理来看，广西位于中国的华南地区，属于亚热带季风气候，有着丘陵盆地相间的地形和夏季高温多雨而冬季温和的气候，决定了广西籍华人喜爱种植水稻和食用大米的习惯。米粉，是以大米为原料，经浸泡、蒸煮、压条等工序制成的条状、丝状制品。客观条件影响下形成的几千年以大米为主的饮食习惯，米粉作为衍生物，既易制作又能结合当地风味，因而吃法多样的米制品在广西的广泛流行也就不会觉得突兀了，以粉为主要特色的广西饮食民俗起源的确定性就基于此。老友粉、螺狮粉、桂林米粉、生榨米粉、八仙粉、牛巴粉、剪刀粉、卷筒粉、干捞粉、粉饺、粉虫、粉利……广西的粉种类之多、风格之盛在中国可以说是鼎鼎有名。在广西，每座城市都有一碗属于自己的粉，粉已经成为每一座城市的独特名片。像最为人所熟知的桂林米粉，香气扑鼻味道醇美。①

玻璃口新村的华人，似乎也继承了这种吃米粉的传统，其实他们居住的马来西亚也是属于热带地区，适合水稻生长，客观上为华人传承原乡饮食提供了条件。当地的华人不惧天气炎热，在一大早爱吃上一碗热腾腾的米粉。无论是身份高贵的人，还是普通村民，都会到茶餐室里来一碗米粉。米粉对于新村华人来说是不分等级的，它可以让任何人都围坐在一起，品尝自己面前的这份原乡美食。在村子里，粉档几乎遍布每条巷子，每家粉档又都有自己的特色：伟记茶室门前的粉档主打鱼滑粉，每碗 4.5 元马币，粉档由夫妇两人经营，妻子在灶台前，把粉下锅，用汤匙把盛在大碗里的鱼滑刮到煮沸水的锅里，动作娴熟、麻利，每一碗鱼滑粉都是现买现煮，味美汤鲜。丈夫在一旁负责收钱，打包，调制蘸料。除了这家粉档外，还有多家粉档。如食一食茶餐室门口的粉档。由三姐妹经营，生意火爆，每天早晨座无虚席。三姐妹手脚麻利，大姐负责煮粉，二姐负责收钱、打包、点单，三姐负责收桌子。她们经营粉的种类就更多一些。

表 5－1　　　　食一食茶餐室门前粉档的经营范围②

类型	内容	价格
猪肉粉	猪肉、米粉、佐料	4.5 元马币
斋粉	米粉、蔬菜、佐料	2 元马币
鱼滑粉	鱼肉、米粉、佐料	5 元马币
肉碎粉	猪肉末、米粉、佐料	5.5 元马币
鱼头米	鱼头、米粉、佐料	6 元马币

目前，在新村还流行一种“树屎粉”，这是文冬的一种独特地方美食，这种地方美食一般会由小商贩在傍晚推车出来在街口沿街售

---

① 骆祥文：《“吃”出来的特色——谈广西饮食民俗》，《人事天地》2013 年第 4 期。

② 资料来源：玻璃口新村食一食茶餐室门口的粉档。

卖。据了解，“树屎粉”名称的由来源于早年当地华人以割胶为主的生活方式。早年大部分华人靠割胶维持生计，胶工们在深夜外出割胶前会先打包一袋粉，所以日积月累，人们遂把这种方便即食的食物叫做“树屎粉”（华人胶工们也称树胶为“树屎”）。树屎粉制作方法简单，将配好的酱汁直接浇在粉丝上，再配上各种配料就可完成。树屎粉可提供的搭配种类根据商家经营方式略有不同。新村有几家卖树屎粉的茶餐室选择在早餐时供应，几十种配料装在不同的桶里，任顾客挑选，丰俭由人，包括咖喱山猪肉、茄盒、云吞、腐竹，还有广西人爱吃的各种酿料等。为了满足早餐方便快捷的需要，树屎粉可用塑料膜和报纸打包，再由客人带走。

树屎粉的出现与割胶工人的历史同步，是割胶工人辛勤劳动的真实写照，当年的割胶工人来不及吃饭时就会用打包的方式将食物带到胶园享用，既可做早餐，也可做晚餐。树屎粉档也是他们的“深夜食堂”，这种美食文化也保留到了现在，满足当地华人对过往生活的怀旧情结。

3. 粿条

粿条据说是由潮州人带到东南亚地区的中式米线，形状为扁条状，与广府人的河粉和客家人的粄条相似。在玻璃口新村茶餐室，粿条常可见其踪影。粿条由磨成粉的大米，加水制成浆状，在蒸煮成透明的米皮，最后切成条状即可。各个茶餐室烹饪的方法有多种，常见的有炒和水煮。口味可能有所不同，但总的来说都会加上贻贝、豆芽、韭菜、蛋黄等辅料，再配上辣椒酱，有时也会用咖喱代替。为适应不同口味的食客，有的还会创新出猪肉炒粿条、海鲜炒粿条、茄汁粿条等。玻璃口新村茶餐室提供的粿条大概有两种，一种是清汤粿条，一种是炒粿条，清汤粿条一般可以加各种猪肉、咖喱、咸鱼、豆腐卜以及各种酿料作为辅料，辅料需另外付钱，粿条不够可以免费再加，清汤粿条一碗平均 3 到 4 元马币，方便快捷，一般作为村民的早餐，而炒粿条通常作为村民的午餐，炒粿条的材料主要是粿条加上韭菜、姜，再配上鸡肉、猪肉、豆芽，再倒入蚝油等酱料提鲜，平均一碗6到7元马币。

4. 传统年饼

提到传统年饼，玻璃口新村村民的传统年饼主要有三种——糖环、米饼和蛋散。之所以把它们称为年饼，是因为在祖籍地广西曾是过节必备的小吃，是广西籍华人春节前都要准备的大量应节食品。在新村华人家庭中，也很好地保留了这一传统，大概在春节前一个月就开始制作年饼。其中，糖环的制作方法是先在黄糖水中加入糯米粉，用小火调制成米糊状，再加入一些糯米粉，和成粉团。然后取一点粉团搓成细长条，把长条两头黏住搓圆，把一头捏成花形，把另一头叠过来，整理一下，按压好接口，让它们黏在一起。最后就可以把做好的糖环放入加入糖的油锅中炸，炸至两面金黄，就可以出锅，沥干油即可。糖环因其形状是一环套一环，环环相扣，所以寓意连绵不断，生生不息。米饼是要先把糯米洗净炒熟打成粉末，然后加入搅拌好的红糖糊，再根据个人口味加入莲蓉、花生、芝麻等，然后将搅拌好的糯米粉压入模具，一定要压实，用刀刮去饼模面多余的部分，之后脱模，上蒸锅蒸熟。蛋散是将面粉、筋粉、鸡蛋和猪油和成面团，把面团切成小块，擀成薄片，在薄片中间切开，交叉穿过成蛋散状，放置油锅炸至金黄即可。虽然如今新村中制作广西传统年饼的家庭已经很少（具体原因后文会详细说明），但是只要有人制作，就会规规矩矩按照祖辈留下的方法。而且，提到广西传统年饼，人们也定会想到糖环、米饼、蛋散。尤其是老一辈广西籍华人更是对广西传统年饼充满了感情。在被西饼充斥的情况下，他们还是会不断地称赞广西传统年饼好吃，认为它的口感、制作手艺和方法都是其他年饼不可取代的。

4. 文冬姜

在玻璃口新村，乃至文冬市的商店里，有一种商品销售得十分火爆，这就是“文冬姜”，即“文冬姜粉”。

据访谈，制作“文冬姜”的姜是广西移民从祖籍地带到文冬的。广西籍华人将带来的姜在文冬试种，没想到收获成功，从而在整个文

图 5－1　文冬姜粉（郑一省摄）

冬推广种植。在文冬种植的姜不仅产量高，而且个大，水分充足，香味十足，成为当地餐饮紧俏的佐料，后来有的人把姜磨成粉，装罐到市场销售，十分抢手，久而久之成为当地的一个知名度较高的品牌。凡是从外地来到文冬的人，都忘不了会买一两罐“文冬姜粉”。

还有一些商家，甚至打出“文冬姜可以杀死癌细胞”的广告语，更加大了这种“文冬姜粉”商品的销售力度。可以说，文冬姜是移居到当地的广西人带来的“广西土产”，并在异地种植而成为一个好产品。在玻璃口新村，有许多村民自己都会种植文冬姜，并经常将“文冬姜粉”拿到集市上去销售。

（二）在地化饮食

在地化饮食是指华人在移居马来西亚后，受到客观因素的影响，饮食的改变和创新。陈志明说：“分布于世界各地的华人饮食传统的改变，是中国文化适应当地环境的结果，这其中也包括对当地生态以及自然资源的利用，与当地食物资源（食材等）和食品备制非中式文化准则接触，结果导致了文化借用和文化创新。”① 例如，椰浆

① 施吟青：《华人饮食在菲律宾的涵化与本土化》，转引自陈志明：“Food and Ethnicity with Reference to the Chinese in Malaysia”，In *Changing Chinese Foodways in Asia*，ed. David Y. H. Wu and Tan Chee-Beng，Hong Kong：The Chinese University Press，2001，pp. 125－160。

饭是一种传统的马来小吃，是将米饭蒸煮的过程中加入椰浆，也可加入香茅、黄姜等多种香料一起烹调。茶餐室的椰浆饭一般还配有黄瓜片、江鱼仔、鱼酱、咸蛋、咖喱鸡肉等辅料，再用报纸或芭蕉叶包裹售卖。椰浆饭通常被当地人用来当早餐，既营养丰富、经济实惠还可以打包带走，因此深得当地人喜爱，这种马来风格的食物也因此被新村华人所接受，并不断在华人的手中创新改良，成为新村茶餐室的一大特色。观城茶餐室是玻璃口新村为数不多的可以提供椰浆饭的茶餐室，他家的椰浆饭配合盒饭一起制作出售，当客人点名要椰浆饭时，老板先将一碗米饭扣在盘子上，再加上一大勺辣酱，再加上半块切开的咸蛋，大米经过椰浆、班兰叶、黄姜等香料的共同蒸煮，呈现出浓郁的芳香气息，配合自家精心制作的辣酱，令人垂涎，此外传统的马来椰浆饭也加入了华人特色，有时老板会再加上一点当地产的酿料、肉丸等。

在玻璃口新村，当地华人刚搬来时一切都是从头做起。除了到附近的胶园种植橡胶或割胶维持生活外，还利用自己的手艺制作饼干和糕点等，不仅保留原乡的一些元素饮食，而且还在地化地创新出许多产品，并将当地的马来饮食元素融入其中，出现了许多现在的“美食达人”。

1. 陈带燕家族与蜜蜂窝等食品

陈带燕是玻璃口新村的村民，其家族每逢华人新年前一个月都会自制蜜蜂窝这种小吃，每年均接到非常多的订单。陈带燕的父亲陈Q说，他们起初制作的“蜜蜂窝”只是自家人享用，但他的亲戚朋友试吃后，建议他们多做一些来出售。从此，陈带燕家族就开始制作蜜蜂窝。

蜜蜂窝因其形状和蜜蜂的窝相似而得名。其早先是马来人和泰国人做的食物。陈带燕，因热爱美食，经常在Facebook或专门的烘焙学校学习食物制作。蜜蜂窝就是她在Facebook上学习到的。蜜蜂窝的制作过程是相对简单的。主要的原材料是面粉和鸡蛋，根据比例，打成面糊，再根据不同口味加入相应的调味料。然后用花瓣状

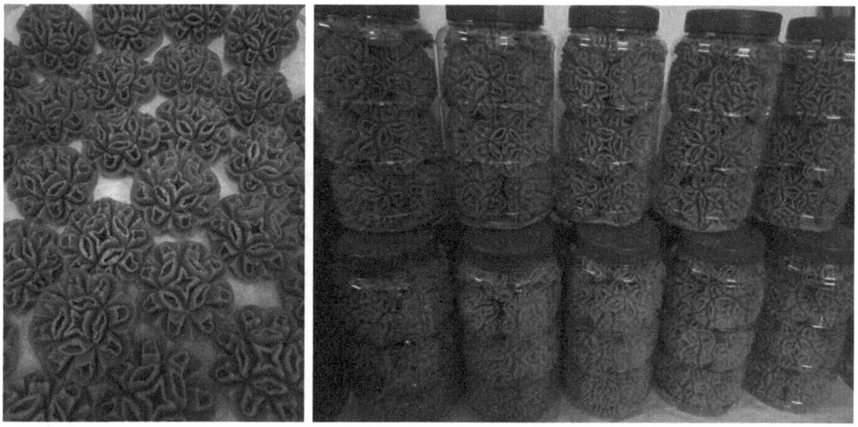

图 6－2　陈带燕家族制作的蜜蜂窝（李岩摄）

的模子沾取面糊，放入油锅炸至金黄即可。蜜蜂窝的食用时间主要集中在春节期间，平时也有，但是并不多，可以看得出，蜜蜂窝这种小吃几乎有着和年饼同样重要的地位。事实上，蜜蜂窝在某些方面与广西传统年饼有相似的地方，如：蜜蜂窝运用的是油炸的烹饪方法，而且口感上带有脆劲，这或许也是蜜蜂窝受到广西籍华人喜爱的原因之一。陈带燕制作蜜蜂窝的时间已有 10 年之久，因其对蜜蜂窝口味的成功改良，也让蜜蜂窝受到新村以及其他地方华人的喜爱。陈带燕的父亲陈 Q 述说了其家族制作蜜蜂窝等食品的经历：

现在我家主要在做蜂蜜窝的是我女儿陈带燕。蜂蜜窝需要的材料有虾、面、鸡蛋、咖喱叶。蜂蜜窝早先是马来人和泰国人做的食物，口味是甜的，但是我女儿陈带燕对这个蜂蜜窝进行了改良，做成了咸的，香辣味的，还有芝麻味的。蜜蜂窝现在主要向外批发，也做一些零售。主要集中在过年，平时也会有吉隆坡等地方的人来预定。预定每次最少 15 盒才做。蜜蜂窝卖给批发商的价格是 20 元每桶，批发商向外出售是每桶 26 元，统一价。每次过年的时候都请 4 个土著人来做工人帮忙。我的女儿除了做蜂蜜窝还做糖环、椰子糖，但蜜蜂窝始终是主打。

蜜蜂窝都是用塑料桶装好，每个装蜜蜂窝的桶 1.9 马币。①

如今，陈带燕家族不仅在过年时会做蜜蜂窝，端午节时也会做粽子，做的粽子的馅料有很多种：如：咖喱鸡、绿豆馅、蜜豆馅、猪头馅、香菇馅，还有咸蛋馅的。冬至的时候还会做汤圆，有椰糖馅和豆沙馅。八月十五的时候还会做大菜糕月饼。而且在平时也会制作还制作诸如煎堆、发糕、糯米糍、白糖糕、年糕、金瓜笑口枣、炸洋葱圈、香脆虾饼、番薯炸弹、花生脆饼、公仔饼、龙须糖、黄梨曲奇、糖环、老婆饼、耳朵饼、牛耳饼、芋头糕、分身家（金瓜面煎糕）、香港煎堆饼、夹粽咸煎饼、夹粽、软糕、蒸蛋仔蛋糕、蒸香蕉萝卜蛋糕、虾米韭菜煎茶果的小吃和糕点，并将马来西亚和英国式风味饮食引人其糕点制作中，呈现出许多马来风味或西化风味的小吃和糕点，如榴莲糕、砂捞越牛舌酥、曼谷燕菜水果、火烧冰激凌、沙葛茶粿、烘面包、蒸面包、蒸吐司包、烘烤熊猫吐司、Roti canc、兰花娘惹粽子、金瓜牛油蛋糕、萨其马、Blueberry 蛋糕、焦糖奶粉蒸蛋糕、相思奶油芝士蛋糕等等。

图 5-3　陈带燕家族制作的"蘑菇饼"与"旺旺饼"

① 根据 2016 年 8 月 13 日下午对陈 Q 的访谈。

表 14　　陈带燕的自制小吃食谱①

品名	材料	制作方法
煎堆	300g 糯米粉，75g 糖，1 汤匙油，水，1/8 小匙墨鱼骨粉，1 汤匙焦糖	1. 把全部材料搓揉均匀一软团；2. 包上馅料，先蘸上水再沾上芝麻；3. 用中火炸至金黄色
金瓜笑口枣	A：100g 金瓜泥，1 粒鸡蛋，30g 菜油（煮溶） B：80g 幼糖，300g 面粉，1 小匙发粉，1/2 小匙苏打粉，1/4 小匙幼盐；C. 芝麻	1. 将材料 A 搅拌均匀，加入材料 B，搓成软面团，分成小粒（25g） 2. 把圆粒先沾上水，再沾上芝麻，用手心压紧，用小火炸至金黄
佛钵	皮料——600g 芋头泥，130g 澄面粉，230ml 滚水，1 小匙发粉，100g 白油，1 小匙盐，1 大匙糖，1/8 小匙五香粉，半小匙臭粉	热水加入澄面粉用筷子快手搅拌成熟的澄面粉，加入皮料搅拌搓匀。 温馨提示：1. 采用很松化的芋头才能做出好吃的芋角。 2. 炸时，油一定要热才不会散开。 3. 整形的佛钵放进冰箱冰冷后，才容易制作。 4. 每一个佛钵的重量是 230g
蒸香蕉萝卜蛋糕	A：400g 香蕉泥，1 小匙半苏打粉 B：200g brown suger，5 粒鸡蛋，1/2 小匙盐，250g 面粉，2 茶匙双倍发粉 C：100ml 玉米油，100g 红萝卜丝	1. 将 A 的材料发 1 小时，将 B 的材料加入 A 的材料发 1 小时。 2. 然后加入 C 的材料搅拌均匀倒入茶油蒸盘里蒸 45 分钟

① 资料来源：根据陈带燕自制食谱整理所得。

续表

品名	材料	制作方法
萨其马	300g 高筋发粉，1 小匙发粉，1/2 茶匙苏打粉，3 粒 1/2 鸡蛋，1/8 茶匙阿摩拟亚粉（ammonia powder），1/4 茶匙碱水。 糖液：300g 白糖，100g 麦芽糖，1 茶匙白醋，400ml 水。	1. 讲用料搓揉至不粘手，用布盖着发酵 1/2 小时。 2. 将面团擀成薄片，撒上薯粉，切成小条。 3. 热油，将面条炸至金黄色。 糖液做法：1. 将糖液全部煮滚，醋煮成黏稠。 2. 将炸脆的面条倒入糖液，快手拌匀，倒入 9＊14 搽油的蒸盘（压平）。 温馨提示：煮糖液必须拿大一点的锅，不然锅小很难拌匀
老婆饼	皮料：150g 高筋面粉，150g 低筋面粉，100g 牛油，55g 糖粉，150g 水。（每个皮分成 30g）。 油皮：150g 低筋面粉，60g 雪油（每个油皮分成 20g）。 馅料：140g 砂糖，140g 糕粉，230g 水，130g 雪油（每个馅料分成 30g）	1. 讲砂糖和水混合煮滚。 2. 加入雪油搅拌。 3. 待糖水冷后加入高筋面粉搅拌，放入冰箱冷冻 20 分钟。 4. 冷却后取出，搓揉至雪油完全混合。 5. 在放入冰箱冷冻 20 分钟。 6. 即可使用
耳朵饼	600g 面粉，少许胡椒粉，10g 盐，50g 牛油，200ml 水，100g 糖，1 茶匙五香粉，蒜米汁	1. 把全部材料搓成粉团。 2. 以擀面棍讲粉团擀平，卷起放入冰箱，待硬切成薄片。 3. 热油，以温火炸至金黄色即可

续表

品名	材料	制作方法
牛耳饼	A，300g面粉，1茶匙发粉，90g幼糖，60g菜油（margarine），120g水。 B，馅料：280g面粉，1茶匙半发粉，1茶匙盐，40g菜油，30g芝麻（炒香），200g糖粉，1茶匙半五香粉，1差匙半胡椒粉，60g蛋糕糠，1茶匙黑酱油，几滴红色素，2块南乳，3/4茶匙苏打粉，50—70毫升水，1/4茶匙臭粉（ammonia powder）	1. 将材料A放入大碗中搅匀成面团。 2. 将材料B放入大碗中搅匀成面团。 3. 将B面团擀成薄片，铺在一片玻璃纸上，而A面团做法一样，但要大一些。 4. 将B盖在A上，卷起，放入冰箱冷冻20分钟。 5. 取出，切片。 6. 预热烘炉，将它放进烤盘上以170度烘15—20分钟。 温馨提示：1. 不要切得太薄，也不要切得太厚；2. 当你在冰箱取出面团时，千万不要拿完出来，因为当你切着一条时另一条已经开始软了
焦糖奶粉蒸蛋糕	皮料：2杯奶粉，3杯面粉，3汤匙牛油，3粒鸡蛋，1杯半糖，2杯水，1小匙苏打粉。	1. 拿1/2杯糖煮到金黄色，然后放一杯水煮到糖融化再加牛油。2. 1杯糖加鸡蛋打到糖融化，再加入1杯水加入面粉和苏打粉。3、讲做法1热热的加入，做法2筛过倒入小杯大火蒸20分钟
相思奶油芝士蛋糕	A：30g粟米粉，125g奶油芝士，80ml奶水，1汤匙柠檬水，5粒蛋黄，1粒全鸡蛋，70g低筋面粉，1/4茶匙盐。 B：5粒蛋白，1/2小匙塔塔粉，80g幼糖。	1. 先将粟米油，奶油芝士，奶水隔水煮溶。2. 搅拌成滑的芝士面糊，分别将其他材料加入搅拌均匀，搅拌好的面糊筛过要盖好不要吹到风。3. 将蛋白部分打发。混合蛋黄糊搅拌均匀即可。以蒸烤法140度一小时，开始的时候是下火15分钟，然后上下火45分钟。4. 当蛋糕烘好时拿出来倒扣。即可食用

续表

品名	材料	制作方法
Sate 酱豆腐角	300g 花生（炒香，打碎），4 大粒大葱，4 枝香茅（拍扁），100g 虾米（打碎），200g chilli ball，1/2 小匙黄姜粉，盐（自定义），150—250g 糖（大概）	1. 放油爆香大葱和虾米，香茅，加入 chilli ball（辣椒水），加入糖和盐，水和黄姜粉和爆香的花生碎大概煮至 15 分钟。2. 豆腐角用油炸了，然后切成角型，放入沙葛和加入青瓜（切了青瓜的心）和萝卜丝
亚扎	A：7 条青瓜（去掉中间带子的肉，不需要去皮），300g 青豆角（切大概一寸长），1 粒黄梨（切小粒），2kg 包菜（切小块），3 条红萝卜。 B：300g 花生（炒香，磨碎），100g 芝麻（炒香） C：1000ml 水，1 碗白醋 酱料需要的材料——100g 黄姜，4 枝香茅，300g 辣椒水，1 碗葱头仔蒜米。 调味料——400g 糖，1/2 大汤匙盐，100ml 酸醋，150ml 吉仔汁。	1. 先把材料 C 煮滚，把包菜煮 1 分钟后拿起，待稍微凉放入布袋挤干水分，待用。 2. 把青豆煮 1 分钟后拿起，待稍凉放入布袋挤干水分，待用。 3. 青瓜和红萝卜加入两汤匙盐去腌 15 分钟，洗去咸味，用布袋挤干，加入糖和白醋腌制 2 小时。 酱料做法：1. 黄姜、香茅切幼，放油打烂。 2. 把全部材料的酱料爆香，加入调味料。 3. 酱料煮好待冷，加入已挤干的包菜、青瓜、红萝卜、黄梨和腌制好的青瓜（必须把水倒掉）搅拌。 4. 装入罐子冷藏隔天才吃，吃时撒入材料 B，即可
沙葛韭菜虾饼	150g 普通面粉，3 大匙粟粉，2 大匙粘米粉，1 大匙发粉，1/4 小匙苏打粉，1/2 匙盐（随意），1 小匙糖，少许胡椒粉，1 粒鸡蛋，3 大匙油，300ml 水（大概）。200g 小虾（大概），500g 韭菜，沙葛（切成花生粒状）	1. 面糊：将所有面糊的材料用同一方法搅拌至均匀光滑，加入韭菜和沙葛。 2. 烧热炸油，把锅铲浸入热油中热 1 分钟。 3. 拿起锅铲，盛入 1 大匙面糊，放上一只虾，再放入热油中炸 1—2 分钟，用小刀帮它脱铲，沥干油分即可。 温馨提示：用吸油纸吸油

续表

品名	材料	制作方法
火烧冰激凌	任何味道的冰激凌/雪糕，面包去皮 面糊（混合）所需的材料：200g 面粉，20g 蛋黄粉，50ml 油，25g 幼糖，2 茶匙发粉，280ml 水	1. 把雪糕放在切掉四边的面包片，用保鲜纸包好，冰冻隔夜至硬。 2. 取出，去保鲜纸，把雪糕粘上面糊，用滚油炸 1 分钟至金黄色，马上食用
曼谷燕菜水果	400g 绿豆片（浸泡两个小时），200g 椰浆，两片酸甘叶，200g 糖 13g 燕菜粉，500g 水，少许香精	1. 把绿豆蒸熟，凉后打成泥。 2. 倒入锅中加糖，加椰浆和酸甘叶，小火煮至半干，放凉。 3. 取 1 份豆沙，捏成有关果子形状，一牙签插稳，放在泡泡胶上。 4. 上色，干后沾过燕菜两次（第一次干/凝固后才沾第二次）（陈 DY 沾上 3 次燕菜） 5. 用叶子和花蒂做装饰，盖好放入冰箱，冷却后食用
芋头糕	A；500g 沾米粉，3 大匙生粉，1 小匙碱水（随意），5 小碗水（金色小碗） B；500g 芋头（去皮），100g 虾米，小葱头，蒜米，1 小匙五香粉，生抽，1 小匙糖，3/4 汤匙盐。 配料（随意）：花生，葱头（爆香），葱，辣椒酱	1. 将材料 A 混合在一起。 2. 将材料 B 爆香，加入材料 A，煮成糊状，放入搽油的蒸盘蒸 50 分钟
香港煎堆饼	280g 水，600g 面粉，140g 幼糖，90g 油，20g 发粉，2 块南乳，1 小匙五香粉，1 大匙蒜米汁。 馅料：豆沙，芝麻	将所有材料搓成面团，等发酵 20 分钟，分割 50g 小粒包入馅料（压扁），在面团表面涂上少许水，最后撒上芝麻用中火炸至金黄色

续表

品名	材料	制作方法
咸煎饼	80g 面粉，1 茶匙酵母，100ml 温水（混合均匀，放置 1 个半小时）。 A：350ml 水，1/4 茶匙碱水，250g 幼糖，2 茶匙盐，1 茶匙苏打粉，1 个半茶匙双倍发粉，50ml 油，700g 高筋面粉（筛过）。 馅料（混合）：3 茶匙五香粉，1/4 茶匙盐	1. 把面团捏成 1/2 × 10 × 10 四方形。 2. 在面团表面刷上水，撒下馅料，卷起收口。 3. 把卷切成 1/2 薄片，稍按扁，发 20 分钟。 4. 炸至金黄色，滤干便可
夹粽	皮料：与与咸煎饼的皮料相同。 馅料：400g 糯米（浸泡两个小时以上），半茶匙五香粉，70g 幼糖，水（煮糯米饭用，和糯米同量高度），1 茶匙半盐	1. 糯米洗净，加入水适量蒸成糯米饭，把饭取出置盘上，加糖、盐、五香粉，趁热搅拌，做成直往 2 的圆形长筒，用保鲜纸卷好，放冰箱等待稍硬才取出。2. 将面团擀成 1/2 厚，和糯米卷同样长度的四方形。3. 在面团表面撒下水，把糯米卷中间包好成筒形收口。4. 切成半薄片，稍按扁，发 20 分钟。5. 炸至金黄。滤干便可
虾米韭菜煎茶果	100g 虾米，400g 面粉，盐，100g 韭菜，水	1. 虾米切碎爆香，加入以上的材料，盐和水自己调味水要稀一点。 温馨提示：1. 最好用不粘锅，不用太多油。 2. 煎好配上辣椒酱更美味
沙葛茶粿	皮料：500g 糯米粉，60g 普通面粉，150ml 温水（大概），2 大匙食用油，50g 糖，1/4 小匙盐。 馅料：500g 沙葛，100g 虾米，少许胡椒粉，少许盐，少许糖	皮料做法：1. 将糯米粉和面粉搅拌，加入食用油混合后再注入温水，揉成面团至光滑，放置休面 30 分钟，皮分隔成 55g。 2. 将面团分割成许多小团，每份包上适量馅料，包裹后垫在一片橡胶叶上，以中火蒸 13 分钟即可

续表

品名	材料	制作方法
软糕	300g 糯米粉，75g 澄米粉，25g 薯粉，225g 糖，1 大匙油，350ml 清水，可依据个人喜欢加入一小匙香精，颜色素两滴	1. 将所有材料搅拌，放入搽油的蒸盘，（8 寸半的四方盘）中火蒸 20 分钟。 2. 将熟面团取出分成两份，桌上放上熟糯米粉，拿一份面团画上 3 条红线卷上然后搓成小条
糯米糍	皮料：300g 糯米粉，50g 澄米粉，1/2 汤匙油，490g 水，75g 幼糖。 馅料：200g 烘香花生碎，100g 幼糖，40g 烘香芝麻，熟糯米粉（沾糯米糍用）	1. 将糯米粉，澄面粉和幼糖拌匀。 2. 然后拌入油和水搅拌均匀。 3. 把粉浆放入抹上油的蒸盘，以中火蒸 20 分钟。待冷却后取出，均分等分。 4. 取一份皮，捏成窝型，包入馅料，收口后搓成圆球状，沾上熟糯米粉即成
白糖糕	A：250g 粘米粉，250ml 水 B：250ml 水，180g 糖，三片班丹叶	1. 把 A 材料搅拌均匀。 2. 把 B 材料煮滚倒入材料 A 搅拌均匀，把它等到粉浆冷后，加入一小匙酵母发两个小时。 3. 然后倒入搽油的蒸盘蒸 30 分钟就大功告成了。 温馨提示：如有酸味加四分之一茶匙碱水
分身家（金瓜面煎糕）	300g 面粉，1 粒鸡蛋，4 汤匙糖，1 汤匙苏打粉，450ml 水，1/4 小匙酵母，几滴碱水，200g 金瓜泥	1. 全部搅拌均匀筛过，发半个小时。 2. 烧热模型，模型摸过油，抹干，小火。 3. 放一点粉浆摊开，撒一小匙的糖在粉浆上面，这样能形成洞。 4. 把盖盖着熟了。 5. 加牛油和花生和糖。 6. 用尖利的刀把它刮出来
白糖糕	A：250g 粘米粉，280ml 水，1 小匙生粉。 B：180g 糖，300ml 水，2 片班兰叶。 C：1 小匙酵母。 D：1 小匙油，几滴碱水	1. 把材料 A 搅拌均匀。 2. 把材料 B 煮滚，把它等到粉浆冷后，加入一小匙酵母用湿布盖着发酵两个小时。 3. 再加入材料 D 搅拌均匀。 4. 然后倒入搽了油的蒸盘大火蒸 25 分钟就大功告成了

续表

品名	材料	制作方法
烘面包	500g 高筋面粉，95g 糖，3g 盐，10g 酵母，50g 马芝琳，45g 白油，2 汤匙牛奶，1 粒鸡蛋，230ml 冷水	1. 讲所有材料（处理水）放入搅拌器混合，用慢速度搅拌，再慢慢加入水搅拌至一分钟。 2. 用中等速度再搅拌大约 7 至 8 分钟。 3. 倒出面团放在桌上，用大碗盖上休息至 20 分钟。 4. 稍微拉长面团然后对折四面，再用大碗盖上休息至 15 分钟。 5. 再重复步骤 4，用大碗盖上休息至 5 分钟。 6. 将面团切成每份 30g，搓圆，放在桌上再用大碗盖上至 5 分钟。 7. 将面团搓成自己喜爱的形状，烘烤 180 度，大约 15 至 20 分钟上下火，从烤炉中取出，即可食用
蒸面包	1 汤匙 Yeast，5 汤匙糖，1 小匙双倍发粉，少许盐，600g Blue Key 面粉，3 汤匙半玉米油，300ml 水	1. 全部一起搅拌均匀。 2. 包上馅料，发酵 1/2 小时，大火蒸 15 分钟
蒸吐司包	A：300g 低筋面粉，3 汤匙糖，1 茶匙双倍发粉，2 汤匙玉米油或白油。 B：1 汤匙酵母，1/2 汤匙糖，150ml 温水（B 材料搅拌，发酵 5 分钟）	把材料 B 加入材料 A 搓均匀发酵 15 分钟，整形，再发酵 30 分钟，去蒸 30 分钟

续表

品名	材料	制作方法
烘烤熊猫吐司	A：300g 高筋面粉，15g 牛油，抹茶粉（适量），180g 水，3 汤匙糖，竹炭粉（适量），8g 酵母，抹茶粉（适量）。 眼睛及耳朵——黑面团——40g（分 4 份） 熊猫包——白面团——120g 外团——绿面团——350g	把材料 A 打均匀，发酵 15 分钟，整形，再发酵到 7 至 8 份大（大概 30 分钟），烘 180 度，30 分钟，完成
Roti canci	1kg 粉，2 粒蛋，2 汤匙牛奶，2 汤匙牛油，400—450ml 水，2 小匙半盐，1 大匙糖	1. 把全部材料搓成一个很光滑的面团，分成小粒。 2. 用牛油把面团搽均匀，放冰箱下层隔夜。（面团如果不要隔夜的话，可以放 2—3 小时都可以做了）
班兰面包蛋挞	外皮：9 片面包切片压扁，按如模具里（模具可以是小铁碗或是小铁杯子）。 蛋皮所需材料：130ml 鲜奶，2 粒鸡蛋，45g 糖，1 小茶匙蛋黄粉	将蛋皮全部材料一起搅拌均匀过筛后就可倒入面包里，预热烤箱，以 180 度烤大约 15 分钟便可（每个人的烤箱不同，要自行调节）
榴莲糕	榴莲肉	1. 将榴莲肉和种子，放入不粘锅一起煮，煮至肉变成一团，煮至棕色，将种子取出。 2. 待冷却后，再用手搓成光滑的表面，把榴莲糕剪成自己所喜欢的形状。 3. 再用纸袋把榴莲糕包上，就成功了

续表

品名	材料	制作方法
砂捞越牛舌酥	面团所需的材料：350g 普通面粉，2 汤匙油，50g 幼糖，2 茶匙酵母，1/2 茶匙盐，180ml 温水。 馅料所需的材料：120g 普通面粉，3/4 茶匙苏打粉，80g 椰糖/亚答糖，50ml 水，1 汤匙油	面团做法：筛好面粉，加入酵母、盐、油慢慢加入温水把面团搓成光滑不沾手，盖住，发酵 30 分钟。 馅料做法：1. 椰糖和水搅拌煮至糖浆，过滤放凉。 2. 把面粉和苏打粉一同筛过，加油、椰糖、水混合成糊。 3. 把面团擀成 1 厘米厚，14 × 36 厘米大之长方形刷一层水，把椰浆面糊铺在中间，上下两片面团夹叠折好。 4. 切成 2 厘米的条形，压扁，再发 30 分钟，放入热油，中火炸至金黄色。 5. 可以根据个人喜好加入芝麻
南瓜酸、木瓜酸	A：1.5kg 南瓜，1.5kg 木瓜（削皮切薄片放入 1 大匙的盐等 5 分钟洗去咸味，挤干水）。 B：橘子汁，糖，醋，小辣椒	温馨提示：选购难过和木瓜时不要买太熟的。南瓜和木瓜要分开做
自制腌豆角酸	1kg 青豆角，1 汤匙半盐	1. 首先将豆角洗干净，切成条状。 2. 把水滴干（不要含有水），把盐加入豆角里，再把盐和豆角混合在一起。 3. 再把豆角放入玻璃瓶内（玻璃瓶必须洗干净，不可以沾上油），把较硬的塑料纸袋塞进玻璃瓶内，接着倒扣。（倒扣在玻璃碗中，以便盐水不会漏出）。 4. 腌制至 1 个星期后（在腌制的过程中，不可以经常去碰它），即可食用

续表

品名	材料	制作方法
兰花娘惹粽子	2kg糯米（浸泡4个小时） A：450g鸡胸肉（煮熟），半粒椰丝（炒干） B：15条辣椒干，4小瓣蒜米，2厘米黄姜，1厘米蓝姜，10粒小葱头，4汤匙油。 C：1/2杯椰浆，1茶匙盐，1茶匙椰糖，1茶匙黄姜叶丝	1. 煮熟的鸡胸肉平均切成幼丝。 2. 把材料B搅成浆状后炒香。 3. 加入材料A和材料C，煮至干。 4. 把每一片竹叶卷成圆锥形，加入少许糯米，然后加入1汤匙馅料，再把少许糯米盖上。 5. 把竹叶包起成四角形，以拉菲亚绳绑紧
自制腌芒果酸	A：6kg芒果，500g盐。 B：1kg糖	1. 洗干净一个胶桶，放入盐和水搅拌至融化，加入芒果，腌制5—7天（看到芒果皮变黄，没见到青色就可以了。） 2. 腌制害了拿去去皮，去掉子，洗去咸味，把芒果挤干水。 3. 将材料B的糖加入500ml的水煮至糖融化，等冷却后，加入芒果腌制，腌制得使芒果入味就可以了
芋头燕菜	1包25g美人鱼的腌菜粉，10gjerry粉。1小包水晶冰糖（如果不要冰糖，就用250—300g糖），8碗金色小碗水，几滴紫色颜色素，1碗椰浆，几片香兰叶。 馅料所需的材料：500g芋头（去皮，切片后蒸熟再搅烂），100—150g糖，2汤匙油，1汤匙澄面粉。（煮芋头馅料就好像煮豆沙一样，首先将芋头馅料弄成一粒粒，备用）	1. 将材料煮滚（除了色素），再加入椰浆，煮滚关火，拿1/3的燕菜加入色素。 2. 将已加入色素的燕菜倒入模型中，等到半凝固后，再加入芋头，后加上白色的燕菜。 3. 等到完全凝固后，把牙签弄出来。 4. 用少许红色色素为鲤鱼点上眼睛

续表

品名	材料	制作方法
年糕番薯炸弹	A：400g橙番薯，200g糯米粉，100g木薯粉，1/2茶匙幼盐，100—150ml热水，100g幼糖。 B：年糕适量（切成方块）	1. 番薯去皮切小块，煮滚蒸炉里的水，放入蒸炉里蒸至熟。 2. 将蒸软的番薯趁热压烂，将所有材料A加入搅匀（除了水），然后慢慢加入热水搅拌（如果番薯很够温，能够成团就不需要放水），揉搓成团（不用一次过完热水，成团了就不需要加完）。 3. 将粉团揉搓成长条，切成小粒状（每个约25g），包入年糕搓成圆球状。 4. 烧热一锅油，将做好的番薯球放入热油中，以小火炸至金黄色，捞起沥干油即可食用
香脆虾饼	A：300g自发面粉，1/2汤匙油，水，盐。 B：100g沙葛，50g韭菜。 C：虾	1. 将材料A搅拌均匀。 2. 加入材料B。 3. 把两汤匙粉浆（粉浆不可以开的太浓）放入一个不沾油的平底锅，摊薄加入虾后煎熟。 4. 煎熟后把虾饼放入另一个锅继续炸至金黄色
炸洋葱圈	3汤匙厨师煎炸粉，3汤匙天妇罗粉，1汤匙炸香蕉粉（炸香蕉粉只是使洋葱圈更脆，但不加也可以）	1. 首先把各种粉混合在一起，然后加入水，搅拌就可以了。 2. 把洋葱圈放在粉浆内（粉浆不可以开得太稀），然后炸，即可食用（粉浆已经有味道了，不需要加入任何调味料，但是可以根据个人喜好加入咖喱粉）
公仔饼	300g糖浆，1小匙碱水，380g面粉，1/4小匙苏打粉，95g花生油（刀标油）	1. 把全部皮料搅拌均匀，发2个小时。 2. 火烧170度，烤12分钟，拿出来摊冷。 3. 搽上一层薄薄的蛋液。 4. 再烤12分钟

续表

品名	材料	制作方法
龙须糖	A：100g 麦芽糖，1 汤匙白醋，1 公斤细糖，500ml 水。 B：200g 烤过花生（用研磨器磨碎），20g 烤过的白芝麻。 2 公斤熟米粉，10 个品质好的 2 寸塑料圆罐	1. 将材料 B 混合均匀，放旁待用。用一张纸巾沾油抹匀圆罐内。 2. 混合材料 A 在锅，煮至糖融化为止。清干净锅内四周，扣上温度计。煮至 133 度。熄火。 3. 待糖浆降至 115 度时，倒入圆罐内，让它待 6 小时至完全冷却。 4. 将糖果从罐内取出，用一支筷子插进此圆糖块的正中间。沾上熟米粉，用手指将那小空扩大。压榨和拉成直径有 10mm 的圆洞。确保它的厚度要均匀。折成 8 字形，将 2 个圆环收在一起。继续压榨和拉在一起。继续压榨和拉成直径 10mm 的圆环。重复这个动作 5—7 次。 5. 将已拉成细线的糖果用手指折成每个 3mm 长。包入 1 汤匙馅料，做一个搓揉动作将她完全盖好。收在密封的容器内

2. “英姐”花生糖

“英姐”花生糖在玻璃口新村周边以及文冬街上都是非常有名的，而且接受过多家媒体的采访和报道。据了解，“英姐”全名杨月英，1951 年出生，祖籍广西北流。父亲一开始就来到文冬，从事割胶工作。在父亲的不断努力下，后来家中购入 50、60 英亩胶园。母亲也是广西容县人。父亲的年龄比母亲大 20 岁。杨月英从小在玻璃口华小读书，后来到文冬公教中学读书。毕业后，杨月英从事的工作也是割胶。杨月英有兄弟姐妹共 11 人。杨月英 24 岁结婚，丈夫是力巴士新村人，两人是在参加聚会时相识。杨月英与丈夫育有三个孩子，三个孩子都是男孩。结婚后杨月英一直在家带小孩，直到

30 多岁，孩子都长大一些，杨月英才到丈夫的板厂帮忙。杨月英告诉笔者，最初自己也不会做花生糖，刚开始也是和朋友一起学的，目的是做着过年吃。后来做着做着，亲戚朋友都觉得杨月英做得很好吃，所以才开始出售。制作花生糖的花生是从印度进口的，一袋4千米，要 31 元马币。2011 年，“英姐”花生糖正式开始做批发，并且做出了咸味的花生糖。花生糖批发给零售商的价格是 11 元每盒，零售商的统一零售价都是 15 元每盒。杨月英给笔者详细讲述了制作花生糖的过程：首先是把花生炒半个小时，直到花生变成黄色。每次炒 2 千克。把炒好的花生剥皮。剥皮没有简便的方法，在杨玉英这里都是用人工，把花生用带子装好，捆好袋子口，在木板上使劲摔。杨月英说做花生糖最主要的还是熬糖的过程。熬糖需要的材料是：花生 1800 克，糖 600 克，白醋少许，麦芽糖半勺，半碗水，白芝麻。咸味花生糖与甜味花生糖的制作方法相同，只不过还需加入少许盐。虽然这个改变很小，但是咸味花生糖不仅避免了甜味花生糖多吃几颗就会甜腻的口感，而且比甜味花生糖更有利于健康，特别是受到老年人的喜爱。“英姐”花生糖不是每天都做，主要是集中在过年做，平时有订单也会做。做花生糖主要都是英姐自己负责，丈夫在旁边帮忙，有时人手不够的时候也会请隔壁邻居帮忙。除了做花生糖，“英姐”还做椰子糖。椰子糖的制作方法是：用椰子水加麦芽糖一起煮 40 分钟，然后再在里面加入糖煮 30 到 35 分钟，边煮边搅，最后等煮好的水变凉凝固就好了。杨月英现在除了做花生糖之外，平时主要的活动有：每周五参加杨氏联宗会的歌咏班，还参加了海燕合唱团，每周一、周二和周五也去跳健美操。如今，杨月英的家虽然已经从玻璃口新村搬出，搬至附近的花园，但是“英姐”花生糖的名气还是很大。在此次笔者访谈杨月英的过程中，就遇到文冬《Go Bentong》节目对杨月英的采访。除此之外，还有多家媒体对“英姐”花生糖也进行过报道。①

① 根据 2016 年 8 月 17 日上午在玻璃口新村对杨月英的访谈。

3. 卓记咸煎饼

在玻璃口新村，有一家专门做咸煎饼的小店。做咸煎饼的人叫卓 H，1967 年出生，今年 50 岁。卓 H 之前在吉隆坡的印刷厂工作。二年前回到玻璃口新村开始做咸煎饼。卓 H 告诉笔者因为现在孩子长大了，要上学了，要回来照顾小孩，所以放弃了原先的工作。咸煎饼是卓 H 在网上自己学来的。咸煎饼共分为三种口味：五香味、豆沙味和葱味。实际上，咸煎饼原本是五香味的，现在已有很多种口味，比如说莲蓉馅、巧克力馅。卓 H 告诉笔者："香葱味则是因为自己种了一些葱，就试着做做看，觉得好吃就增多一种口味。"①

卓 H 给笔者讲了咸煎饼具体的制作过程：第一，五香味的咸煎饼：首先每天早晨要发面，然后把发好的面擀开，在擀开的面皮上撒上五香粉和盐，然后用小刀轻轻在面皮上切出菱形，但是不要切通，然后再在面皮上刷上水，刷好水之后就可以把面皮卷住。全程一个长条。拿刀切块。然后再在每一块上沾上白芝麻和粘面粉。之后，就可以把每一个面块用手掌中心按扁，然后再擀开，用小刷子扫去上面多余的面粉，就可以下锅炸了。第二，豆沙味的咸煎饼：把发好的面团切块，用双手掌心把小块揉圆，在圆形面团上沾上芝麻，然后用右手大拇指在圆形面团中间按一下，让面团中间凹下去。然后在凹下去的地方放入一块豆沙。放好豆沙，就可以把旁边的面捏褶，就像包包子一样。捏好褶之后，把夹好豆沙的面团按扁，擀开，用小刷子扫去上面多余的面粉，下锅炸即可。除了制作咸煎饼，还制作南瓜喜饭和炸虾饼。有关这方面的情况，卓 H 还说道②：

> 我平时在家就喜欢做些东西。我小时候父亲在家里做包子卖，什么东西都要帮忙的。我做这个（指咸煎饼）两年多一点。一开始是炸虾饼，虾饼是卖的不错的，但是没钱赚，因为成本

---

① 根据 2017 年 1 月 24 日在玻璃口新村卓 H 的咸煎饼店里对卓 H 的访谈。

② 根据 2017 年 1 月 24 日在玻璃口新村卓 H 的咸煎饼店里对卓 H 的访谈。

很高。做虾饼，大只的虾就放两只，小只的虾就多放几只。虾的价格不一定，有时候大只一点的虾，就要5、6毛钱。而且虾饼里面还有其他材料，如花生、辣椒酱的成本都很高。由于成本高，但又不能涨价，因为在新村很难涨价。人家也都要省钱的，而且新村老人比较多，年轻人都出去做工了。所以，现在就不做虾饼了。

不做南瓜喜饭是因要做很久。比如做50个，才能赚到20到30马币。这个钱数还是以前了，现在东西都涨价了，我就不做了。做南瓜喜饭还要去采香蕉叶。把香蕉叶铺在下面，会有香味。而且会很黏，给香蕉叶擦了油，就不会很粘锅了。要是用野生的香蕉叶，会比较香，而且比较薄，但是野生的香蕉叶下面有一层白色的，很难洗，自己家种的下面就会干净很多。所以我要洗香蕉叶，还要把它擦干，再剪成一个形状，单单弄香蕉叶就要几个小时，整个南瓜喜饭做下来要五到六个小时。

我们过年时在年初一还要做（营业），过年的时候是回来的人多了，还更好卖一些，但是我做不了多少，因为我做的麻烦（工序烦琐）一些。来买咸煎饼的人本村和外边的都有来买，一天能做多少不一定。有时候中午十二点就卖完了，有时候下午六点还没卖完。因为这边老人家多，又不骑脚踏车、又很晒，所以很难说。有时候当天的咸煎饼会卖不完就丢掉。自己天天看不想吃了。不管什么好吃的东西你天天吃都会腻的。没有什么可以加热方法，第二天继续卖是不可以。炸的东西通常是不会留到第二天的。我的这个比较难做，我做的有时间限制。别人家卖的，做不完面团可以收进冰箱，第二天再拿来用。我的面团是用酵母的。其他人的也是发过的，他们是前一天晚上就发好，而我的是当天早上才发好。材料不一样。放在冰箱的第二天要解冻的。咸煎饼上能赚多少钱，这个我也没有正式算过，一个上面不会超过一半的。豆沙（味）的是甜的，葱油（味）的是咸的。还有一个是五香（味）的。一共三个味道。煎饼中

> 的红豆沙不是自己做的，而是买现成的，是街上的材料店买的，做红豆沙的成本如果要便宜一些是在量，量大的话是会便宜一些。但是做的少的话，又要煮，煤气什么也要钱，省不到哪里去了。油温大概是多少度下锅，具体我也不知道，我看大概热了我就放。我炸（咸煎饼）的（油）要很热，我看他们炸的好像没这么热。我炸的很快就起锅了，我看他们好像要炸很久，我也不懂。炸好的要放在这个纸上，要用纸把它放一下，因为有时候有很多油，要吸一下。油够热的话，饼上就不会沾油。咸煎饼是热的时候好吃，可是放在外面凉了照样吃。①

在卓 H 的店里，咸煎饼每个卖一块一。因为（食用）油涨价了。卓 H 以前买的油一公斤是 13.5 马币，现在涨价到 20 块马币。之所以涨得这么厉害，是因为政府没有给他们津贴。但卓 H 店里的咸煎饼只涨了 1 毛钱。正因为如此，卓 H 做生意，回头客特别多。

第二节　华人的饮食礼仪

节日和祭祀承载的是民族精神的历史积淀，是民族精神风貌的自我展现和自然显露。节日和祭祀中的饮食是叙说其蕴藏意义的重要符号。在传统节日和祭祀中，相对固定的食物得以保留，这些食物作为玻璃口新村华人独特的技艺以具体化的方式呈现出来。

一　节日中的饮食礼仪

节日中的仪式礼仪主要体现在春节期间。春节是华人最重要的节日。从春节饮食的特点，我们可以看出新村华人对中华文化的传承和保留。说到春节饮食，可以分为两部分，春节前和春节中。在莫光木《马来西亚华人新年习俗研究》中提到“农历新年从冬至日

---

① 根据 2017 年 1 月 26 日在玻璃口新村卓 H 的咸煎饼店里对卓 H 的访谈。

就开始筹备，一直到过完元宵节为止”①。

（一）年饼

据了解，在新村春节筹备大概是从春节前的一个月开始。在为春节准备的食物中，年饼是最早开工的。这其中有四点原因：第一，年饼制作工序复杂；第二，每家要准备的年饼种类必须多样，少则几种，多则十几种；第三，每家要制作足够多的年饼，为了在春节期间馈赠亲戚朋友；第四，年饼易于储存。从这里可以看出，年饼对村民的意义来说是很重要的。事实上，食用年饼的传统在很早就有了。新村华人传统年饼主要有三种——糖环、米饼、蛋散。但是近些年来，西式年饼的流行冲击了传统年饼的地位。

表5-3　几种西式年饼的配料②

名称	配料
黄梨曲奇	250g黄油、1粒蛋黄、500g曲奇粉、少许云尼拉香精
牛油饼	（A）牛油250g、糖180g、（B）面粉250g、蛋黄粉75g、蝴蝶粉50g、发粉半茶匙、蛋黄1粒
杏仁饼	牛油453g、自发粉250g、蛋白1粒、盐1/2茶匙、糖粉255g、杏仁粉个500g、8分钟加蛋白
麦片饼	牛油490g、糖粉280g、蛋黄4粒、面粉140g、麦片粉8.5g、自发粉450g
橙饼	牛油250g、自发粉320g/350g、糖粉170g/200g、蛋1粒、放橙水1粒、橙皮1粒
龙饼	牛油120g、糖粉120g、香蕉精1/4、玉米粉350g、蛋黄3粒
咖啡饼	黄牛250g、自发粉320g、糖粉15g—加340、咖啡3合1—3包、2分—2粒蛋一粒

从上表中可以看出，西式年饼以面粉、鸡蛋、牛油、黄油为主料，口味香甜，追求入口即化的口感，而广西传统面饼甜味单一，口感上更注重脆。深入探究，可以发现传统年饼主要的烹饪方法是

① 莫光木：《马来西亚华人新年习俗研究》，硕士论文，暨南大学，2010年。

② 资料来源：笔者对玻璃口新村村民访谈整理所得。

炸，而西式年饼主要是烤。传统年饼工序繁杂，炸的过程中要强调油温，还要不停翻面，而西式面饼调制好面糊后，放入模具，再放入烤箱，调好烤箱的温度和时间即可。现在，由于人们对口感和口味更高的追求，西式年饼受欢迎的程度远远赶超了传统年饼。周 AL 说："现在糖环年轻人都不要吃了。"① 据统计，村里做糖环的人家没有几家，即使像周 AL 做了糖环，也是送给亲戚的。在陈带燕家中制做了许多年饼，但是也没有做糖环，陈 DY 说"最近很忙啦，有时间就做（糖环），没时间就不做了"②。可见，糖环在年饼中排位已经相当靠后。米饼做的家庭也并不多，但是这些广西传统年饼还是能勾起老一辈人的味觉的。如：陈 DY 的母亲边吃边开心地说："（米饼）蒸一下更好吃。"③ 所有的年饼在春节前文冬街上都会有售卖，但这些都是工厂里生产出来的，从味道和健康程度上都远不及自己家做的。不管是西式年饼还是传统年饼，制作好后都会按照不同的品种被放进小塑料罐中，至于要送给亲朋好友的年饼，主人会用胶带封好罐口；留给自己家吃的则不需要封住罐口。提前制作好的年饼并不会早早摆出来，只会留有少量的给自家人尝一尝，主人们会把它们放在厨房的橱柜里或者饭厅的柜子里。待到春节期间亲戚朋友相互往来拜年时，制作好的各种年饼才会拿出来让大家一起食用。而且在亲戚朋友离开的时候还会送上两三罐年饼，或者村民去别人家拜年时也会带上两罐年饼作为伴手礼。

（二）橘子

橘子因其与"吉"相近，寓意平平安安，大吉大利。在村子里，村民把橘子统称为"柑"。马来西亚不产橘子，所以橘子都是从中国进口的。但是，这也不会影响新村派柑的习俗。派柑在春节前就开始进行，来村里派柑的主要都是各个政党和社团的人。不管是哪里

---

① 根据 2017 年 1 月 23 日对周 AL 的访谈。

② 根据 2017 年 1 月 27 日下午对陈 DY 的访谈。

③ 根据 2017 年 1 月 27 日下午对陈 DY 的母亲的访谈。

图 5-4 村民家制作的各式年饼（李岩摄）

来派柑，村民都会争着抢着去领柑，他们认为拿到柑的人新的一年里定会平安吉祥。不少村民家里也会准备橘子，不管是春节前还是春节期间上门的人，主人都会赠上柑，表达对客人新的一年的祝福。超市里在春节前就会屯下好些橘子，橘子用箱子包装好，每箱 20 马币，春节期间社团、生意人都会买橘子，馈赠亲朋好友。

（三）捞生

捞生实际上就是捞鱼生，简称为捞生。捞生在马来西亚的农历新年期间非常受欢迎，应该也算是马来西亚华人独特的庆祝新年的方式。捞生是一道带有吉祥意味，祈求来年有好运，发大财的菜式。据了解，以前村民在大年初七，人日这一天，聚合一家大小，进行捞生仪式。但是，现在在过年前，文冬街上的酒楼和村里的茶餐室就已经推出捞生了。而且，捞生的活动，可以持续到正月十五元宵节。捞生是以生鱼条为主食材，搭配十几种配料，如炸米粉丝、炸芋丝、炸麻花、洋葱丝、京葱白、姜丝、白萝卜丝、尖椒丝、指天椒、榄角碎、酸荞头、生蒜片、花生、芝麻等，所有菜按比例、次序放在一个大圆盘子里，被当做第一道菜端上来。准备捞生前，再淋上用麦芽糖和酸柑汁特制的酱汁。围在圆桌的亲朋好友全部起立，拿好筷子，然后一个人发号施令，大家就用筷子将盘子里的菜高高夹起，一边夹还要一边以广东话说：“捞起！捞起!”捞起即捞喜的意思，寓意一年好过一年，新的一年风生水起，赚得越来越多。

图5－5　捞生（李岩摄）

（四）七样菜

正月初七，是人日，即人的生日。七样菜，在人日的时候食用，以此来取吉兆。在村子里初七食用七样菜的习俗并不是很普遍。有的家里食用七样菜，也是买七种绿色蔬菜，把它们炒在一起。如：蔡玉珍在人日这天把富贵菜、白菜、小白菜、芥菜、油菜、菜心和菠菜炒在一起。至于哪七样菜并没有明确的规定，所以村民也是看情况，有什么菜就买什么。

除了春节外，村民对其他节日礼仪不是很重视。换句话说，新村村民对于其他节日中的食物可有可无。如：元宵节，在马来西亚这天是没有吃汤圆的习俗，汤圆主要是冬至日必备。因为“圆”意味着“团圆”“圆满”，冬至日把汤圆又叫“冬至团”。民间有“吃了汤圆大一岁”之说。村民不仅会做不同馅料的汤圆，还会把汤圆做成不同颜色的，看起来十分诱人。至于端午节，很多村民嫌麻烦，包粽子的人也少了。粽子馅分为很多种：有咖喱鸡、绿豆、蜜豆、猪肉、香菇、咸蛋等。其中最为特别的，就是极具南洋风味的兰花娘惹粽子，它的制作方法是首先将煮熟的鸡胸肉平均切成幼丝。然后把 15 条辣椒干，4 小瓣蒜米，2 厘米黄姜，1 厘米蓝姜，10 粒小葱头，4 汤匙油搅成浆状后炒香。再加入 450 克煮熟鸡胸肉，半粒炒干的椰丝和 1/2 杯椰浆，1 茶匙盐，1 茶匙椰糖，1 茶匙黄姜叶丝，煮至干。把每一片竹叶卷成圆锥形，加入少许糯米，然后加入 1 汤匙馅料，再把少许糯米盖上。把竹叶包起呈四角形，以拉菲亚绳绑紧即可。兰花娘惹粽与其他粽子的味道不同，它是偏甜带点微辣，香料味较重。

二　祭祀中的饮食礼仪

祭神拜祖是村民缅怀祖先、祈福最重要的方式，也是他们身份认同的具体表现。因此在祭祖拜神中的食物也特别重要，因为每一个食物都有其象征意义。根据节日不同，所用的供品也有所不同。财神是马来西亚华人最受欢迎的神明。每逢农历新年，一踏入年初一子时，大家就会开始准备迎接财神，希望在新的一年里，衣食丰足，平安顺利。依照《通胜》指示的最佳位置和时间，接财神。但是并不需要村民去查阅《通胜》，电视上、报纸上还有紫竹林观音堂会在春节前夕就进行告知。接财神前，村民会沐浴换新衣，以表恭敬。接着按照《通胜》所指示的位置，摆好香案。吉时一到，由家中长辈依序点燃蜡烛、大香、小香等。接着轮到晚辈，除了祈求财富，也向财神祈求健康，保佑生活顺利。接财神的供品是非常丰富的，供品的摆放顺序也是有一定讲究的，从香炉后面开始，从左至右，第一排是一瓶酒、五杯酒，第二排是一壶茶、五杯茶，第三排是苹果、发糕、柑，第四排是黄梨、大鸭梨、绿皮香梨，第五排是红包。拜财神以茶水、果品、糕点素食为主，因为大年初一大部分华人都有吃素的习惯。果品的种类村民通常会选择带有美好寓意的。如：黄梨寓意旺来；柑表示金子；糕点则用发糕，表示发财；年糕寓意年年高升。

其他时间又会不同，除了摆上生果、糕点、茶水外，还会摆上生斋菜。生斋菜就是素菜，但不是指任何蔬菜，而是特指芹菜、蒜苗、葱、韭菜等。因为这些菜有其特别的喻义。如：芹菜的“芹”字与“勤劳”的“勤”字谐音，喻指“勤劳、勤快”。蒜与“算计”“划算”的“算”字同音，喻指“精打细算、会划算”。葱与“聪明”的“聪”字同音，喻指“聪明、能干”。韭菜的“韭”字与“长久”的“久”字同音，喻指长长久久。在除夕这天早晨村民拜祖先和诸神，其实就是给祖先、诸神拜年并希望得到庇护和保佑。村民不仅会摆上生斋菜还会摆上具有广西特色风的一只整鸡、一条五花肉和一碗扣肉。

从节日饮食礼仪和祭祀饮食礼仪都可以看出，玻璃口新村华人十分注重食物的比喻义和象征义。他们通过食物把现实和自己的美好愿景联系起来，表达着对未来美好生活的期盼。

第三节　华人的饮食禁忌

据了解，在玻璃口新村，当地村民对日常食物的选择并没有什么特别忌口的。但是据笔者仔细了解发现，在女性怀孕和生育之后对饮食的食用上还是有一定的禁忌。

（一）怀孕期间的饮食禁忌

据了解，在玻璃口新村，对于妊娠期的妇女的饮食有严格的禁忌。第一，孕妇不能吃过凉或者过热的食物。不能吃过凉的食物，这里的“凉”是指食物的温度过低，冰。村里的妇女解释说怀孕的时候吃了冰，生出来的小孩会咳嗽、多痰。但是，据了解，在妊娠期对性寒的食物并没有禁忌，苦瓜、莲藕都可以继续食用。也不能吃过热的食物，因为吃太热的食物，小孩在肚子里面就会很热，生出来之后就会变黄。第二，有的动物孕妇不能食用。如：不能吃狗肉。据村里的妇女说妇女在怀孕期间若吃了狗肉，生出来的小孩子会咬人；也不能吃野猴子。但是山猪肉可以吃。第三，孕妇忌吃辣。

村里的妇女说，最好不要吃辣，对身体不好。因为辣椒是热性香料调味品，其性大热且具有刺激性。妇女怀孕，体温相应增高，肠道比较干燥。孕妇吃了辣椒，很容易造成便秘。肠道发生秘结后，孕妇必然屏气解便，这样引起腹压增大，压迫子宫内的胎儿，易造成胎动不安、胎儿发育畸形、羊水早破等不良后果。[①] 第四，有的水果孕妇也不能食用。如：不能吃橙子，若孕妇吃了橙子生出来的小孩会多痰。黄梨也不能多吃，因为食用后会导致滑胎。还有咖喱这些也不能吃太多。

实际上，对妇女怀孕期间的饮食实施禁忌，实则是对妇女和小孩的一种保护手段。它以“不许做什么”的方式来约束人们的行为，限制了日常生活中不健康的饮食行为，培养了良好的饮食习惯。

（二）生育之后的饮食禁忌

中医学认为，“产后必虚”。产妇多表现阴血亏虚，或瘀血内停等征象。另一方面，产妇还要以乳汁喂养婴儿。因此，产后的饮食原则应以平补阴阳气血、滋阴养血为主，可进食具有甘平、滋补作用的食粮、畜肉、禽肉和蛋乳类食品。慎食或忌食辛辣伤阴、发物、寒性生冷食物。[②]

在玻璃口新村，据个别妇女介绍，这里的妇女在生育之后可以下地走动，没有“不能下地”之说。在笔者想来，马来西亚终年高温，生产后的妇女若是长期卧床，定会产生不舒适感，严重的还有可能身体生疮。而且，若是遮盖好身体，这么高的气温，寒气也是不易侵入体内的。笔者还了解到，村里现在有很多年龄较大的妇女做起了陪护这个职业。陪护，即照顾刚生完小孩的妇女和孩子，陪同产妇度过月子生活。蔡 YZ 告诉笔者，她以前给别人做陪护，做陪

---

① 李萍：《中国民间孕妇饮食禁忌习俗的文化内涵》，《襄樊职业技术学院学报》2009 年第 8 期。

② 丁树栋：《浅议孕期和产后的饮食禁忌》，中国中西医结合学会营养学专业委员会，《第八届全国中西医结合营养学术会议论文资料汇编》，中国中西医结合学会营养学专业委员会，2007 年 1 月。

护很辛苦，晚上睡不好觉。小孩子一哭闹，就要哄小孩。在别人家做陪护，都是包吃住的，有的家庭会要求两个月的陪护，有的家庭只需要一个月的陪护。而且，因为蔡 YZ 阿姨做陪护做得好，经常都有人家要生小孩之前，就托人帮忙请蔡阿姨。可以看得出，随着生活条件的提升，女性也更加注重对自己身体的保养和调理，在生育小孩之后，找陪护在照顾小孩，可以大大减少自己的压力，更好地调养身心。据了解，坐月子期间，在饮食方面也是要特别注意的，忌冰冷食物，这里的“冰冷”不仅指温度低的食物，还包括性寒的食物。如虾和蟹。同时，酸涩收敛的食物也是不可以食用的，如柠檬、橘子、柑等，以免阻滞血行，不利于恶露排出。当然，对于生育之后的妇女除了饮食禁忌，还要进行食补。在玻璃口新村，最主要的食补菜肴就是姜酒鸡。姜酒鸡属粤菜系，是产妇月内必食的营养补品，产妇从分娩后的第一餐开始，至满月的三十天内，必须以姜酒鸡作为主食。姜酒鸡用公鸡炒姜，配以糯米黄酒共煮，营养丰富，有祛风、活血的功效。

从玻璃口新村妇女生育前后的饮食禁忌，可以看得出，虽然地域的不同具体禁止食用的食物可能不同，但是，大体上对禁食食物的分类都是一致的。而且，新村里对生育前后妇女加以保护和保养的观念与祖籍国也基本一致。

第六章　玻璃口新村华人的语言和学校

玻璃口新村通行的方言为“广东话”（白话），而且几种语言在社会中并存、交替使用的情况很普遍，出现了所谓的语言“摻摻”现象，这主要是多语环境的关系而至。玻璃口新村老一辈的华人少有接受教育的机会，导致文化程度不高，基本上是文盲。当玻璃口新村建立并逐渐稳定后，当地的华人精英发动民众募集资金，为后代建立起来了华文学校和其他教育机构。

第一节　华人的语言

一　新村口通行方言

从调查来看，玻璃口新村村民之间的通行方言为“广东话”（白话）。在广西籍华人占绝大多数的村庄，村民们都讲广东话，而广西话却未能流行，这种很有趣的现象让我们百思不得其解。

在我们不断地访谈中，这种有趣的现象的原因终于显现出来。玻璃口新村的广西人为何不讲广西话，而讲广东话，访谈者认为有三：第一，广西口音似乎被人看不起。据村中居民告诉笔者，以前村里的广西人到吉隆坡等文冬以外的地方去打工，被其他籍贯的华人笑话口音重而且土，其他籍贯的华人把广西籍华人说话的口音称为“树上的猴子”。这让玻璃口新村在外打工的广西人很不好意思，不敢张口说，所以渐渐他们就模仿广东口音，以至于现在玻璃口新村的广西人都讲广东话。第二，香港电视剧的普及化。据访谈者钟绍安介绍，1957 年马来亚独立后，香港电视剧被引进。这让华人非常高兴，港剧的热播从心理上和文化上拉近了华人的距离。这就促使了玻璃口新村的广西人在看电视剧的过程模仿广东话的口音，认为这是一种时尚，自然而然，广西话的分量就渐渐被降低。在此次的调研过程中，笔者也发现，在我的住家蔡玉珍阿姨的家里，每天只有下午至傍晚的时候才开始看电视。主要以看电视剧为主，除了下午 5 点至 7 点这个时间段有一个电视台播放的是中国国内的华语电视剧，如《芈月传》《甄嬛传》，还有一些中国热播的古装剧和都市言情偶像剧之外，晚上的时间段播放的电视剧均为香港电视剧，说的都是广东话。其三，玻璃口新村所讲的广西话在原乡的容县和北流地方被称之为“土白话”，它其实是属于广东话方言的范畴，只是它在广西被其他的语言浸染而成为一种变化的广东白话，即夹杂了当地方言的广东白话。

正因为在玻璃口新村中的广西人都讲广东白话，致使广东白话成为玻璃口新村村民的流通方言。在调查中，只有为数不多的老一辈或年长的村民才会讲纯正广西话，有些中年人也能讲上几句，但是口音已经不那么标准了。而且，因为老一辈的人都不讲广西话，导致现在年轻一代的人压根不会讲广西话，只能说一口流利的广东白话，这对于广西话的传承无疑造成了很大的障碍。

玻璃口新村居民除了讲广东话外，还会说马来话和华语（普通话）。一般来说，居民对内一般讲广东白话，对外则讲马来语和英语。在我们对 200 位玻璃口新村人语言使用情况的调查中，不会说广东白话和不会说客家话的只有百分之八左右。当然，并不是每一个人的广东白话和马来语都说得很好。有一些居民，主要是老一辈的玻璃口新村人，广东白话、马来语说得一般。老一辈的玻璃口新村人，大多未接受过很好的教育，有些是自小就开始为了生计而忙活；有些是原来上过几年的华文学校，但是当他们被迁离原居住地前往新村时很多人都失去了受教育的机会，主观上也不愿上以马来语为主的学校。因此，他们当中多数对汉字和马来文都不识或不熟悉。相对年轻一辈来说，他们在生活中更多地用广东白话和马来语来交际。

二　新村的“掺掺”语言

在玻璃口新村，除了广东白话成为村民的公共流通方言外，“掺掺”是玻璃口新村村民的一种独特语言现象，即在说话时，不论说的是华语、英语、马来语还是广东话时，会出现或多或少、因人而异的加入一些其他的语言。因此玻璃口新村的村民都形象的把这种说话称为“掺掺”。掺掺，指的就是主要语言的词汇或词组夹杂着少许其他语言的词汇或词组，形成一种多语并用、混成一体的特殊口语。它是在多语社会里，多语长时期并存与融合的现象的反映，也是人们为了交际方便，或表示社会亲和力，自然养成的多语夹杂语言习惯。它是夹杂采用新词语，以表达主要语言不能恰当表达的一些意思，或是混合使用最先闪进脑海中的任何语言的词汇，以便能更好更快地表达说话者的意思。在玻璃口新村中，几种语言在社会中并存、交替使用的情况很普遍，主要是由于多语环境的关系。掺掺现象形成主要有三个因素：（1）由社会、政治、经济等原因引起的人口迁移。不同族群一起生活或杂居最容易形成双语。（2）民族主义和政治上的联合。不同民族维护各自的民族语言，在政治上都获承认，造成多语现象能够稳定地存在。（3）教育和文化的推动。华人在学校需要念几种语言，社会上也使用多种语言。除了国际交往和与别的民族交往，马来西亚社会的内部交际也并用几种文字。基本上各种族都使用自己的母语，但是很多人也兼用社会共同语或其他种族的语言，即使是早期到来的广西人。在南来初期，华人面对语言不同的沟通问题，与当地其他民族因生活需要而接触时，只好使用有限的马来语，并在不得已的情况下，运用自己的方言来顶替。华人除了使用华文或方言，也兼用英语和马来语，主要是因为政治因素。马来西亚政府规定马来文为国语，但是不反对别种语言的学习，甚至鼓励国民掌握英语。马来西亚曾经是英国的殖民地，这为东方和西方的语言接触创造了条件。英文至今仍是主要用语，甚至影响了当地其他语言的语法和使用。在马来西亚现代化进程中，英语借词更随着科技、媒体等各方面进入当地语言。这种掺掺现象的各种因素相互掺杂、相互影响，催促了玻璃口新村语言“掺掺”现象的出现。

玻璃口新村华人语言的“掺掺”现象，表明该村村民的语言适应能力较强。调查发现，玻璃口新村华人基本上都会说三、四种语言，甚至更多。这种现象与当地社会文化和当地人所接受的教育有关。在日常生活中，相同籍贯的华人通常都讲籍贯所在地的方言。不同籍贯的华人在一起，所说的语言就会依据大家的华文或非华文教育背景、文化程度、交往的语言习惯、地方的强势方言而定，所以有可能说方言、华语或英语。华人和非华人在一起，一般所说的语言则可能是英语、马来语或市井马来语。马来西亚有这么多不同种类的语言，不受约束地在社会上使用，彼此互相影响是自然定律。其中，语言的影响比较明显地发生在词汇的借用和混合使用上。马来文就借用了很多英文词汇，英化程度不轻。华文是象形文字，与拼音文字的英文各方面都不对等，但是说话者转码的现象却有日益增加之势。在现今的马来西亚，长期只运用一种语言是行不通的，也是不可能的。当地华人在几分钟的谈话中，可以接连不断地用上几种语言，完全不需因转码停顿思索，而语言的转换可能是单词、词组或整个句子。转码速度之快与频密，令人惊讶。玻璃口新村居民所面对的是多语环境。各种语言的广播、报章等媒体和人际交往都无时无刻不在影响着玻璃口新村村民的语言。第一，说华语时的语言掺杂情况。在此次调研中，玻璃口新村的居民有95%[①]的居民都会讲华语，只有个别年纪大一些的人对华语不熟悉，听起来一知半解，说起来也不利索。在会说华语的三代华人中，约一半人承认他们在说华语时不掺杂其他语言，其中以子辈最多，而祖辈最少。

① 数据来源：笔者调查问卷统计。

从语言种类来说，在华语中掺杂最多的语言是英语和广东话。在华语中掺杂英语的人数随着年龄的递减不断递增，反映了其日渐强大的影响力，而在华语中掺杂广东话，在每代人中都相对较少。只有说到个别不用华语表达的词汇时才用广东话表述。华语和马来语掺杂使用的比率比较小。讲华语时，掺杂广东话之外的其他方言的人数也相当少。这主要是由于其他方言如潮州话和海南话的语言群基本没有的缘故。第二，说广东话时的语言掺杂情况。据此次的调查，关于广东话，与华语和英语比较，村民中有相对较多的人认为他们可以说相当纯正的广东话。认为可以说纯正广东话的祖辈占大多数，但是子辈就少了一些，到孙辈更少。广西人说广东话时，最时常掺杂的语言就是英语，可见英语和广东话并用的情况很普遍，相信这也是受香港影片语言的影响。基本上比较多的广西人在说广东话时掺杂英语和华语，而比较少的广西人在说广东话时掺杂其他的华人方言。在玻璃口新村，广东话是家庭语言，也是普通阶层的用语，而英语和华语则是社会用语，在知识分子阶层比较盛行。因此，在说话时掺杂方言和其他语言，反映了社会两大阶层的融合。

玻璃口新村华人语言“掺掺”现象与两个因素有关，一是语言能力，二是语言习惯。年长村民多数是第一因素，年轻人则两者都有之。年长居民的教育水平不高，三语的训练不多，所以在使用华语、英语或马来语时难免会有一些词汇不知道怎么说，就转换成自己常用的广东话。年轻华人的教育水平比较高，三语能力都比年长华人强，但是也有语言转化倾向，而且最常成为转码对象的语言是英语。华人为适应全球化，积极加强掌握英语的能力，却忽略华文的学习，造成华文的精致性减弱。年轻华人在使用马来语和华语时一般多喜欢掺杂英语，就如马来人喜欢在说马来语时掺杂英语词汇，证明了村民的语言使用受到社会语言转码习惯的影响，这很明显是村民向马来西亚语言文化靠拢的反映。相反地，年轻华人在使用华人方言时不得不掺杂其他语言，这却是年轻人方言能力下降所致。方言不再是年轻人的母语或唯一的母语。即使是作为父母的中青年人也都没有完整的掌握方言，方言词汇需要借助华语词汇来表达，还有一些本来就已经是马来语或英语借词，所以年轻人说方言时掺杂其他语言的情况相当严重，而这种方言形式甚至已经成了马来西亚独有的变体方言。

家庭是社会的基本组成单位，家庭用语是人们最自然、最基本的用语，是研究社会语言的一个重要环节。夫妻是家庭主要成员，夫妻用语可能受到不同籍贯联姻的因素影响而出现不规律的现象。夫妻之间的语言基本上不是双方刻意指定的，而是自然的选择。早期玻璃口新村的生活水平不高，交通不发达，人口流动不大，村民结婚的对象多数是同乡华人。相同籍贯的男女联婚，夫妻用语自然也是双方的共同方言。经过现代化的洗礼，马来西亚社会不断变化，因求学或工作等因素所产生的社会流动也增加了不少。建立新家庭时，他们可能与相同籍贯的人结婚，也很可能与不同籍贯的人结婚，于是来自不同籍贯、不同语言群体的夫妻需要一种共同语来沟通。从调查来看，在共同语方面，玻璃口新村居民夫妻一般有三个选择：一是采用对方的方言，二是采用本身的方言，但是在这两种情况下，双方必须具备相关方言的能力；三是采用社会方言，即夫妻双方都不说自己的方言，而是采用社会共同语，如玻璃口新村居民陈宝的媳妇游珊珊①告诉笔者：

> 我是印尼坤甸玻璃安娜人，是印尼华人，我18岁嫁来玻璃口新村。我自己讲的是潮州话和客家话，而我的丈夫一家人都讲的是广东话，我听不懂，也不会说，感觉很孤单，不习惯，每天哭，在家里我只能与我的丈夫交流，我们交流是用印尼话。

调查发现，玻璃口新村居民夫妻的主要用语是广东话。不过，随着年龄层的年轻化，玻璃口新村居民夫妻除了说广东话外，也说

① 根据2016年8月18日上午在陈宝家对游珊珊的访谈。

华语和英语。如：笔者的住家蔡玉珍阿姨的妹妹蔡玉兰一家人中，蔡玉兰讲广东话和客家话，她的丈夫吕才加先生讲广西话，他们的大女儿是在吉隆坡经营一家会计师事务所，嫁给了一位混血老公，她与自己丈夫交流时用英语，他们与自己的儿子交流时同样也是用英语。父辈夫妻用语情况与祖辈差距颇大。父辈夫妻最多使用的是英语，其次是华语，说华人方言的相对较少，这种选择倾向刚好与祖辈夫妻相反。这与教育的普及有很大关系，有了学校的传授和推广，华语和英语的语言群逐渐形成。与祖辈相比，只有说广东话的父辈人数略增。除了夫妻，兄弟姐妹也是家庭重要成员。这项跨年龄层的调查发现，华人兄弟姐妹之间的用语并不是每一代都一样的。年龄较长的祖辈兄弟姐妹之间基本上都说华人方言，尤其是广东话；说华语的很少。说英语的更少。年纪比较轻的父辈在跟兄弟姐妹谈话时，一般也还是以华人方言为主。从语言种类来看，作为父母的夫妻所采用的语言和他们的孩子（下一辈兄弟姐妹）所采用的语言有相关性。譬如，祖辈夫妻最多选用的语言是广东话，而父辈兄弟姐妹用语中使用得最多的也是广东话；父辈的夫妻用语普遍是华语和英语，而孙辈兄弟姐妹最常选用的语言也是华语和英语。家庭中上一辈的夫妻用语和下一辈的兄弟姐妹用语在使用率上相近但并非完全一致，这里面有外来社会因素影响的原因，其中需要考虑到的是两代家庭不同的教育源流、社会交流和家庭多语情况等因素。祖辈们宗亲观念比较浓厚，且近半祖辈没接受学校教育，因而家庭以说方言为主，语言环境不复杂，单语家庭多。孩子们使用的语言比较容易向父母的语言靠拢，因此在小时候学习了父母的语言。可是，这些孩子长大成家后，情况有很大改变。绝大多数父辈接受三语教育，不论是工作、学业或生活，都多方面地融入现代化多语社会。而且，在马来西亚，华族观念强于宗乡观念，马来西亚各族大同文化又可能强于本族文化。因此，父辈夫妻语言倾向多语化，而且相对集中于社会主要语言，即英语和华语。父辈兄弟姐妹用语也有此倾向。可见，在华人家庭中，父母的语言不会完全被孩子摒弃不用，而是可能成为孩子使用的语言之一。一般的情况是，孩子只使用父母的其中一种语言为兄弟姐妹的交际语。虽然孩子在入学或工作后，可能因为传播媒体、教学、同学或朋友等的影响而改变兄弟姐妹用语，但是原有的家庭语言并不会马上被替换，而是慢慢地转变。

父子用语指的是父母与孩子之间交流所选用的语言，属于跨代的纵向交际。父子用语在很大程度上主宰了孩子的母语，在各种家庭语言类别中具有特别的指标意义。从玻璃口新村居民家庭的语言变化明显出现在跨越不同年龄层的父子用语上。从语言种类来看，祖辈和父辈，或父辈和孙辈的说话用语并没有差别，都使用广东话、华语和英语，也一样都没有采用马来语。马来语仍被视为与土著的交际语，许多华人认为在家庭至亲间以马来语交谈是非常不可思议的事。从语言使用率来看，这两组跨代交流的语言选用倾向有着相当大的差别。年纪比较大的祖辈父母主要是以华人方言跟孩子说话。由于家庭是以父母和孩子为主，因此可证明华人方言是华人家庭中传统的基本语言。祖辈和孙辈之间相隔了父辈一代，年龄相差几十岁，在生活环境、思想文化等方面有着不一样的经历和认识。那么，在跟孙辈说话的语言选择上，祖父母是坚持以自身的语言能力为依归，根据自身的语言喜好来决定使用哪种语言，还是顺应孙辈的语言能力或喜好，尽量配合孙辈的语言呢？祖孙两代的语言能力对他们之间沟通的用语选择有一定的影响。基本上，为了确保沟通的有效性，说话双方都应该选择以双方最流利的共同语言为桥梁。假如祖孙双方没有共同语言，其中一方就听不懂另一方的话，或者是只能以很不流利的语言来表达，那么祖孙之间的交流不但受影响，甚至也可能完全不能进行，形成交际鸿沟。孙辈的语言能力和祖辈完全不同。孙辈的语言能力比较集中于英语、华语和马来语三大语言，华人方言能力则比祖辈低。祖辈没有掌握的是现代社会中常用的三语，而孙辈没有掌握的是作为中华传统文化根基的方言。孙辈的语言能力显然是受注重三语教育的学校和教育政策所影响。方言没有正式的传授渠道，只是父母或祖父母在生活中非正式教导，小孩没有学习方言的压力。绝大多数玻璃口新村家庭又是小家庭制，祖父母不和孙辈居住在一块孙辈也没有说方言的环境。祖辈和孙辈的语言能力差异，是华人社会语言转移的明显表征。

既然祖辈和孙辈的语言掌握情况有较大差异，那么双方选择什么语言为沟通用语就具有查证的必要。调查发现，年纪较大的村民，因自身语言条件的关系，近半还是以自身方言跟孙辈说话。其中祖辈最多使用广东话。家庭语言出现变化，证实了马来西亚华人的语言出现转移。这种转移的基本趋势是从华人方言逐渐转向华语和英语，而这种转移与社会变迁相关，尤其是与语言息息相关的学校教育。1957 年独立后，马来（西）亚社会环境加速发展和变化，华人所掌握的语言种类也受到影响，年轻华人对方言的掌握不如年长华人。在一代不如一代的循环下，不少年轻华人不但不再精通华人传统方言，甚至在不受任何政策约束或其他条件“逼诱”的情况下，自动减少使用方言，进而将社会习惯带回家里。总而言之，家庭用语的转移是玻璃口新村居民自然顺应社会整体语言流向的表现。

语言掺掺现象普遍出现在村民所使用的各种语言上，如华语、英语、马来语和广东话。这种语言混用最常见于年轻一代的华人，尤其是在华人方言的使用方面。使用马来语和华语时的混用情况则比较少。年长华人则在说马来语和华语时掺杂比较多的广东话，但是在说广东话和英语时，语言转码现象又比较少。在玻璃口新村，自华人先辈踏上这片土地，每代人都在努力学习当地语言。玻璃口新村居民说话时华语、英语和马来语夹杂是本土特色，是多元文化本质的反映，也是多元文化属性的表现，更是社会中多种语言接触的自然结果。处在多元文化的社会，面对着西方和当地文化的冲击，要永远保留祖先的中华文化传统是不可能的。玻璃口新村的居民为了生存，必须融入当地主流社会，文化融合的结果首先就在语言中表现出来。玻璃口新村居民语言的当地色彩是鲜明的，形成了与中国汉语相异的另一种区域变体，不能单从语言污染的负面角度来看待。虽然如此，作为社会导向的学校和传播媒体，却必须严格遵守语法规范，树立正确的语言模范。处在打语言基础阶段的青少年所学习的也必须是规范的语言，以免语文混乱。在人文背景复杂的社会上，对待语言的使用就可以用比较宽容的态度，不应刻意阻止语言的融合。从社会融合、海外华人认同当地文化的角度来看，语言掺掺现象有其积极的一面。

第二节　华人的学校

早期玻璃口新村居民主要是因紧急法令事件而来自周边的山芭华人，其祖辈只是开锡矿或种橡胶割胶的，少有接受教育的机会，导致文化程度不高，基本上是文盲。玻璃口新村建立并逐渐稳定后，当地的华人精英发动民众募集资金，在玻璃口新村建立了一所学校，即“玻璃口华文小学”，从此下一代开始接受教育了。

一　玻璃口华文小学

玻璃口华文小学，位于玻璃口新村的西边，也是玻璃口新村与旧玻璃口村的交界之处。玻璃口华文小学创立于 1951 年，在新村成立后，在太平局绅陈生的倡议下创办，以教育村民子弟。陈生召集当时旧玻璃口明新学校董事长黎瑞田、董事陈景波、陈超龙、黎瑞及暹猛区启蒙学校董事黄德卿、杨孔以及新村名人潘粹芝、黎森、黎恒、黎振华及蒙英等华人领袖共同创立。当时创立学校的经费全部由华社募集所得，初期一共筹得 28000 余元，1951 年 8 月中旬完成第一座亚答屋顶的校舍。成立初期的华小只有一间大礼堂、一间办公室、六间教室及三间独立式教师宿舍，并于当年 9 月开学上课，学生 200 余人，教员 7 位，首任校长为黎振华先生。

1953 年，李学如先生掌校，学生增至 300 余人，教员 7 人。本校第一届六年级学生为首届毕业生。1954 年，学生人数进一步增加，原有教室已不够使用，因此学校增建第二座校舍，其中有教室两间，教务室及教员宿舍各一间，同时把第一座校舍的亚答屋顶换

图6－1　玻璃口华文小学（郑一省摄）

为锌片屋顶。由于新村仍在紧急法令的背景下，所以仍有源源不断的居民涌入新村，华小的学生人数也相应增加。至1961年，华小的学生已增至500人，共13个班，分上、下午班上课。教职员17人，仍然由李学如校长掌校。

1971年玻璃口华小奉教育部命令成立家长教师联合会（家长教师协会前身）。并于1971年6月4日成立首届理事会。当时为主席程文汉，副主席李学如校长，财政黄保，文书孔繁锦，查账陈启严、黄定基。1973年教育部要求把“家长教师联合会”改为“家长教师协会”，并协助学校开展各种工作与谋求发展，并于1973年11月8日改选职员。正主席黄保，副主席周石庆，财政陈成辉，秘书邓佛送，五名家长代表为江瑞钧、孔繁锦、彭金、杨庆海和廖生。另外五名理事为教师代表黄定基、林玉桂、廖其佑、何锦坤和林瑞照，查账为李锦和林贞。同时即席获得各理事捐献活动基金300余元。1974年家教协会发动募捐，获得家长们热烈响应，共筹得近3000元。黄保先生担任家教主席直至1979年，后改由池昭汉先生接任。

家教协会不仅沟通家长和教师共同处理学校事务，还积极代表学校向社会筹款。1977年年初，因大部分教室都已非常陈旧，其中数间更破旧不堪，在董家教的共同努力下，当时州议员拿督浦耀才拨款2000元，把几座教师宿舍及一座储藏室改建成教室。同年又终获教育部在世界银行贷款下拨出的20万元用来兴建新校舍。至1979年，一座双层永久性新校舍建成，一共有教室8间、办公室1间、食堂1座及男女学生、教师卫生间等，并于1980年6月8日恭请当时为教育部副部长长的丹斯里陈声新局绅主持开幕。在开幕庆典的宴会上，热心教育的与会贵宾即席捐输，共筹得9000余元，以兴建一座水泥篮球场。

1983年12月23日的第4次董家教联席会议上，诸位理事决定把陈旧不堪的校门拆除，并建立一个永久性的校门。新的学校大门于1984年完成，学校邀请书法家、全国教师公会主席沈慕羽校长题写对联，并将对联刻于大门两旁石柱上。对联曰："维护母语教育，发扬中华文化。"

1987年，学校在董家教三方面配合下，决定将本校教学器材、图书等集合在一间宽敞的建筑内，称为资源中心。1988年获得彭亨州州务大臣拿督斯里加利雅谷批准拨款5500元用来增建视听室和给图书馆和展览室增设冷气，使学生们有更舒适的学习场所。由于教育制度的改变，华文必须采用简体字，学校在70年代末期所购买的图书与教学器材大多已不适用，家教协会因此特地拨款5000元，作为增购三种语文图书及教具之用。

从1993—1999年间，学校曾多次获得教育局拨款以改善硬体设备：首先扩建食堂并铺上瓷砖；再把一间教室改建为行政室，其中包括一间校长室，三间副校长室和一间行政助理办公室。校长室于1999年装上冷气设备。

学校还在1995年成立了电脑学会，在董家教的资助及热心人士的捐献下，电脑学会共有17台电脑可供学生选择学习，并由本校老师指导，当时收费为15元。1998年，校长为了要将电脑教育普及化，让全校学生受惠，在获得董事部及家协的认同下，与吉隆坡育德资讯（马）有限公司合作，于1999年4月开办电脑班，让一至六年级的学生学习。

1999 年人力资源部部长在学校举行的新年团拜会上宣布以一元对一元的方法协助本校筹建一座一百万元的多元用途大礼堂。董家教随即成立建委会并立刻进行筹款。在人力资源部部长的 50 万元协助下，通过董家教努力为华文教育奔波筹款，以及热爱华教的社会人士一波又一波的义卖会，终于筹得 70 多万元。一座耗资百万元的大礼堂傲立在玻璃口新村里，大礼堂室内以张官金和杨玉凤伉俪命名，食堂则以拿督斯里陈广才的母亲——欧阳彩娟命名。

图 6－2　玻璃口新村华小礼堂（郑雨来摄）

2002 年 3 月 28 日，礼堂管理委员会邀请副首相拿督亚都拉巴达威为学校大礼堂主持开幕。副首相宣布拨款 7 万元作为礼堂音响及自动布幕设备的费用。

随着时间的推移，学校的校舍已略显陈旧，主体建筑又遭受白蚁的常年侵蚀，导致洋灰层自动脱落。在文冬公共工程局派人调查得到证实后，廖中莱部长在 2009 年的学校运动会上正式宣布根据第十大马计划对学校校舍进行翻修。

与众不同的是学校还有一座名为“养志园”的小型公园，其名字由著名的华文教育捍卫者陆庭谕先生所题。自养志园建立以来，全体委员几乎每日都到校园为养志园的美化和清洁开展工作。他们发挥“沙地上种花”的精神，以不懈的毅力，终于把养志园发展为一个有金鱼池、奇花异树、凉亭的环境优美的“世外桃源”。

图 6－3　玻璃口新村华小的养志园（郑雨来摄）

据玻璃口华文小学黎家贤校长介绍：玻璃口华文小学目前有学生 365 人，男女生人数比例均等。玻璃口华文小学以前学生人数最多的时候达到 800 多人。现在玻璃口华小包括校长和副校长在内一共有 28 位老师。学校一共有 6 个年级，每个年级有 2 个班，还有一个学前班，现在学前班的人数为 25 人。[①] 学校里老师主要是华人，也有马来人，行政人员多数都是马来人。按照马来西亚的政府的规定，只要学校里有一名马来学生，学校就需配备一名宗教师。玻璃口华小在二年级有 1 个马来学生，在学前班有 2 个马来学生，所以专门配备了一名马来宗教老师，其主要职责是给这名马来学生教授

① 根据 2016 年 8 月 11 日上午在玻璃口华小对黎家贤的访谈。

宗教礼仪课程。学校在校规方面未规定学生剪短发，但是要求学生每天穿校服。学校开展的学生活动主要有：篮球、田径、合唱、铅球和演讲。据访谈，玻璃口华小的体育开展活跃，其中铅球成绩较好，曾在国家比赛中排名第七。①

玻璃口华文小学实行“家教协会”和“董事会”的管理模式。“家教协会”是指家长教师协会，“董事会”只有华人学校才有，是马来西亚政府不承认的机构。1971 年“家教协会”成立，这是应政府要求成立的，主要起的作用是协助学校当局管理。董事会于 1951 年成立的，主要的作用是看管，推动发展，发展硬件设施。学校校长主要负责行政管理。一般来说，玻璃口华文小学董事会和家教协会一起开会。家教协会这边主要有主席、副主席和财政。校方这边主要有副财政、秘书和副秘书。家教协会每年选举一次，只要孩子是这所学校的，家长都可以参加选举。董事会每三年改选一次，校长是董事会的秘书，董事会是出钱出力，是义务服务的。学校的校长实行委任制。老师和校长的工资都是由当地的政府出。老师退休后可选择退休金或者公积金。学校的水电费和学校维修的费用都是由政府负责。2016 年学校的总行政开销是 3.5 万元。

玻璃口华小占地面积 5 英亩多，环境优雅，教学条件较好，学校有教室、老师办公室等等。

图 6-4　玻璃口华小的内部环境

（郑一省摄）

图 6-5　玻璃口华小的老师与学生

（郑一省摄）

① 根据 2016 年 8 月 11 日上午在玻璃口华小对黎家贤的访谈。

目前，玻璃口新村华小主要存在三个问题，第一是硬件方面，存在危楼和坏的桌椅，因为危楼的报修要通过校方上报县教育局再上报州教育局再到工程方，所以危楼的问题还迟迟没有解决。第二，老师工资低。老师每月起薪3000元，而且无论学士、硕士、博士，学历高低，工资上都没有差别。第三，生源上不足，即学生人数剧减。华小学生生源主要来自新村。现在为了扩大生源，要求只要在玻璃口新村就读学前班，就要在这里读小学。但由于玻璃口新村许多年轻人都搬离了新村前往吉隆坡，此外华人生的越来越少。玻璃口华小的黎校长认为，学校学生的成绩一般，因为大多是由爷爷奶奶带领，疏于管理孩子的学习。现在文冬共有58间学校，其中共有12所华小，竞争力也是相当大的。现在父母的观念也发生了一些变化，开始追求离家近的学校，也不再追求名校。

随着玻璃口新村华文小学的建立与发展，该村的学龄儿童受教育的机会大大增加。据调查，40岁左右的村民受教育程度略高于父辈，年轻一辈的青少年根据自己的学习能力，一般都可以有大学文凭。如若家里条件允许，玻璃口新村的年轻一辈都会选择到外地深造，或到首都吉隆坡，或到中国台湾，或者是澳大利亚等国家或地区求学。从我们在玻璃口新村发放的调查问卷中，可以看出没有受过教育和受过硕士和博士教育的人数为零。受到本科教育的人，在所发放的100份问卷中并没有出现，但是在访谈中有一人。即萧金先生，在中国台湾接受了本科教育。还有萧先生的子女也都是本科生，且有一个儿子现在定居美国。① 在访谈中接受过全英文中学教育Peter苏先生也有提及自己的女儿已经大学毕业，现在在中国银行马来西亚分行工作，儿子在华为公司工作②。在本村接受了初中教育和高中教育的人数较多，并且在这期间有些人还接受了英文教育。在老一辈的村民中，接受小学教育的人也有，但是数量不是很多。不

① 根据2016年8月17日上午在琼记杂货店对萧金先生的访谈。

② 根据2016年8月10日上午在98A茶室对苏振胜先生的访谈。

表 6－1　　玻璃口新村华文小学 2017 年学校活动时间表

时间及活动		休息	放学		补习	课外活动
上午 7：10	学生到校交功课	上午 10：00－10：30	下午 12：50	下午 1：20	下午 2：15－3：45	下午 3：45－4：45（星期一至星期四）（Isnin-Khamis） ＊课外活动始于 Aktiviti ko-kurikulum mulai：13.02.2017
上午 7：15 上课前活动 Aktiviti Sebelum PdP	星期一：周会 星期二和四： 国语晨读 星期三和五： 英语晨读 Isnin： Perhimpunan Selasa 和 Khamis： Bacaan Pagi BM Rabu 和 Jumaat： Bacaan Pagi BI	上午 9：50 一/二/三年级和巡视员下课 T1/T2/T3 和 pengawas 上午 10：20 静修活动 Persediaan Belajar	星期一至五 一至三年级 星期五 四至六年级 T1－T3 Isnin-Jumaat T4－T6 Jumaat	星期一至四 四至六年级 T4－T6 Isnin-Khamis	开课日 Bermula pada 13.02.2017 三至六年级（星期一至四） T3－T6 （Isnin-Khamis）	星期一 学会（国/英/华/数/科） 书法班（高年组） Isnin Persatuan（BM/BI/BC/MA/SN） Kelab Kaligrafi Cina（Tahap 2） 星期二 篮球 Salasa Bola Keranjang 星期三 幼少年军团/红新月会/鼓笛乐队 Rabu TKRS/PBSM/Pancaragam 星期四 乒乓/羽球/书法班（低年组） Khamis PingPong/Badminton/Kelab Kaligrafi Cina（Tahap1）
上午 7：30	上课 PdP Bermula					星期五 下午 2：00－3：00 Jumaat 校队训练 Latihan Khas

资料来源：玻璃口华小办公室提供。

过，我们住家的蔡玉珍阿姨，虽然文化水平不高，但是能读报、也会写字。

二　玻璃口新村幼儿园及补习班

玻璃口新村幼儿园位于玻璃口新村图书馆楼下，1977 年由政府开办。现在共有 25 名学生和 4 名老师，其中两名马来人老师，一名印度人老师、一名华人老师。

玻璃口新村幼儿园一共分为两个班，即大班和小班。小班主要招收 2—3 岁的学生，大班主要招收 3—4 岁的学生。玻璃口新村幼儿园招收的学生，主要是玻璃口新村村民的子女。据一位访谈者谈及，她的三个小孩都是在这个幼儿园上学，三岁的学生主要在这里学唱歌。

在玻璃口新村也存在文化补习情况，这些补习的机构一是在私人所办的托儿所，二是在玻璃口华文小学。玻璃口新村的托儿所是全天的，从早上去读到下午五点才回来的。受托的学生可以在那边吃中饭和睡午觉，其实托儿所是帮忙看小孩的，学费很贵。玻璃口华文小学有补习班，主要是周末开办，也有在每天下午，或星期一补习的。周末学生补习是上午 9 点开始，补习到 1 点 20 分，回家吃饭后，到两点再去补习到四点半。晚上 7 点开始，补习到 8 点半，一个半小时。参加补习的、老师是玻璃口华小的老师。

据访谈得知，马来西亚补习班有自己的特点。在小学阶段的补习，是学校硬性规定的。每天下午所有学生照常上课，称之为补习。这个补习并非真正意义的补习，也并非上课，而是帮助学生在校内完成作业和课上不懂的问题。而且，参与这个补习的老师也都是学校内部的老师。到了中学阶段，补习就是自由的，但是因为每天下午没有课程，所以所有的学生基本上都有去补习。只是补习的课程不同而已。有的学生补习的是课业，而有的孩子补习的是个人兴趣爱好，如住家姐姐卢彩君的儿子补习羽毛球。但是不管怎样，孩子们的下午时间无一是空闲的，都是被占用的。而且，在谈话中，周爱玲告诉笔者，通常学校的老师因为工作繁忙，没有时间在外办补习班，在外办补习班的大多是刚毕业的大学生或者专门的培训机构。而且这种通常收费也会略高一些。

三　文冬玻璃口特殊儿童康复中心

与其他同类型新村不同的是，玻璃口新村还有一间特殊儿童康复中心，这间于 1996 年创办的特殊儿童康复中心，收容了 40 多位年龄大致从 3 岁到 40 岁的特殊儿童，包括痉挛儿、自闭儿、智障儿、唐氏儿、好动儿、患有学习障碍与语言障碍的儿童。他们大部分来自玻璃口新村，还有一部分来自邻近新村。

据该中心目前主任杨清丽女士介绍，中心是由前吉打里州议员已故印度裔拿督陆官金的夫人甘姆丁尼（Mdm Kamutini），于 1996 年 3 月 12 日创办，之所以创办中心是因为她本人就生有一个“特殊女儿”，在精心照料女儿的同时，她在文冬各个新村进行沿户调查后，发现文冬一带有不少特殊儿童，他们大多得不到专业且有效的护理，而且家长也缺乏照顾特殊儿童的技术和途径，遂出资创办了中心。开办初期，她沿街发传单进行宣传，渐渐就有 7 个小孩加入康复中心，并且聘请了 1 个老师，加上她自己，一共就有两名老师，还聘有一位马来义工。为特殊康复中心获得准字，她在创办康复中心后就开始向福利部申请，直到 1998 年才获得马来西亚福利部的批准，并开始向老师发放津贴。中心已经历了 4 位主席领导，现有一位主任和 5 位老师，由于人手不足，学生从原来的 7 班合并为目前的两个大班和两个小班。分班是以学生的智商水平为标准。

文冬玻璃口特殊儿童康复中心成立后，政府的拨款补贴每个孩子每月 50 马币，现在增加到 150 元马币，老师每月可以获得政府补贴 800 马币。为了建设好康复中心，2002 年康复中心基金会举办了 NGO 筹款慈善晚宴。筹款晚宴是在玻璃口华小举办的。[①] 该晚宴共

① 筹款发起人是翁绍林，文冬文积人，原来是巴士公司的经理。

图 6－6　玻璃口新村的“文冬玻璃口特殊儿童康复中心”（郑一省摄）

筹款 40 万元马币并用于建设新的康复中心。2003 年新的康复中心在原址上开始动工，直到 2004 年建成两层半楼房。现在康复中心每年可以收到来自社会各界的捐款 8 万—10 万元马币。

图 6－7　玻璃口新村特殊儿童康复中心举办新春庆典（郑雨来摄）

中心以国语（马来语）为教学媒介语，也教导华文和英文。教学可分为学术与技能训练和医学疗法两大类。据中心主任介绍：学术与技能训练主要有，精细肌肉运动，包括通过手艺如串珠、编制等训练孩子的手、眼协调；肢体动作训练主要发展儿童的肌肉运动，如走、跑、爬、跳等动作；自立生活技能主要包括个人起居基本训练如洗漱、如厕、洗澡、饮食、穿衣等；基本学术是教导读书、写字、算术等；社交活动则训练特殊儿童与同伴的交友，学习群体生活和旅游的能力；语音发展则训练特殊儿童的口部运动，矫正他们的发音；娱乐活动教导唱歌、跳舞和观赏电视节目。医学疗法有：物理治疗，给痉挛儿按摩肌肉，防止肌肉硬化；远红外线水疗法，具有按摩和排毒功能；感官治疗法，如设立一间感官治疗室，通过各种乐器、泡泡管、动感幻彩灯、夜光彩、香精等感官设备改善孩童五官。

图 6－8　特殊儿童手工和美术作品（郑雨来摄）

主任杨清丽告诉我们，她之所以投身于中心的事业也是出于自己特殊的人生经历，她原住劳勿，现年 42 岁，育有 2 儿 1 女，其中

图 6－9　特殊儿童手工和美术作品（郑雨来摄）

小儿子张正威是个痉挛儿。夫妇二人都对痉挛儿缺乏认知，当时劳勿并无特殊儿童康复中心，2001 年，她听闻文冬玻璃口有一家特殊儿童康复中心，因此就把儿子送到这里，每日来回文冬和劳勿。杨清丽提到："当时正威已经 5 岁了，时间上已经有点迟，因为他的手已经萎缩和变形了，智力障碍也越发严重。所以特殊儿童应该及早送到医院或康复中心，以免耽误病情。"① 后来因中心缺乏老师，当时主席翁昭林鼓励她当老师，她就抱着试一试的心态踏入教场，再后来，为了方便照顾儿子和教学，杨清丽举家从劳勿搬到文冬，这一职业转换的过程让她不经意间踏入了这个对她来说全新的行业，并从此爱上了这里。

该中心虽然已是文冬地区规模最大、配套最齐全的特殊儿童康复中心，但也仍存在不少问题，我们在调研时发现，中心的学生基本全是华人子弟，除了主席和主任也为华人外，5 任课教师全部是

① 根据 2019 年 2 月 15 日在玻璃口新村特殊儿童康复中心对主任杨清丽的访谈。

非华裔，3 位马来裔，2 位印度裔。

主任介绍说：

> 这些老师是我们聘请的，需要达到 21 岁，并且有初中文凭，还需要有兴趣，然后我们叫她来填写表格，然后我再来面试。之所以没有华人，是因为华人大多对这份工作没有兴趣，一是薪水太低，每月只有几百块马币；二是因为迷信，根据她们家里人说，尤其是年轻未婚女孩，如果成天面对这样的有缺陷的孩子，最后你的孩子就会是这样。之前来过一个 21 岁的华人女孩，她做了不到一个月就不做了，因为她奶奶不让，但是马来人和印度人就不迷信，她们认为这是上天赐予的，这是在积功德。①

至于中心的管理，最大的问题就是经费的不足。主任提到：

> 目前中心有一个理事会，会长、主席都是每届大会上由家长选出，比如一开始成立的时候，他们会去找比较有威望和能力的人并且能帮到孩子们的，然后每两年我们开会选一次，投票选举，我们的会长理事都是自愿从事这一工作的，他们主要负责中心外面的事务，比如筹集经费、举办活动等。目前经费全部由我们自己募集或是社会捐赠。政府补助，去年给我们 5000 活动经费，老师 800 一个月，我是 1000 一个月，学生给 150 一个月，水电一个月 500 块，其余都得靠社会人士帮助。新政府答应捐给我们 5000 块，以前经济好的时候，国会议员帮我们找赞助商。但是不多，现在经济状况下滑，拨得就更少了。其他困难就是家长不合作的问题，华人不太愿意合作，不乐意参与我们的活动，我们有 28 个家长，比较活跃的有 10 个左右。

---

① 根据 2019 年 2 月 15 日在玻璃口新村特殊儿童康复中心对主任杨清丽的访谈。

> 华人会把孩子的责任推给学校。上次有个家长认为自己的孩子很麻烦，就留在家里不让出门。①

现在康复中心里有特殊儿童有30位，其中马来儿童1位、印度儿童1位，华人儿童28位，在这些儿童里年龄最小的是5岁，年龄最大的是42岁，这些孩子以智障为主，占88%，主要是患有孤独症和学习障碍症，也有少部分的残疾儿童，康复中心共4位老师，3位印度老师和1位马来老师，现任康复中心主任是杨清丽，她2000年来到福利中心的，她刚开始是以家长的身份带孩子来福利院，在2001年的时候正式加入做老师。康复中心基金会现任主席是施善志。②

康复中心每周一到周四上课，上课的时间是上午的8点到中午的12点，上午10点的时候包含一顿早餐。每周五是老师家访日。老师会家访每个学生家，观察特殊儿童在家里的表现，并与父母沟通孩子的状况。康复中心也会给老师们开设专门的培训课。每个特殊儿童每月给学校交20元马币。在康复中心里，现在分为4个班级，分班是以学生的智商等级来分的。康复中心时常也会请专家来会诊，现在最新引进的治疗方法为花卉疗法。康复中学的学生全部来自文冬，在学校里他们主要学习的内容是自立、日常生活基础。在大班里还会教特殊儿童煮食物、插花、种菜等技能。在小班主要教特殊儿童数学和马来语。每天都是先由老师集体教学，再由老师一对一教学③。

---

① 根据2019年2月15日在玻璃口新村特殊儿童康复中心对主任杨清丽的访谈。

② 福建南安人，198年出生，现年69岁。施主席原本是公务员，任联邦土地发展局园丘的经理，那时主要种油棕。后来被公司派下来，带领一队人，开辟森林，搞种植。大约5至7年就会调一个地方，就这样从事这个工作30年。1985年的时候来到文冬美露这个地方，从事公务员期间，共换了六个园丘。2004年施善志退休，被翁绍林带到康复中心来。2004年施主席正式开始接手康复中心，并开除了甘姆丁尼。

③ 根据2016年8月14日上午在玻璃口新村特殊儿童康复中心对杨清丽、施善志的访谈。

表 6-2　　玻璃口新村特殊儿童康复中心每天的课程安排

时间	8：00－8：30	8：30－9：00	9：00－10：00	10：00－10：45	10：45－11：00	11：00－12：00
内容	早餐	做操	上课	吃饭、清理	看电视、看卡通片	上课

资料来源：玻璃口新村特殊儿童康复中心提供。

据访谈，玻璃口新村特殊儿童康复中心坚持的原则是：不可以讲同情心，而是要用关心和爱心。不过，访谈者认为最令人心痛的是，这些特殊儿童的家长对自己孩子的态度，呈现出不关心、没有耐心、嫌烦。这些都使中心的管理者感到很辛酸。因为，一些家长每天就把孩子送到康复中心就不管了，而且家长在配合老师方面也表现得不十分积极。①

① 根据 2016 年 8 月 14 日上午在玻璃口新村特殊儿童康复中心对杨清丽、施善志的访谈。

第七章　玻璃口新村华人的社会组织

有关社会或社区组织的架构，李亦园先生认为代表正常的行政组织机构“自愿社团”（Voluntary association）是华人社会中的常见组织。所谓自愿社团，是以自由参加原则的结社，也就是在中国本土内一般称之为“民众团体者”。[①] 除了自愿社团外，文冬地区包括玻璃口新村在内的15个华人新村由于是人为迁徙而建，当地政府为了加强其管理，从而建构了一种“非自愿社团”，即新村安全委员会。这种“非自愿社团”是由政府行政命令所建，其具有一种行政系统权威性的特征。

文冬市是一个华人社会组织较多的地区。1989年，一位马来西亚的记者在报章中这样写道：“文冬有三多，即脚车多、广西人多，还有社团多。”[②] 据统计，文冬市共有72个“自愿社团”，这些大大小小的社团主要分布在文冬市区的陆佑街、辛炳街和崔贤街三条大街上，以及15个新村之中。

玻璃口新村虽然人数不多，但由于临近文冬市，逐步被纳入了文冬的政治社会生态结构之中，而且由于该村曾出现了诸如曾被授予太平局绅的陈生，马来西亚国会议员的陈生新局绅、彭亨州州议员罗昭泉、浦耀才、何启文，文冬邮政局局长何金水等这样的人物，

① 李亦园：《一个移植的市镇——马来亚华人市镇生活的调查研究》，台北：正中书局1985年版，第78页。

② 陆兆邦：《文冬华人注册社团》，载《文冬华人大会堂90周年暨扩建会堂纪念特刊》。

表 7－1　文冬市华人社团一览表

社团名称	成立时间	地址	现任领导	备注
文冬中华商会	1909	原先在辛炳街 91 号（生昌金铺），现在辛炳街 87 号（87，Jalan An Pen）	陆祖发	中华商会之铺业原是同盟会同德书报社，该社结束后赠予中华商会，后由先贤开始筹办
文冬广西会馆	1910	原先在陆佑街 36 号，现在崔贤街 26 号（26，Jalan Chui Yin）	李茂权	广西容县、北流和岑溪等籍人士
文冬华人大会堂	1914	崔贤街（Jalan　Chui Yin）	拿督斯里罗龙年	
中国青年益赛会	1919	陆佑街 18 号（18，Jalan Loke Yew）	李华兴	
福建义山管理委员会	1920			目前不存在
两广义山管理委员会（早前称为两广公所）	1929	The Management Committee of Kwang Tung&Kwangsi Cemetery	28，Jalan Chui Yin	黄源
文冬永春会馆	1929	陆佑街 40 号（40，Jalan Loke Yew）	陈体运	永春籍人士
彭亨古冈州会馆（前身为古冈同乐所）	1935	辛炳街 7 号（7，Jalan Ah Peng）	1950	广东鹤山、新会、开平、台山、恩平、赤溪“六邑”籍人士
文冬客家公会	1940	陆佑街 47 号（47，Jalan Loke Yew）	800	惠州、东莞、大埔及海陆丰等籍人士
文冬会宁同乡会	1945	早期在暹猛村，现在辛炳街 60 号（60，Jalan Ah Peng）	250	广东四会与广宁籍人士
彭亨黎氏联宗会	1956	303，Tkt 3，Jalan PASDEC	黎翠璠	
彭亨黄氏江夏堂	1957	41，Jalan Chui Yin	黄文豪	
彭亨古城堂（刘关张）	1957	41，Jalan Chui Yin	刘保华	

续表

社团名称	成立时间	地址	现任领导	备注
华人体育会	1957			目前情况不明
文冬高州会馆	1958	早期在辛炳街 69 号，现在崔贤街 1 号（1，Jalan Chui Yin）	邹绍盛	广西高州籍人士
文冬兴安会馆（早期为兴安公所）	1958	都那路 12 号（Jalan Tras）	林秀添（修田）	莆田、仙游和惠安籍人士
青年俱乐部	1959			目前情况不明
彭亨梁氏联宗会	1959	28，Jalan Chui Yin	梁异光	
文冬福建会馆	1960	陆佑街 110 号（110，Jalan Loke Yeu）		福建籍人士
文冬海南会馆（早期为文冬琼州会馆）	1961	辛炳街 106 号（106，Jalan Ah Peng）		海南籍人士
文冬华人积善堂	1961	Dewan Perhimpunan Cina，Jln Chui Yin	吕福安	
彭亨陈氏联宗会	1961	23，Jalan，Chui Yin	陈亚斯	
文冬玻璃口民众图书馆	1962	205，Balai Raya Kg Perting	胡金河	
彭亨何韩联宗会	1963			目前情况不明
彭亨杨氏联宗会	1964	6，Jalan Chui Yin	杨仕荣	
文东县篮排球公会	1964	115，Jalan PASDEC	拿督斯里何启文	
文东县乒乓球总会				目前情况不明
文东县象棋公会	1965			目前情况不明

续表

社团名称	成立时间	地址	现任领导	备注
公教中学理事会	1965			目前情况不明
习球公会	1965			目前情况不明
文冬小贩小商公会	1967	4，Jalan Chui YIN	潘志明	
彭亨李氏联宗会	1967	9，Jalan Chui Yin	李文发	
西彭中医中药联合会	1968	41－43，Jalan Ah Beng	拿督斯里罗龙年	
彭亨邓氏联宗会	1968	102，Sg Marong	邓惠民	
文冬广东会馆	1970	崔贤街47号（47，Jalan Loke Yin）	邹诏盛	包括六邑、会宁、高州、海南、客家及其他广东籍人士
屠业公会	1974			目前情况不明
文冬华教教师公会	1975	SJKC Telemong	吴国强	
启文学校校友会	1977			目前情况不明
文东县缝业公会	1978			目前情况不明
彭亨卢氏联宗会	1978	P－5，Kg Perting	卢宇廷	
文冬六壬宫理事会	1978	19，Jalan Ah Beng	梁永昌	
黄氏太极学会文冬学会	1980	41，Jalan Chui Yin	潘志明	
惠东新仁寿社会馆（由1934年成立的惠东新善会与仁寿社公所重组）	1982	早期在辛炳街，现在崔贤街		惠州、东莞、新宁（台山）籍客家人

续表

社团名称	成立时间	地址	现任领导	备注
文冬佛教会	1984	32，Jalan Bentong Height	谭永健	
彭亨林氏联宗会	1984	98，Tmn Hussein	林秀添（修田）	
青团运文冬县会	1987	HL22，Kg Ulu Perting	覃薇诗	
青运文冬县会		126，Jln Jaya6，Tmn Karak	党建平	
亲善饮食公会	1987			目前情况不明
文冬的士公会				目前情况不明
文冬工余体育俱乐部	1988	9，Jala Chui Yin	李树华	
跑步公会	1989			目前情况不明
彭亨文冬崔氏联宗会		99，Ist Floor，Jalan Tan Sri Chan Siang Sun	崔金泉	
彭亨谢氏联宗会		113，Kg Perting	谢桂业	
文冬马氏联宗会		没有会所	马荣生	
大马覃氏联宗会		没有会所	覃裕淼	
大马浦氏联宗会		76，Jalan Chui Yin	浦文雄	
文冬莫氏联宗会		40，Jalan Ah Peng		
黄氏太极文冬学会		41，Jalan Chui Yin	陈玫瑰	
文冬暹猛太极 18 式学会		38，Lorong Tengku Sulaiman，Sg Marong	拿督梁捷顺	

续表

社团名称	成立时间	地址	现任领导	备注
文冬县少林气功一指禅学会		P－3－A，Lorong Tengku Sulaiman，SG Marong	黄金顺	
文冬天后宫		98，Taman Sri Dato Hussein	林秀添（修田）	
文冬金英坛		13，Taman Cempaka	林政安	
文冬醒狮团		H－107，Kg Kemansur	李茂光	
文冬书轩画廊		1，Tkt 2，Jalan Chui Yin	邹昭盛	
文冬县发展华小工委会		110，Jalan Loke Yew	拿督杨安山	
文冬雀友俱乐部		291－B，Kg Perting	庄培华	
文冬东生俱乐部		104，TKT 2，Jalan Chan Siang Sun	李大光	
金马苏拿督公祠		26 Kg Kemansui	潘添福	
文冬黄金年华公会			郑凤清	
文冬扶轮社		91，Jalan Ah Beng	廖志诚医生	
文冬狮子会		19，Taman Anggerik	黄初业	
文冬热水湖公会			余亚莱	

资料来源：刘崇汉编：《彭亨州华族史资料汇编》，彭亨华团联合会1992年版；彭亨文冬华人社团（as of June 2021）。

造成玻璃口新村的社会组织功能较其他周围新村更为完善，除了有“非自愿社团”玻璃口村委会会所这样的社会管理机构外，还有“自愿社团”如玻璃口自愿消防队、玻璃口民众图书馆、卢氏联宗会、谢氏联宗会、雀友俱乐部等等。

第一节　非自愿社团

非自愿社团”即由政府行政命令所建，其具有一种行政系统权威性的特征。玻璃口新村主要的“非自愿社团”，是玻璃口村委会会所和玻璃口图书馆。

一　玻璃口村委会会所（BALAI JKKKB KG. PERTING）

在马来西亚，其区域行政区划分别为州（Negeri）、省（Bahagian）、县（Daerah）和副县（Daerah kecil）、乡（Mukim，也可以“区”来代替）、村（Kampung）。马来西亚第一级行政区划为州和联邦直辖区，现时在马来西亚共有 13 个州和 3 个联邦直辖区。

除了联邦直辖区外，州以下的行政区划在不同的州属有不同的架构。如省（Bahagian）只有东马才有，它是沙巴和砂拉越州以下的行政区划。在砂拉越，省的最高机构为专署，专署的功能是对省内各县的建设发展做出规划与协调，最高负责人为专员；而在沙巴，省并不设有独立的最高机构，建设发展的规划与协调由各县自行负责。

县（Daerah）是半岛州及东马省以下的行政区划，县的主要机构为县署及土地局和地方政府，县署的功能是对县内各区的建设发展做出规划与协调，最高负责人为县长；地方政府根据各县的人口与发展程度不同，可分为市政局/市政厅、市议会和县议会，地方政府的功能与县署相同，差异在于县署主要负责马来保留区的规划，地方政府主要负责城市发展区的规划；土地局隶属县署，主要功能是处理土地相关事务。副县（Daerah kecil，应该只有砂捞越才有）是县署在工作量超出负荷的情况下，在县内分划出一个副县署，副县署所管辖的区域既成为副县。

乡（Mukim）是县（和副县）以下的行政区划，乡（Mukim）的最高负责人为乡长（或区长，比较常用译音为“彭古鲁”Penghulu），乡长办事处附设在县署下。但西马乡（Mukim）更大意义是土地局的土地概念，不具行政职能范围。

村（Kampung）是最低一级的行政区划，在马来西亚通称“甘榜”，负责人是村长（Ketua Kampung）。根据乡村类型的不同而有不同的行政归属，见下表：

表 7－2　　马来西亚乡村不同类型的行政归属

传统甘榜（Kampung Tradisi）	以自然方式形成的聚落，行政归属州政府
渔村（Kampung Nelayan）	以自然方式形成的聚落，行政归属州政府
重组村（Kampung Tersusun）	在自然灾害后，以人工迁移方式形成的聚落，行政归属州政府
华人新村（Kampung Baru Cina）	在紧急时期（1948—1960 年）以人工迁移方式形成的聚落，行政归属州政府
发展芭（Kampung FELDA）	联邦土地发展局在特定地区发展形成的聚落，行政归属乡村与区域发展部
原住民部落（Kampung Orang Asli）	原住民的传统聚落，在西马，行政归属乡村与区域发展部；在东马，行政归属州政府
水上部落（Kampung Atas Air）	沙巴水上原住民的传统聚落，行政归属州政府
非法木屋区（Kampung Setinggan）	在政府未授权的情况下自然形成的聚落，土地行政归属州政府
垦殖区（Estet）	有规划性在农用地段形成的聚落，土地行政归属州政府

正像表中所见，乡村（Kampung）有各自的类型，即有自然的聚落和人工迁移而形成聚落的类型。这些类型在行政上各有归属，既有由归属州政府，也有由乡村与区域发展部（2018 年后由房屋与地方政府部管辖）的。归属州政府的传统甘榜（Kampung Tradis）、渔村（Kampung Nelayan）和华人新村（Kampung Baru Cina）等设有

乡村发展及安全委员会，对乡村的发展做出规划与协调；但在反对党执政的州属，联邦政府特设有“联邦发展暨治安委员会”（联邦村委会），从中牵制乡村发展及安全委员会。

与马来西亚其他的华人新村一样，“非自愿社团”的玻璃口村委会会所（BALAI JKKKB KG. PERTING），即“玻璃口新村发展及安全委员会”，成立时间为1952年。玻璃口新村发展及安全委员会成立的目的，是协助政府维持地方上的安宁。玻璃口新村发展及安全委员会的首任主席是陈生新，其与村委会成员多番协助受难居民渡过困境。

图7－1　玻璃口村委会会所（郑一省摄）

20世纪70年代，彭亨州政府为促进和加强村民和政府的联系，俾更有效的推行新村发展计划，于1976年成立玻璃口/金马苏新村发展暨治安委员会，直至1988年成立“玻璃口新村发展及安全委员会”（以下简称村委会）。村委会设主席1人、秘书1人、财政1人，并设委员若干。第一任村主席是杨宝盛，任期为1976年至1986年；第二任村主席是拿督何启文，任期为1987年至1995年，第三人村主席是浦国恩，任期1996年；第四任村主席是林福华，任期为1997年至2005年，秘书陈枨槐从1976年开始担任至2005年。第五任村主席是甘平华，任期为2006年至2007年，秘书何金水，财政何荣璋，委员：陈海清、浦耀墚、刘秉坤、易玉英、陆开林、林胜鸿、李达蔚、罗福煌、杨木兰、苏昭成、张天权、陈积全。

村委会每两年选举一次，村主席连任期最长不可超过 12 年。65 岁以上不可担任村主席。村主席每月津贴 750 马币。每月开一次会，主持会议 100 马币。目前，玻璃口新村的村委会主席为何荣璋，秘书何金水，财政为李达慰，委员为罗福煌、陈建成、甘平华、黄生、朱木成、何金泉、黄燕燕、黄慧云、陈金慕、浦文伟、张天全、林图荣。玻璃口新村现任村长何荣璋，以前以铺地砖为生，从 2009 年开始任村委会主席至今。

村委会的职责是维护村里的安全，注重提高村民的教育、经济与生活水平的提高。此外，村委会还协助外界对村里的学校进行基础设施建设。2016 年 12 月 9 日，何荣璋村长陪同来自香港的广西同乡会刘傅国到玻璃口华小参观，在得知该校正在进行筹款活动，刘傅国捐助该校港币 2 千元（约 1100 元马币）。①

表 7－3　1976—2017 年玻璃口新村发展及安全委员会成员一览表

历届（年）	主席	秘书	财政	委员
1976—1986	杨宝盛	陈怅魁		
1987—1995	拿督何启文			
1996—1996	浦国恩			
1997—2005	林福华			
2006—2008	甘平华	何金水（逝世）	浦文伟	
2009—	何荣璋		李达慰	罗福煌、陈建成、甘平华、黄生朱木成、何金泉、黄燕燕、黄惠云、陈金慕、浦文伟、张天全、林图荣

资料来源：玻璃口新村村委会提供。

① 《港广西同乡会捐款玻璃口华小》，《文冬报》2016 年 12 月 3 日。

二　玻璃口民众图书馆

玻璃口新村的民众图书馆虽以“图书馆”为名，但其实是一个属于娱乐性质的“自愿社团”。该社团的地址在新村的203号门牌，原本是市议会管理的民众会堂，后来成功申请把这个地方免费给图书馆使用。据调查，罗昭泉是玻璃口新村图书馆发起人之一，连同另十多位人士，于1962年发起成立民众图书馆，他们包括陈昭荣、陈毓芬、黎恒、钟武、黄汉溶、黄保、陈超谟、孔繁锦、李访春、李华泉、罗昭华等。这些发起人皆来自玻璃口华小董事部，因当时没有什么活动与娱乐的地方，就组织起来成立民众图书馆。

玻璃口新村的民众图书馆现任主席是黎蔚纲、总务陈金全、中文秘书朱广荣、西文秘书许声芳、福利胡金和、财政车荣卿、副宣传唐玉莲、副康乐陈天谭。

图书馆前身的民众会堂建筑简陋，只是白锌和木板遮蔽，属于居民开会的地方，也叫儿童所，即让儿童游玩的地方。图书馆成立初期，由董事长陈昭荣担任主席。那时由于缺少经费，图书都是村民、老师及一些团体捐赠，后来也在英国文化协会拿回来不少书刊。在70年代，浦耀才当了州议员申请政府拨款重建图书馆，如今是双层水泥建筑物。目前楼下供睦邻计划幼儿园使用。图书馆藏书及冷气会员年费10马币，永久会员一律50马币。并且借书不设数量与时限，遇有小组活动时间都能开放借书。

图书馆在开创初期，吸引许多民众前来借书，当时会员费是成人3角、儿童角半，每名会员可借出一本书，限期一星期归还。为增加数目，民众图书馆当年也参与安排吉隆坡三友书局、上海书局等书局前来文冬华堂，办书展不少于10次，还协助卖书，过后也获得书商赠书。后期得到部长拨款采购了不少书，如今藏书有数千本，包括小说、文学、历史、法律、医药及百科全书等，都以中文为主。首任主席只担任一届，就退位让贤给浦耀才，后者于1964年协助图书馆取得注册，共当了整40年主席，贡献很大，2003年去世后由

图 7 – 2　玻璃口民众图书馆（郑一省摄）

黎蔚纲接任至今。其实，早年它确实专为提高当地居民阅读风气而设立。朱光荣这样介绍图书馆：

> 图书馆是村里的文化机构，是一种精神寄托。全文冬只有这一家文化机构。以前的时候，图书馆有一个书记，每月工资 100 马币，主要负责借书工作。从 2006 年开始晚上开始了各种活动班。最开始只有华语经典班，由朱光荣负责。我主要负责导读。最开始的时候有 10 几个学生，后来只剩下 5、6 个学生，现在又有 20 几个学生。英语会话班每月每个学生交 10 马币，卡拉 OK 每月每人交 3 马币，书法班每月每人交 20 马币，舞蹈班每月每人交 10 马币，国语会话班每月每人交 5 马币。海燕合唱团每月每人交 25 马币。朱光荣担任国语班的老师，每月得 100 马币。我曾对玻璃口年轻人的看法：没有文化、没有修养、不长进。我常说，应该用自己一生始终用积德警诫自己，不过，我身为一个华人，没有读经典终身遗憾。[1]

① 根据 2016 年 8 月 10 日在玻璃口图书馆与朱光荣的访谈。

正像朱光荣先生所说的，玻璃口村民大多务农割胶为生，没受过什么正规教育，设立图书馆可让居民有机会多接触书籍，还设立成人读书班，政府派人来教授马来文，并有各种健康活动如舞蹈班、合唱团、篮球、羽球及乒乓球。后来，就增设了各种康乐及研习小组，在图书馆阅读的作用反而是其次了。然而，民众图书馆存在了52个年头，活动上一路来都不曾断层，会员也几乎100%都属于活跃分子。

表7－4　玻璃口新村图书馆每周活动表

时间	内容	备注
星期一（19：30－20：00）	水墨画班	
星期二（20：30－21：30）	英语会话班	
星期三（16：30－19：30）	国语会话班	
（20：00－22：00）	海燕合唱团	
星期四（20：00－22：00）	华语卡拉OK	
星期五（20：00－21：30）	经典导读	
星期六（20：00－22：00）	华文书法班	

资料来源：玻璃口图书馆提供①。

玻璃口民众图书馆旗下设有9个活动小组，包括海燕合唱团、国语会话班、英语会话班、卡拉OK、经典阅读班、舞蹈班、书法班、绘画班和外丹功班。在玻璃口新村民族图书馆建立的各个小组中，海燕合唱团较为活跃②。

海燕合唱团于2006年3月15日成立，海燕合唱团的前身是叫图书馆合唱团，2007年才正式更名为海燕合唱团。据了解，之所以更名是因为，海燕象征着自由，代表着该团成员要把歌声传播到世

① 此外，玻璃口图书馆还组织在华小举办一些其他的活动如：星期一、四：舞蹈班晚上20－21：30；星期一至五：中华内外丹功晚上20：00－21：30。

② 根据2016年8月17日晚在玻璃口图书馆民众图书馆与唐玉莲的访谈录。

界去。以前的文冬市文化的沙漠，现在要让文冬充满文化气息，因为文化才是华人的根。海燕合唱团现任团长唐玉莲，副团长陈金泉，合唱团里还设有秘书、财政、顾问、理事等职务。合唱团的根本目的就是“推动中华文化”，基本宗旨是“能有一天活着，就把这个文艺活动搞下去”。但是目前海燕合唱团也面临着一些问题和困境，主要体现在人员不足和经费紧缺方面。在海燕合唱团成员中，分为四个声部，分别是男高音、男低音、女高音和女低音。现在在合唱团里一共有 25 人，其中年龄最大的是 80 岁，年龄最小的是 18 岁，但是主要还是以退休的，乐龄人士为主。合唱团内现在请吉隆坡专业的老师洪日荣老师每周过来指导。合唱团的经费主要来源于州议会拨款和社会各界的赞助。

海燕合唱团 2006 年就在玻璃口华小举办了合唱合演，而且在以后的每年都会参加民歌民乐演出。2011 年参加槟城合唱比赛，演唱了《黄河大合唱》，在 2011 年成立五周年之际参加了彭亨州的合唱比赛。2012 年，海燕合唱团更举办过一场轰动文冬的盛大音乐会《黄河大合唱》，推广文艺活动兼筹备活动经费。在 2014 年，彭亨尔连突客家公会美韵合唱团邀请海燕合唱团去唱歌。2016 年 7 月 30 日，海燕合唱团在文冬华人大会堂举办了十周年演唱会。

除了海燕合唱团外，还有舞蹈班。舞蹈班教练兼主任许声芳，主要教导跳排舞及健康舞，由于要有宽阔场地联系，需付费租借玻璃口华小礼堂。外丹功也是采用华小礼堂练习，有 3 名教练，胡金和（也是主任）、吴庆蓉及李碧芳。经典阅读班则免费，修读古文诗词、弟子规、庄子、老子、大学及论语等，导读老师朱光荣，他也是书法班导师。其余小组领导分别是卡拉 OK 主任陈天谭、绘画班主任谭金海、英文会话班陈体安、马来语班主任赵慧琴。

图书馆也曾为华教出力，包括复办丹州中华独中与建设学生宿舍时，代卖钥匙环及彩票筹款，共筹到 3 万马币。活动都公开让全文冬会员参加，一些属于免费，一些象征性收费。收费性质的，大部分都是用作租借礼堂练习或聘请教练；至于一些老师义务教导的，就会赞助老师们车马费，或用作工具奖章费用及组员餐费等。民众图书馆在 80 年代曾设立华乐队小组，耗资超过 5 万马币，还从吉隆坡找来教练义务教导。当时只推行了 5 年，由于其时的学员以学生为多，要升学及注重课业就不再参加，在青黄不接之下关闭了。后来劳勿双溪兰要成立华乐团，那批乐器就让他们使用了。

民众图书馆的重大活动是落在 7 月的馆庆，各小组都会配合呈现节目，如朗诵诗歌、现场挥毫、呈现舞蹈唱歌等。

第二节　自愿性社团

一　玻璃口自愿消防队

玻璃口自愿消防队，位于玻璃口新村的陈生大道 106 号（D/A NO. 106 KAMPUNG PERTING）。玻璃口自愿消防队的建立，源自玻璃口新村的一场大火灾。据访谈，玻璃口新村 2000 年 11 月 17 日晚突发一场火灾，导致新村内五排约 88 间板屋被烧毁，超过 600 多名村民流离失所，无家可归。由于当时新村内的建筑多为木质，而且比邻而居，中间的空隙十分狭小，因此火势蔓延极为迅速，全体村民花费两个多小时才控制住火势，第二天大火才完全熄灭。这场火灾来势猛烈，造成了极大的经济损失，万幸没有人员伤亡。火灾的起因迄今为止众说纷纭，但通过这场火灾，玻璃口新村村民开始认识到成立一个志愿消防队的重要性，由于政府消防队距离远，进入新村的道路不便通行，所以在村内成立一个消防队可以防患于未然，以备不时之需。

2001 年 4 月 8 日，村民集体召开筹备会议，玻璃口自愿消防队正式成立，首届会长为林福华先生。志愿消防队成立后，获得政府承认。消防队每两年举行一次全体会议，投票选举出主席、副主席和各位理事，主席每届任期两年。会员共有 100 余位。消防队成员由新村村民自觉自愿加入，领导层也全凭自愿，没有任何薪水，只有政府每年提供的意外保险和住院医疗优惠卡。消防队的经费日常开支，如购置器材、培训活动等，均由社会捐赠，政府每年给予3000元马币的补助。

提到消防队建立的初期，消防队主席林胜鸿说道：

> 其实在1999年开始，就说要成立一个义务消防队，那时我父亲是村长，当时政府的消防队找到我父亲说要成立一个志愿消防队，当时就开始召集会员，当时那时没有人要主动加入，他们讲已经有政府了为什么还要我们自己成立消防队，后来在2000年的11月17号在玻璃口发生一场大火，当时是晚上的9点，这场火烧毁了88间房屋，整整3街，这算是全彭亨州最严重的大火了，这场火从前一天晚9点一直烧到了第二天早上7点，从那过后，整个村子人心惶惶，当时整个村子有600多间房屋，90%都是木屋，人们怕再会遭遇这样的大火。当时我们就开始第二次招收会员，响应的会员有180多位。2001年的4月8号，我们召集所有的会员召开志愿消防队筹委会会议，当时我们连一条水喉都没有，我们就想办法向政府申请，政府给了我们一套消防设备，其余的一切我们就一点一点筹款。我们第一辆消防车就是这样得到的。我们现在从全文冬招募会员，要求年龄18岁以上，需有奉献精神，我们也会对他进行考核。我们的职责也不仅限于消防，我们不仅灭火，也做一些水灾、车祸救人、捉蛇、除蜂、维护治安、防火教育等活动。我们24小时待命，村民发现火灾可以第一时间呼叫志愿消防队，除此之外，我们每个人也有自己的工作。①

玻璃口新村志愿消防队与马来西亚国家的公立消防队不同，志愿消防队的全体人员都是自愿担任，由村民自行选出，不拿薪水，甚至会因此牺牲一部分本职工作的时间。另外，志愿消防队的职责

---

① 根据2019年2月13日在玻璃口新村与林胜鸿先生的访谈。

图7－3　玻璃口新村志愿消防队的消防车（郑雨来摄）

也多于公立消防队，他们除救火外，还要因地制宜，维护新村村民的整体安全。

玻璃口新村的消防队虽然是自发而组建的，但平时也按规定进行训练。一般来说是一个月两次训练。有的是在两广义山训练，因为旁边有一条小河方便抽水。有的是在本村进行训练。为了提供村民的消防意识，玻璃口消防队还经常在华小对在校的学生进行消防知识的培训。

目前，志愿消防队面临的最大问题就是筹集经费的问题，作为一个投入巨大且非营利的民间机构，主席和会员们时常举办各种各样的筹集捐款的活动，但都不是很理想。如在南洋商报的一篇报道中就说：

> 玻璃口新村志愿消防队的水管和制服都已破旧，两辆消防车需要常年保养，因此在成立15周年之际在华小大礼堂举办筹款晚宴，望筹得10万马币的捐款。筹款晚宴由交通部长拿督斯

里廖中莱主持开幕，朝野政党代表都受邀出席，也邀请到国内20个自愿消防队的200多名成员前来，但其结果仍欠佳。①

四 彭亨卢氏联宗会

彭亨卢氏联宗会作为“自愿社团”之一，应该是一个典型的血缘社团“宗亲会”。② 该会位于玻璃口新村陈生4路（Jalan Chen Sang 4）P5号，即一家神料香纸店的楼上。

图7-4 彭亨卢氏联宗会外景（郑雨来摄）

彭亨卢氏联宗会室内面积大约100平方米，分为前后两个厅。前厅为会员们日常集会或举办活动的场所，后厅分为一间办公室和

---

① ［马来西亚］《南洋商报》（东海岸8）：《筹款晚宴反应欠佳：文冬玻璃口志愿消防队呼吁各界支持》2015年8月4日。

② 最先提出“五缘”（亲缘、地缘、业缘、神缘和物缘）文化的是中国学者林其锬（见其1989年4月17日在福建省漳州市召开的“纪念吴夲诞辰1010周年学术研讨会”上所宣读的论文——《五缘文化与纪念吴夲》）。后来许多学者在其基础上又提出另一种五缘文化，即血缘、地缘、业缘、神缘和学缘，并作为分析华人社团文化的概念。

值班人员休息室。前厅四面墙上悬挂着两届会长的照片和历次举办活动的照片，还有社团获得的表彰、证书、锦旗及活动剪报等。格外引人注目的是，在前后厅的门处，墙上书写着“范阳堂”三个大字，两边的对联写着“爱国创业扬族光，敬老尊贤传美德”，两边还画有山水国画，十分有意境。据历史记载，范阳（今中国河北涿州）为卢氏祖居地。秦朝时世祖卢敖迁居范阳，后世子孙便以范阳为郡望，称范阳涿人、范阳人，即范阳卢氏的由来。卢氏联宗会以“范阳堂”为号意即如此。

彭亨州卢氏联宗会发起于 20 世纪 50 年代，但迫于种种原因一直未能成立，1974 年，一股成立社团之风吹遍文冬，卢氏联宗会也随之成立，成立之初的卢氏联宗会开始确立会所和广招会员。目前卢氏联宗会的会所是前会所废弃后搬迁至此的。据联宗会财政卢美严先生介绍：

> 会所是我们全体宗亲共同的财产，是 2001 年那场火灾后搬迁到这里的，当时花了 12 万马币。一开始我们全体会员曾筹集一批款准备翻修我们原来的会所，后来不幸的是那间旧屋子被火烧掉了，我们就向马华会长申请重新购置一间屋子做会所。后来时任马华会长就优先给我们一间屋子，比较便宜一点，一共 12 万，街上的就得 30 万多。12 万马币的每一分都是我们会员的筹款。我们那时割胶收入不高还要供孩子上学，我们就每月扣一点交给宗会。会所楼下租出去的店铺一个月 400 块也作为月供，总共 12 万是我们一起慢慢供的。①

就这样在第一任会长卢英耀和第二任会长卢兴的积极带领下，卢氏宗亲们齐心协力，发扬艰苦朴素、群策群力的精神最终缴满了重置会所所需的经费，宗亲会工作得以继续进行。

---

① 根据 2019 年 7 月 24 日对彭亨卢氏联宗会财政卢美严先生的访谈。

为了服务宗亲，卢氏联宗会在文冬两广义山购置了卢氏总坟，总坟1980年完工，2017年翻修，用以安葬往生的卢氏宗亲。总坟的墓碑上刻有："范阳卢氏先烈考妣总墓"，两边题："范水溯蛟峰千古秀色，阳向马案岭万载绵长"，下书"福禄寿"三个大字。所有的一切无不体现出卢氏宗亲对丧葬礼仪的重视和"死生亦大矣"的传统观念。

卢氏联宗会目前有会员300多位，会员除彭亨州外还遍布全马各地，甚至有来自中国大陆的会员。彭亨州内的成员主要来自文冬、劳勿、利卑三地。据现任会长卢宇庭介绍，马来西亚原本只有两个卢氏联宗会，西马一个，即彭亨州卢氏联宗会，东马沙捞越有一个，那个成立时间最早。这两年在柔佛州和马六甲也成立了卢氏联总会，但整个西马地区彭亨州卢氏联宗会依然规模和影响力最大。在组织结构方面，联宗会是"麻雀虽小，五脏俱全"，虽然在文冬华人社团中属于中等偏小，也比较年轻，但理事会各部齐全，共同协作且互有分工。

卢氏联宗会的理事会两年一届，三个月召开一次会议，共同讨论会务，目前理事会有十多人，分会长、副会长、财政、总务、查账、理事。理事会通常两年一次选举产生，所有的会员可一起选举。从他们平时的会议记录可以看出，他们不但定期举行会议，而且还要严格遵循会议章程和讨论议题。会议开始前所有参与会员统一签到，符合会议法定人数后，会长致辞并报告讨论的议题，然后所有会员一起复准及检讨前期会议记录、接纳上半年会务报告和财务报告，之后在讨论下半年的事务。每次理事会会议都有专门的人员负责记录，并装订成册以便政府的定时抽查和会所的统计。

在活动方面，卢氏联宗会与其他华人社团一样，重视会员子女教育和文化传承，配备会员子女奖励金，奖励那些品学兼优的会员子女，所有经费均来自会所经费。会员子女只要达到一定条件就可以申请。申请表格向秘书处或会长索取，填写后由所在学校校长批准盖章后即生效。会所还利用经费组织一些大型活动，如周年纪念、新春团拜等，甚至还参加一些卢氏海外联谊，扩展自己的影响力。

在提到会长职责时，会长卢宇庭介绍：

> 作为会长，在任何活动上你都得做一个领头羊，以身作则，下面的人全看着你，你出少会员就出少，你越努力会员也就更努力。平时的活动也是会长报效最多，向每年秋季拜祖先，会长报效烧猪。此外作为会长不仅自己出钱还要出去找钱。我们现在的经费主要是办大型活动，如周年纪念才会去筹集，剩余费用也会留作之后的储备金。文冬社团很多，我们虽人数不多，但我们做事也尽力去做，我们办活动国会议员、州议员也来，也邀请到很多外国嘉宾。我们不仅局限于国内，还放眼世界，作为领导在这其中就是要付出很多，无论金钱和时间，比如有时候你受邀到国内、菲律宾等，机票都是自己出。虽然是宗亲会，我们还是很重视礼尚往来，你不出去，人家也不会过来。我觉得担任会长我最大的收获就是把联宗会发扬光大，以前这个会所还是欠钱的，后来我们通过举办宴会筹款就把贷款还清了，我们还筹款成立了100千的卢氏子女教育奖励金，现在每年拨两三千块来做奖励金，还重新装修了会所，装冷气，还把这样一个县的社团组织放到世界上去。①

作为一个成立了40多年的宗亲会，其职能伊始就是联络宗亲、扩大友谊，可随着时代的快速发展，会所成员已渐趋老龄化，目前会所会员的年轻人已寥寥无几，面临着青黄不接的窘境，举办的活动也鲜有年轻面孔的出现。如今面对这样的问题，卢氏联宗会也在做着积极的努力，从会员年轻子女入手，如进一步扩大对会员子女的照顾，通过举办一些年轻人喜欢的文娱活动或扩大奖励金规模等方式拉拢年轻人，着重培养下一代较年轻的会员，让他们成为潜在

① 根据2019年7月24日对彭亨卢氏联宗会会长卢宇庭先生的访谈。

的理事会候选人，加深与其他社团甚至外地社团的联络，让年轻会员有更多的方式去接触其他人，让他们能有收获感。在本职工作方面，卢氏联宗会继续发扬着作为一个宗亲会应该具有的精神，立足新村团结乡情，弘扬传统文化，让无论是宗亲还是村民都能在和谐的氛围中共同生活。

卢氏联宗会财政卢美严先生说道：

> 卢氏联总会发起于1950年代，当那时还没有成立，后来到70年代，我们讲好要成立联总会，要找一个会所，1980年起了一个总坟，后来1997年复修。现在我们的活动很多，有拜访中国卢氏宗亲，中国的也有过来，如山东、山西、湖北、广东、广西等。我们也和菲律宾、越南有联络。目前卢宇庭是第三任会长，第一任是卢英耀，第二任叫卢兴。目前卢氏联宗会已有40年了。彭亨州1974年开会发起成立联总会，开始广招会员，现在我时常搞一些活动，如春节庆祝团拜，一个小型的宴会聚餐，里面也会有一些幸运抽奖之类，主要是增进宗亲之间的情谊，促进他们的交流，超过70岁的会员免费，我宗亲会的经济也不是很好需要向外界找经费。现在有300多个会员，一般大型活动会员们都会来参加，甚至能开到60、70桌。我们理事会两年一届，三个月召开一次会议，共同讨论会务，目前理事会有十多人，会长、副会长、财政、总务、查账。理事会两年选举产生，所有的会员一起选举。我们现在的经费主要是办大型活动，如周年纪念才会去筹集，剩余费用也会留作之后的储备金。平时我们的活动也是大家一起报效的，向每年秋季拜祖先，我就报效那个烧猪。我们的会员不光是彭亨州，也有雪隆、霹雳州、柔佛州，甚至中国，但外来的不多，彭亨州主要是以文冬、劳勿、利卑为主。马来西亚这两年最近成立了一个柔佛州卢氏联宗会，马六甲也成立了一个，原来整个西马只有我们一个，但我们依然是西马最大，砂捞劳越有一个更久的。2017年

我们召开40周年纪念。

会所是我们共同财产，会所大约宽30多尺，长有60尺，是火灾后搬迁到这里的，当时花了12万，我们本来是筹款修理我们旧的屋子，后来被火烧掉了，马华会长优先给我们一间屋子，比较便宜一点，街上的就得30万多。12万是我们会员一人一笔的筹款。我们那时割胶收入不到还要供孩子，我们就每月扣一点交给宗会。租出去的店铺一个月400块。12万是我们一起慢慢供的。宗亲会的作用就是让我们宗亲联络感情、交流合作、扩展人脉。也有经常做生意的人加入宗亲会为了扩展自己的圈子。一般的交流会宴会都是有人报效的，吃饭每人花一点钱，向规模比较大的纪念会，就有很多人报效一万、五千等作为经费，大家有钱出钱有力出力。35周年的时候我也有报效过，以前做工就报效多一点，现在不做工了就出点力。现在最大的问题就是年轻人不爱来，文冬的情况都是这样，年轻人流失比较严重，现在我们青年团没有，妇女组也没有。年轻人也不会去做职务，选了他也不来，文冬社团好像都是这样，就是青黄不接。以前这里没有什么工作，也没有娱乐，而且人们生活比较集中，大家就乐于参加这样的活动，现在比较难了。①

五　彭亨州谢氏联宗会

彭亨州谢氏联宗会是玻璃口新村的另一个“自愿社团”的血源性宗亲会，位于玻璃口新村陈生4路（Jalan Chan Sang 4）巴刹对面113号，会所为一栋二层小楼，楼下由会所出租给人做茶餐室，楼上即为联宗会日常办公聚会的场所。

彭亨谢氏联宗会会所室内面积约70平方米，中间放置一张长桌作为理事会日常开会和办公使用，墙壁四周挂有自联宗会成立以来的报纸剪报、锦旗、活动照片、会所章程、理事会名单等，还有一

① 根据2019年7月24日对彭亨卢氏联宗会财政卢美严先生的访谈。

图 7-5　彭亨谢氏联宗会外景（郑一省摄）

块刻有“恭请彭亨州行政议员拿督何启文主持开幕仪式”字样的铜制牌匾。

据了解，彭亨谢氏联宗会早在 20 世纪 70 年代，曾经由文冬的谢炳南、谢彬、谢汉、谢寿、谢瑞、谢胜等前辈宗亲首先提出成立宗亲会。因为当时他们为第一、二代华人，大多数为广西、广东人，有感于父辈远自中国南下，历经千辛万苦、背井离乡才来到马来西亚，后又披荆斩棘、筚路蓝缕来到彭亨州文冬开辟事业，以割胶、采矿、种田为生，一步步为子孙后代的生存建立的根基。后来直到 70 年代中期，吉隆坡谢氏宗亲会兼泛马来西亚谢氏总会会长谢成进、谢桂兴局绅、谢静发等人每年到文冬一趟，拜访文冬宗亲。当时也是正好也是吉隆坡谢氏联宗会文冬区协理的谢桂业，曾与他们共同讨论成立彭亨谢氏联宗会的问题，并希望在每个州都成立一个宗亲会，以便加强马来西亚谢氏的组织，加强宗亲们的团结。

在吉隆坡谢氏宗亲会兼泛马来西亚谢氏总会的鼓励下，1996 年 7 月 14 日谢桂业以及一大批热心宗亲会的宗亲们借文冬利园酒家召开一个来自彭亨州各地宗亲代表的大会，会议宣布成立筹备委员会。1998 年 5 月 20 日政府宣布批准注册，同年 9 月 19 日彭亨谢氏联宗会正式成立。宗亲会的成立不仅把散居在彭亨州内的宗亲团结在一起，每年还举办各种文娱活动让谢氏宗亲齐聚一堂交流情感、扩展人脉。目前宗亲会共有会员 148 名。

谢氏联宗会成立之际，就有谢氏宗亲六七十位加入会员，他们来自彭亨州各个县，包括文冬、劳勿、咣当、文德、甲大马路、而连突、直良等地，目前会员已经有 170 多位，会馆采取永久会员制。每位会员只要缴清 100 元马币就可成为永久会员。在成立初期，由于没有经验，文冬谢氏宗亲尽量参与全马各属会的活动，相互取经。该宗亲会刚刚成立时还没有固定的会所，会员们时常苦于没有合适的场所举办日常的活动。1999 年 10 月，彭亨谢氏联宗会筹备购买会所，让会员们有所依归，于是发起募捐，获得了社会各界的鼎力支持，纷纷慷慨解囊，加上国州议员的拨款一共筹得 15 万元马币，于 2003 年买下现在这座会所，经过装修后，2005 年正式开幕启用。为了维持会所经费的运转，把楼下租给他人获取租金。

谢氏联宗会的标志是一棵树，旁边题字“宝树”，据了解这一称呼与彭亨州也有关：早期的居民由外地迁至彭亨州时，他们乘坐小舟沿着河流抵达日来河与淡马玲河交界处，看到一棵巨大的树，其端上的树枝都比一般的树大很多，后来给这棵树起名为“马亨”（MAHANG），人们认为这棵树是神灵化身，就竞相膜拜、求幸祈福，再后来该地被称为“马亨”，后来逐渐称为“彭亨”（PAHANG）。传说确凿与否不存可靠，但是谢氏宗亲会也以“宝树”为号，据说是因为在一千六百多年前，东晋有位政治家名谢安，这为被称为谢氏先祖的先贤曾与子侄共同辅佐东晋朝廷打败了企图南侵的前秦，即“淝水之战”，后来晋孝武帝曾在他府邸看到一棵长得十分青翠雄壮的大树，便指着这棵树对谢安说：“此乃谢家宝树”，从此谢家后人便以“宝树”为号，以纪念谢家先祖，发扬谢氏精神。谢氏的“宝树”与彭亨州的“宝树”虽然来源不同但起到了异曲同工的妙处，反映了谢氏宗亲已开始从“落叶归根”到“落地生根”转变，把祖先的荣光和精神赋予现今的生活，以激励在当地的谢氏后人能牢记祖先，发扬华人精神，爱国乐业。2005 年，宗亲会还在文冬两广义山购置了六段风水地作为谢氏总坟，用以安葬往生的谢氏宗亲。总坟墓碑刻有："树荫凤聚茂兰芝，宝聚龙蟠泽谢氏"，中书："谢氏祖考妣历代先贤总墓"。

谢氏联宗会的最高权力来自会员大会。会议的法定人数为本会会员人数半数或双倍的理事会人数。每次会议的参会人数须达到法定人数。一般大会议程主要为接纳理事会上年的会务报告、接纳上年已经审查的财政报告、选举两年一届的理事会成员等。平时理事会成员各司其职，对于一切工作都有相应的负责人，如财政负责会所的开支，负责统计筹款收入，应用所有支票必须具备主席、秘书和财政的签名，财政和主席都可拥有不超过 500 元马币的动用款项以备日常开支，超过这一数字就需要理事会会议或常年大会通过。彭亨谢氏联宗会第一任会长（1998—2003 年）是谢桂业，2003—2007 年由谢伟荣接任。2007 年后，由谢桂业再次担任至今，副会长为谢伟荣，委员共 35 人。彭氏谢氏联宗会设顾问、总务、财政、理事、交际、福利组、教育组、康乐组、青年团、妇女组等部门。

谢氏联宗会的宗旨在于促进会员间的联谊，提倡亲善、互相了解及互助互惠的精神。在活动方面，经常举办各种文化、教育及社会福利活动，甚至多次组织会员参加海内外谢氏宗亲会或邀请来自中国大陆、台湾和香港等地的宗亲共同举办活动。谢氏联宗会的一般活动主要有两个大项，新春大团拜和周年会庆兼祭祖。由于会员们分布地区很广，一般日子很少会出席活动，唯有这两项重大活动会总动员出席。在上半年的新春团拜，以前是在会所举办的，所有的会员们一起联欢，老老少少每个人都有红包。后来由于人多会所小，就改去酒楼办宴会。下半年则是一年一度的秋祭和周年庆。在秋祭时，动员会员们齐聚上山，祭拜祖先后举行聚会。周年会庆活动，较为活跃。谢氏联宗会成立十多年来最多的活动是在 2005 年。当时谢氏联宗会成立七周年，也是会所启用的开幕典礼。在 2005 年 5 月 25 日举办的全国谢氏大会中，还承办了一场千人宴，筵开一百多席，场面非常盛大。

谢氏联宗会也像文冬地区其他的华人社团一样设立会员子女教育奖励金和助学金，对品学兼优的会员子女在教育方面给予物质奖励。在其他方面，宗会也致力于提升宗亲的经济社会地位，为经商的会员提供相关支持。笔者根据其会议记录发现，谢氏联宗会还曾多次参与提议对本地甚至外地的华小进行拨款，帮助其改建校舍、翻修设备等，可见他们对华人的公益事业也一贯重视。

与卢氏联宗会一样，目前谢氏联宗会主要存在的问题也是青黄不接。由于年轻人普遍前往吉隆坡等大都市生活，留在新村地区的年轻人人数不多，加之年轻一代对华人社团参与积极度普遍不高，谢氏联宗会以及其他华人社团都面临严峻的“接班人”危机，目前谢氏联宗会会长仍为已 84 岁高龄的谢桂业先生，他从本会成立初大部分时间一直担任会长，其余的理事会成员多数也都年过古稀，只有一位约 40 岁的青年团团长。在经济方面，受到经济大环境影响，全马来西亚经济近几年持续低迷，工商业受到的冲击更大，善于经商的文冬华人也不同程度受到制约。谢氏联宗会作为一个主要依靠会员报效和外界筹款的社团近几年经济状况也不甚理想，大型活动除参与华堂组织的新春团拜外所剩也寥寥无几，但由于会所一楼出租的茶餐室每月仍有 600 元马币的固定收入，会所日常开支还可以维持。

六　彭亨文冬雀友俱乐部

彭亨文冬雀友俱乐部，简称“文冬雀友俱乐部”，是玻璃口新村一个有趣的社团组织。文冬雀友俱乐部位于玻璃口新村陈生路（Lorong Chan Sang）291B 号，玻璃口新村村委会隔壁，是一间简陋的小木屋。

从文冬雀友俱乐部的空间布局来看，其只配备有简易的桌椅板凳和两三张麻将桌，四面的墙上醒目地挂有举办慈善活动的对联和写着“慈善施赠，爱心祈福”的书法条幅，在整整一面墙上还贴有会所主人向社会弱势群体的捐赠记录，可见雀友俱乐部不仅仅是一

图7-6 文冬雀友俱乐部（郑一省摄）

个文娱类社团还是一个慈善组织。

文冬雀友俱乐部负责人为庄培华女士和其丈夫陈先生。有关雀友俱乐部的由来，源自文冬新村曾有过的一段“玩鸟”风潮。据会所负责人之一的陈先生介绍：

> 文冬雀友俱乐部建立于1997年，2003年我们搬迁至现在的位置，当时的名字就叫“雀友俱乐部”，是因为当时新村地区的人喜欢养喜鹊，他们时常集合起来在街上玩喜鹊，让喜鹊在那里唱歌，后来玩的人越来越多，我们就向政府申请成立一个社团，让这些人有一个固定的场所，那时有人已把这个当成了主业。再后来喜鹊的价格飞涨，好的喜鹊已经炒到了几百元甚至上千元，让不少本来就不富裕的新村人玩得倾家荡产、妻离子散。我自己也深受其害，因为爱玩喜鹊成立了这个会所，而这个会所又“害”了不少人，包括我自己。后来醒悟后，我就决定不玩了，但是会所依然开着，我们一帮人就慢慢把它变成了一个打牌、聊天、看报的场所。至于现在玩麻将很早以前就有了，因为如果你没麻将，人家就没事做没得玩。但我们不多玩，10块钱一局，赢的人花钱，不会很伤身，挣得钱我们做会所的

日常经营和开支。以前我们玩喜鹊的人也时常找个地方聚在一起，看报纸、聊天、玩麻将，会员后来越来越多，我们就申请个社团。这样政府就不会认为你是非法集会，就不怕警察来。我以前是做杂工的，认识了一帮玩喜鹊的朋友，坦白讲玩喜鹊很不好，因为你玩喜鹊你每天早晨起来要先喂它，这样耽误你做工的时间，有些人把这个当成职业，拿这个卖钱。现在会员全部不玩小鸟了。成立会所我的意思就是多认识朋友，给他们一个休闲的地方，不然他们孤苦伶仃没有地方去，人需要出来走走，不可能整天待在家里。①

目前文冬雀友俱乐部有会员两百余位，每位会员加入会所不需要什么条件，只需要一个月缴费 1 元马币，一年 12 元马币就可以在会所休闲。由于会所使用的屋子是会所负责人所建，所以不需要租金，也就省了一笔大的支出，目前会所所缴的经费主要用来日常的开支，如水电费、购置麻将桌等。雀友俱乐部提供给会员的一项最重要的活动就是打麻将，“雀友”一词曾经也代指喜欢玩麻将的人，此“雀友”和之前喜爱玩喜鹊的那帮“雀友”遥相呼应，不得不说也是一种巧合。不过，会所对玩麻将也有严格的规定，即每天上午 7 时开门，下午 3 点关门，此时间之外不提供活动，同时玩麻将也不多玩，每局 10 元马币，赢的人付钱，挣的钱作为会所经费，这样既不会伤身体，起到娱乐的作用，同时也约束了那些格外贪玩的人。

文冬雀友俱乐部提供的资料来看，目前其理事会已经到了第十一届了。理事会聘请了许多知名人士来担任理事。例如在 2005—2007 年和 2009—2010 年理事会成员中，聘请了拿督斯里廖中莱国会议员、何启文州行政议员、黄恭才州议员和李茂权县议员这些当地的精英作为名誉顾问。

从文冬雀友俱乐部的功能来看，其并不是一个简单的新村华人

---

① 根据 2019 年 7 月 27 日对玻璃口新村雀友俱乐部陈先生的访谈。

娱乐场所，和其他组织架构功能齐全的华人社团一样，它在玻璃口新村有着不可替代的作用。由于城市化进程的加快，大量新村的年轻人已离开故土前往外地谋生，留下的只有那些老年人。作为社会的弱势群体，他们不但需要得到社会的物质方面帮助，同时也需要得到社会的精神认可。新村人也可以经常来此打牌聊天，进行健康的文娱活动，会所给他们提供了一个免费的休闲场所。在会所经常可以见到熟悉的老面孔，他们都是新村的孤寡老人，他们来此聊天娱乐阅读，在丰富自已生活的同时也排解了退休之后的寂寞。

文冬雀友俱乐部会的负责人庄培华女士和她的丈夫陈先生，虽然各有各的工作，但是他们都有一个共同的爱好，就是从事公益事业，在他们的主导下雀友俱乐部作为一个文娱类社团，积极参加新村的各项事务，他们也经常参与各种社团活动和社会的公益事业。热心公益的庄培华女士在提到自己的人生经历时说道：

> 我祖籍中国福建，我的丈夫祖籍广西容县。我加入马华公会已有40年，现在党内的工作参加的比较少了，现在主要做一些慈善活动，我做慈善义工已经有十多年了，以前做公益主要依靠国州议员拨款，后来我们得到了文冬法雨寺佛教协会的鼎力支持，现在我们合作时常举办各种慈善活动，如向乐龄人士或残障人士布施一些米、面等物，或是去一些特殊学校看望一些儿童，每到节日我们还举办很多活动为一些社会上有困难的人士捐款，还有《星洲日报》也和我们合作一个项目，就是向那些家庭困难的孩子设立助学金，让他们免于辍学，这些活动都是我积极去做的。①

据了解，庄培华女士同时是文冬福利局义务华裔社工，在其会所张贴的名单中发现，她曾将认为有困难的家庭列入“关注名单”，

① 根据2019年7月27日对玻璃口新村雀友俱乐部庄培华女士的访谈。

其中包括了单亲家庭、独居老人、留守儿童、残障人士和重病患者等百多个家庭，每年她会亲自到这些家庭中去走访，除了亲力亲为的赞助外，积极为他们需求更多来自社会的帮助。此外她也将雀友俱乐部作为一个社会困难人士的活动中心和联络站，使之成为困难户的一处依靠。

七　马来西亚泗公联谊总会彭亨州玻璃口分会

马来西亚泗公联谊总会彭亨州玻璃口分会位于陈生 3 路 P4 号，它曾是一家起源于洪门的私会党（秘密会社）组织。

图 7－7　马来西亚泗公联谊总会彭亨州玻璃口分会（李岩摄）

资料显示，英属马来亚（British Malaya）是东南亚秘密会社最早发现和最集中的地方。自私会党（秘密会社）1799 年在马来亚槟榔屿被最先发现，在短短的半个多世纪就席卷了东南亚的整个华人社会，特别是在英属殖民地，华人秘密会社几乎成了统治“华人社会的政府”，会员曾经一度占殖民地华人人口的 70% 以上。[①] 可以说，当时的马来亚槟榔屿、马六甲、柔佛是秘密会社最为活跃的地区。据说马六甲的华人私会党（秘密会社）成员多达 4000 人，仅槟城的义兴会就有 2500—2600 人，约占该殖民地总人口的五分之一，其中有 14000—15000 人在威斯利省。[②] 从华人私会党（秘密会社）的发展来看，华人私会党（秘密会社）最开始是以义兴会和海山会为主，后在 1851 年从义兴会中分裂出来一个义福会，至此马来亚华人私会党（秘密会社）形成了以义兴会、义福会和海山会（含大伯公会）的三大势力。

华人私会党（秘密会社）的出现和发展，一方面成为马来亚华人社会的保护力量，另一方面成为其社会分裂的催化剂。由于地缘、方言的因素，马来亚分为“五大帮”或“六大帮”，而私会党（秘密会社）也分为不同的帮派，这些不同帮派的秘密会社之间经常为利益发生较为严重的冲突。如 1854 年槟城的义兴会、海山会、大伯公会的冲突，1862—1873 年拿律战争期间义兴会和海山会、大伯公的冲突，1860—1873 年双溪乌绒的海山会和义兴会的冲突，1876 年吉打义兴会和大伯公会之间的冲突。秘密会社之间的内讧既削弱了其本身的力量，也造成了社会的不安与动荡，当时英国殖民者改变统治手段，于 1890 年颁布华人私会党（秘密会社）为非法组织的法令，从此私会党（秘密会社）的活动渐渐转入地下，开始夹缝求生，在随后的半个多世纪里虽有起伏，但大多数处于蛰伏阶段。

在马来西亚，特别是 20 世纪 80 年代后，马来西亚的私会党（秘密会社）活跃起来，并跨族发展，即吸引马来人和印度人加入。至 20 世纪 90 年代，马来西亚的私会党（秘密会社）遍及全马，主要以洪门和华记为“旗头”，其中洪门活跃于西马沿海的柔佛、马六甲、槟城、吉打、雪兰峩和吉隆坡等地，华记在槟城、吉打、吉隆

---

① 林远辉、张应龙：《新加坡马来西亚华侨史》，广东高等教育出版社 1991 年版。

② 戴玄之：《中国秘密宗教与秘密会社》，台湾商务印书馆 1990 年版，第 741 页。

坡、玻璃市、彭亨、森美兰势力最强。①

马来西亚泗公联谊总会应该属于以前的洪门组织。在玻璃口新村，一走进马来西亚泗公联谊总会彭亨州文冬玻璃口分会，便见正厅的左侧靠墙边放着一神龛，神龛分为上下两部分。神龛的下部分是土地公神位，供奉着土地公。神龛神位上联所书“五方五土神灵”，下联所书“唐番地主财神”，横批为“金玉满堂”；神龛的上部分为关公神位，供奉着关帝爷。在放有神龛的正中间墙上，挂着有一副书写为“义”字的像框，其“义”字里隐隐约约可见手握青龙划月刀的关公骑着战马奔驰的画。而进门的左侧墙上，则挂着一个红色的“三角形标志”，红色标志内的“泗公”白色篆体字十分引人注目。据说这个标志源自洪门洪顺堂呈三角形的印信，“三点会”或“三合会”组织则使用这三角形作为其标志。

图7－8　马来西亚泗公联谊总会彭亨州文冬玻璃口分会的“义字”和三角形标志（郑一省摄）

墙正中的那幅巨大的“義”字，是泗公会“忠义”观念的表现，它也曾以“泗水横流灌五湖，公举文武统四海”为口号外凝聚

① 石沧金：《马来西亚华人社团研究》，中国华侨出版社2005年版，第107页。

会员，并在20世纪70至80年代就已进入新村发展成员，且在新村影响巨大。进入21世纪以后，与其他新村的私会党组织一样，马来西亚泗公联谊总会彭亨州文冬玻璃口分会主要活动已不再是秘密的，而是立足商业化、正规化，积极参与到新村的建设中。目前马来西亚泗公联谊总会彭亨州文冬玻璃口分会已是获得政府承认的一家合法华人社团，同时也在团结新村、传承文化等方面发挥着积极的作用。

除了以上社团外，玻璃口新村还曾有青运及青团运青年组织，政党有马华公会、民政党及行动党等政治性社团。总之，经过长期的发展，玻璃口新村的华人社会组织已逐渐成熟，社团的组织也更趋完善，定位和管理都朝着本地化和专业化的方向发展。玻璃口新村华人社会组织还肩负着团结新村华人、传承传统文化、建立和谐村民关系的积极作用，是玻璃口新村不可或缺的重要组织。许多社会组织出台了子女奖励金、开办各种兴趣培训班、节日团拜和联谊等活动，使新村华人社团逐步成为团结当地华人，表达他们利益和诉求的桥梁。从当前玻璃口华人社会组织的整体情况来看，其普遍存在诸多难题，如后备人才不足、经费缺乏等。作为新村的华人社会组织当务之急应尽快解决困扰其发展的局限性，积极向外扩展，吸引更多年轻人加入，扩大与其他地区华人社会组织的合作和联谊，开展多种村民喜闻乐见的文化娱乐活动等，唯有此才能持续健康地发展，并在地方事务中发挥更大的积极作用。

第八章　玻璃口新村华人的传统节日与华人精英

马来西亚文冬玻璃口新村华人社会的节日文化异彩纷呈。在接触各个族群文化节日的同时积极地继承本民族的优良传统，弘扬本民族的优秀文化。

第一节　华人的传统节日

对于玻璃口新村华人来说，既过马来西亚的法定节日，也过自己民族的传统节日，这是生活在多元文化中的一个适应，也是其继承传统文化的一个重要内容，更是弘扬与传承自身文化的一个不可或缺的途径。

一　春节

华人过的春节，也是马来西亚一个重要的日子。从每年的农历十二月初开始，欢庆春节的气氛就日渐浓厚。从首都吉隆坡到全国各地华人聚居区或中国城纷纷挂起大红的灯笼，贴起春联，商场里摆满了年货。全国各地的游子归心似箭，早早就到长途汽车站预定回家的车票，很多长途汽车站的车票已经告罄。临近春节，飞机和火车上也都爆满，国内外的游子们都在早做打算。

这周六就要过春节了，我们是要回到父母家过。父母每年都会过的，我也习惯了，过年给家里的老人、小孩买几件新衣服。在家里面也先祭拜祖先，现在我和我的老公忙于做生意没有时间祭拜祖先了，都是我的母亲先祭拜。过春节时，我们会回到母亲那边过节，我知道今年的春节是在这个星期六即1月28日。春节时，我会买一些糕点、水果、饼干等食品回去，过年也会给老人小孩买些新衣服。①

2017年春节，彭亨州文冬地区华人民众及社团拟举行“千灯万耀欢乐太平”的迎春盛会。当地社团和民众也开始张灯结彩，在商业区、学校和饭店区挂上上万只灯笼，烘托节日气气氛，既可以活跃节日气氛，还可以招揽外国游客，招财进宝。

图8－1 2017年玻璃口新村村委会主席何荣璋及同事在玻璃口华文小学准备红灯笼

① 根据2017年1月12日下午16点对陈WG的访谈。

2017年春节前一个星期，文冬的商业区、学校等单位就挂上了上万盏大红的灯笼，届时人们将在主要街道载歌载舞。这些高高挂起的上千盏红灯笼，为文冬的迎春夜景增添绚烂亮丽的色彩，特别是到了晚上，万盏齐明，颇为壮观。

图8－2　春节前玻璃口华文小学的红灯笼夜景

图8－3　年春节前文冬文化街的红灯笼夜景

玻璃口华文小学、文冬街文化街等单位张灯结彩，人流如潮，喜气洋洋的文冬人们到商店购买年货。商店里挂满了各种各样的春节装饰品。有大红灯笼、春联、金光闪闪的穗子、童男童女拜年图、“恭喜发财”横幅等。人们都忍不住掏钱买下很多，图个大吉大利。文冬不仅有广西籍华人，也有广东籍华人，还有许多福建籍华人，特别是后者对黄梨能给他们带来好运深信不疑。因为黄梨的福建话发音类似“旺来”，所以，每家的神台上绝不能少了此物，而其他籍贯的华人也跟从这样的习俗，将凤梨当作幸运物和供品，已经成为风俗习惯，一代一代就这么传下来。现在，摆放在商店里的塑料制成的黄梨，色泽鲜艳，经久耐用，人们愿意多买几个，图个喜上加喜。

春节是玻璃口新村华人一年当中过得最为隆重和热闹的传统节日。春节前夕，他们会到文冬市区市场上或者是同发超市买回大袋小袋的食品（如饮料、水果、饼干、糖果、做菜和做年糕用的材料等）、祭品（香、蜡烛、金银珠宝、黄纸钱等）、春联和黄历。到了除夕，一大早，人们会杀鸡、做好各种菜肴来祭拜祖先。祭拜完后，便是一家人团聚吃饭的时刻了。在这个节日里，家人们有说有笑，充满了喜气祥和的气氛。一些村民这样说道：

在春节时，我们会做好一盘盘的菜肴供奉祖先，因为要给祖先先吃所以一般不会放盐。等到拜祭完后，我们才会放盐和糖重新煮过，这样我们就可以吃了。①

春节我们家会贴春联，买年糕。其实民众图书馆也会有人写春联送人，现在比较少了，我们就去到外面的市场购买。除了这些，我们以前很喜欢放鞭炮，现在马来西亚政府不允许我们放鞭炮了。过春节，我们会拜祭祖先，祭品有三牲（鸡、猪肉和鱼）和芫须和葱蒜等，有酒水一盒茶水，三茶五酒。祭拜完之后一家人会围在一起吃祭拜祖先的各种饭菜，希望祖先能够保佑我们。然后发放红包给老人和小孩。②

在马来西亚文冬玻璃口新村，我们家一直都过中国的传统节日，比如春节、元宵节、端午节、清明节、中元节等。到了春节，我每年会买中国的黄历，这样我就会知道中国的春节在哪个月几号，但黄历里面的禁忌什么的我不甚知道，只是一知半解。在春节期间我们家会祭拜祖先，包些粽子。春节我们做比较多的菜式，也会留些饭菜到第二天吃。③

在马来西亚文冬玻璃口新村，我也会过中国的传统节日，但我最喜欢过春节，因为可以看烟花、家里会有很多东西吃，还可以跟亲戚见面聊天。④

---

① 根据 2017 年 2 月 24 日在玻璃口新村对陈 C 女士的访谈。

② 根据 2017 年 1 月 6 日上午 12 时在玻璃口新村对李 BJ 女士的访谈。

③ 根据 2017 年 1 月 9 日上午 11 时在玻璃口新村对林 AY 先生的访谈。

④ 根据 2017 年 1 月 3 日上午 9 时在玻璃口新村对陈 DS 女士的访谈。

端午节我是不过的，但春节我们每年都过。今年过春节，我会回母亲家过节，顺便买点水果、饮料等回去看望父母。我们家过春节也有祭拜祖先。①

我既过马来西亚的节日和印度人的节日，也过中国的春节、清明节、元宵节、中元节等。每逢过中国的传统节日，我们会祭拜家厅外面的天神、家内的观音娘娘、土地神和祖先，通常祭品有茶水和一些水果，在重大节日如春节我们才会摆放熟鸡。春节那天，我们家会挂春联，做粽子，买年糕，过去还会放鞭炮，现在不允许了。②

春节马上就到了，我会到市场买很多东西，比如春联、年糕、香、蜡烛、饮料、饼干、做年糕用的各种材料等。我们家春节前会做年糕和发糕。过年我们家会祭拜祖先，但我们家一般是不祭拜马来西亚拿督公的，至于过年为什么拜祖先怎么拜祖先放什么供品，我也不清楚，我是看着我父母以前都是这样做过来的，所以我才跟着做。今年除夕是2月27号。我们家26号晚上就会贴春联。除夕那天早上我们会做很多菜，最多8个菜，最少6个菜，为什么做这么多菜式是祖辈传下来的。做完菜后我们会祭拜祖先，之后我们家会一起坐下来吃饭。如果想看中国的春节晚会，我们需要付钱购买电视节目。年初一早上我们需要给祖先上香，还会拿些水果、饮料、饼干等作为供品。同时，还要祭拜土地神。春节几天我们不能做错事、不能打骂子孙、不能吵架，要不会给家里带来霉运。（谢M，女，2017年1月17日下午16点）每逢春节，我们会祭拜祖先，祭品有炒菜、鸡肉、猪肉、水果、饮料等，不知道这些祭品分别是寓意什么。我们不会拿腌鱼、腌菜来祭拜祖先，平时我们也很少会吃。水果祭品有苹果、香蕉、橙子等，我们是不会拿苦果、

① 根据2017年1月19日上午10点在玻璃口新村对李AF先生的访谈。

② 根据2017年1月13日下午14点在玻璃口新村对卢QH女士的访谈。

苦瓜去拜的，但平时会经常吃，苦果的营养物质丰富。祭拜时，每个香炉需要分别上三根香，我们家有关公、土地和祖先，所以每个香炉都是上三根香的。对于刚去世的人来说，其香炉是不可靠近其他先人的香炉。一个香炉代表了一个家庭。春节那天需要祭拜三个程序，先是祭拜家厅外面的天公，再祭拜家里的观音和地主神，最后再拜祖先。通常祭品有熟鸡、酒、茶、水果、饼干。祭拜神灵的时候会说“今天全家人一起祭拜您，希望您给我们家带来好运气，保佑我们财源滚滚”。而在拜祭祖先的时候就会说：“今天是春节，全家人来祭拜您们了，请您们保佑家人身体健康，万事如意，发大财。”①

春节我们家每年都会过，还会买春联，换神龛上的灵花。春节那天，我们会做六七个菜，最重要的是做鸡肉、烧肉等等。小时候家里生活困难所以不会特意买一些新衣服穿，但是过春节也还是有些特别的感觉，因为会有比平时丰盛的菜肴。因为从小就看到父母这样做，其中什么意思我并不清楚。我能从黄历中得知哪天是春节，哪天是土地公生日等等。春节一般我们会过3天，每逢过节我的妈妈会提前做年糕，年糕外面是用芭蕉叶包裹着，圆柱体，里面没有馅料，我很喜欢吃妈妈做的年糕。②

春节我们家也会过的。今年的春节是在这个星期六。春节那天家人会做一些特别的菜，大概有8种菜。每年都会这样，这是祖辈们传下来的。春节早上会祭拜祖先，祭拜可能需要1个小时。祭品有鸡、烧肉、水果、饮料、糕点等，具体年糕是怎么做的，我不知道了，老人才能知道。拜祖时，母亲会上香说，要保护我们家人平平安安。祭品中有一样蔬菜香菜，我知道它的寓意是赢。拜祖先要烧三根香，家里每个人都会拿三支

① 根据2017年2月16日对陈FX女士的访谈。

② 根据2017年1月12日下午4点20分在玻璃口新村对李CJ女士的访谈。

香祭拜。香炉前面会摆放有茶水，一个香炉三杯茶水，五杯酒。还会给祖先烧纸钱，希望烧了这么多钱，祖先也能保佑我们生意兴隆，赚更多的钱。①

我的父亲已去世了。我有表哥表弟在中国，每逢春节，我与他们都有通电话拜年。祭拜祖先时除了鸡肉、猪肉这样的菜肴，还需供奉五碗白饭。为什么要摆米饭我是不知道的，但我的母亲说以前也是这样的，所以就要照着做。②

家里供奉着祖先牌位，每逢春节我们都会祭拜祖先，以求来年能够行大运。③

（一）辞年、新年及过年

我们在调查中发现，玻璃口新村华人过春节，可分为辞年、新年及过年三部分。

辞年，即从腊月廿四送神迎新开始，一直到除夕前，玻璃口新村村民就忙着筹备干果、脯条等各式年货，也要大扫除，洗涤祭皿，蒸制粿品，迎接新年的到来。玻璃口新村村民称年除夕为过年，男要梳理发须，女要美发美容，换上新衣鞋帽，去旧布新。过年当天，家家户户贴上新春联、新门符，祭拜祖先，洁净身体迎新春。

玻璃口新村村民的农历新年从冬至日就开始筹备，一直到过完元宵节为止。以元宵节作为春节结束的标志，则古今中外，包括玻璃口新村村民社会，几乎都千篇一律，毫无例外。过完元宵节，春节也就告终，人们又要开始一年忙碌的生活了。到了现代，特别是到了“现今的工商业社会，一般人到初三就要开工了。不务农者没有终年劳动，日常也没有周假、公假，是没有理由如农耕社会者那样的享受这个大节日。当然，节日的气氛确实大家可以共享的”。所

① 根据2017年2月15日上午9点在玻璃口新村对林HS先生的访谈。

② 根据2017年2月21日上午11点在玻璃口新村对林GX先生的访谈。

③ 根据2017年1月27日在玻璃口新村和李GY先生的访谈。

以说，过完元宵节春节才算告终，严格来说，只是一种“春节气氛”的告终。

将冬至日起看作是玻璃口新村村民进入“春节气氛”的话，到元宵日“春节气氛”正式告终，前后长达两个月甚至三个月，这样算来，春节无疑是最长的节日了。如果说华人是世界上保留中华民族传统最多的族群，则从“春节气氛”来看也可得见一斑。当然，就今天人们几乎一致认同的农历新年活动期限来说，应该就是由大年初一至十五这天。从民间习俗来说，这与玻璃口新村华人家乡的年俗没有什么不同。今日玻璃口新村村民在马来西亚，很少务农，而且由于气候不同，也无从享受春季的美好。但传统使然，华人还是要庆祝农历新年的到来。大家一样要在春节期间穿最好的，吃最香的。除了尽情欢庆，华人在春节的主要活动是敬天尊祖与敦情睦邻。

“春节”一名本来是这个节日的正统名称，但在玻璃口新村村民社会中，普遍称之为“新年”，至少在口语上，可说是众口一词说的是“新年”，“春节”一词或只偶见于书面语。所以如此缘于玻璃口新村居民华人皆来自广西、广东、福建，而这三省自古至今对“春节”都叫“新年”。加上马来亚曾长期为英国殖民地，英语中对元旦的叫法是新年，那么“春节”便成了中国人的“新年”。

（二）购年货

在玻璃口新村，过春节前一定要去购置年货。通常，人们购买年货有两用，一是自用或家用，二是作为礼品之用。两种用途在春节期间都是必不可少的，因此，年货多多少少总是要买的，不管经济形势如何，不怕形成不了市场，有时还十分火爆。然而，在玻璃口新村笔者发现，普通人家购年货主要用作自用或家用，以笔者的房东蔡玉珍阿姨为例。不过，笔者发现蔡玉珍阿姨的妹妹蔡玉莲（非本村人）做生意为生，在购年货时就买了柑橘作为礼品分发给自己的员工和朋友。在过年前夕，平时只有在周末才有的市场会每天都有，而且商贩的营业时间也会延长，赶在最后一分钟让市民办年货。

近几十年来，马来西亚经济蓬勃发展，人民丰衣足食，也带来了年货的富足。每当新年来临，年节市场便会提前两个月形成，逐渐兴旺，直到年关。尽管物价节节上涨，但人们的购买力依然很旺盛。据观察，2017 年春节期间的文冬市到处是张灯结彩，人流如潮，人们在喜气洋洋地购买年货。商店里挂满了各种各样的春节装饰品。有大红灯笼、春联、金光闪闪的穗子，童男童女拜年图、“恭喜发财”横幅等。狭长的街内人头攒动，本来还算通畅的街路由于临时客商的涌入而难于举步，售卖“福”字的年货店外车水马龙，喜气洋溢。玻璃口新村村民购年货时，跟笔者在家乡时一样，也总是要图个大吉大利，为此不惜大掏钱腰包。

（三）贴春联与挂灯笼

贴春联，应该是中国的传统习俗。不过，调查中发现，玻璃口新村贴春联的人家并不是很多。2017 年春节，整个玻璃口新村村里数来数去也是只有几家贴了春联，而且多是买的现成的，印制的。在笔者的调研中只有萧金先生一家是自己写的春联。而且有的家庭贴有几年前的春联，他们也不愿意拿下来。以下是笔者在玻璃口新村看到的几幅几年张贴的春联：

1. 平安是福值千金　和顺满门添百福（横批：迎春接福）
2. 福临宝地千秋盛　财进家门万事兴
3. 人与财旺年年好　鸿运家昌步步高（横批：万事如意）
4. 五湖四海皆春色　万水千山尽得辉（横批：阖家欢乐）
5. 瑞气盈门庆丰年　成名立业迎富贵（横批：五福临门）

过去的春联要人工书写，无论是在华人的祖籍地或马来西亚，都叫“挥春”。“挥春”的意思是“在春节挥毫写毛笔字”，而平时的挥毫或笔墨书写文字，不在此列。在马来西亚，“挥春”发生在每年的春节前后，尤其是在过春节期间，当各个“会馆”“独立中学”或各“州中华大会堂”或“中华大会堂总会”举办毛笔字“大楷”

书法比赛时，更是不乏见于报纸杂志。基于对先辈们文化的怀念，玻璃口新村村民就在农历春节的时机“舞文弄墨”，庆祝一番。如此不但可以怀念先辈们在原住地的类似气氛，保留该传统，更为玻璃口新村村民创造了富有南洋特色的中国艺术，不失为一项创举。“挥春”者一般都是汉字书法好的人甚或书法家。“挥春”是他们大显身手的一个机会。后来，到了春节时，他们在集市地方摆档“挥春”，春联便成了一种商品。但时至今日，由于工业化的推进，玻璃口新村村民在春节“挥春”及在门口张贴春联的习俗已日渐式微。过去，每逢年节即将来临，在街边总有老人摆档为人“挥春”，现在已经少见，“与时俱进”的是，出现以塑胶原料制成的精美红色浮体字的短联。这种新式春联既经济，又美观，同时也较红纸书写的春联来得耐久。一些商家为了讨好客户，亦借此向客户致意和拜年。这些春联的印制，是“挥春”生意没落的主要因素。尽管以红色春联张贴大门口两侧的柱子的习俗已日渐式微，但无可否认的，以吉祥与祈福神话题儿作为布新的春联，在散布世界各角落的华族的心目中，还是占有相当重要的地位。尽管有朝一日“挥春”习俗可能成为明日黄花，但贴春联的习俗不会那么快消失，目下还有越来越旺盛的势头。笔者在此次调研中，正逢2017年春节，文冬启文小学就举办了挥春比赛，这不仅使整个校园充满一片喜气洋洋的感觉，也是举办方希望孩子们能从年景活动了解中华传统文化，以及传承文化工作的重要性。

其实，挥春不仅仅发生在春节，现在在平时的重要日子，也会举行挥春比赛。比如：文冬华人大会堂庆祝100周年纪念，从2014年10月12日至19日，举办长达8天的庆典活动。还未到达10月17日至19日的3天庆典高潮之前，工委会以文化气息浓厚的“文艺汇展”，作为整个庆典的一个开始。10月12日上午，一场壮观的百人挥毫登场，率先为大会堂“百年华堂，再创辉煌”庆典中的文艺汇展，暨一连8天的系列活动拉开序幕。在多位挥毫嘉宾，包括华堂顾问拿督罗发局绅、主席梁异光、署理主席拿督罗龙年、庆典工委会主席张来福、秘书黄绍轩、财政黄源等带领下，来自文冬各地的华团领袖，以及各界代表与中小学生，共计 100 人齐聚一堂，按照华堂拜年庆典主题曲《伟哉，华堂!》刚好 100 字的歌词，各自挥写一个字，以完成别开生面、意义深长的百人挥毫为庆典仪式。由于参与人数众多，仪式共分为 10 组轮流进行，第一组负责挥笔的嘉宾，顺序包括朱光荣、梁燕水、黄源、张来福、拿督罗龙年、拿督罗发局绅、梁异光、刘坤岗、黄绍轩、薛翰才、郑金华和郑毓珍。他们负责挥写的，分别为歌词中首句的 12 个字："彭亨文冬华人大会堂百年庆。"接着，其他 9 组挥毫嘉宾也陆续登场，各人以本身的书法造诣，挥动毛笔在长长的宣纸上泼墨，一横一竖，一撇一捺，字形虽风格各异，但皆散发着对中华文化的热诚，以及对参与华堂历史性一刻的欢愉感①。

虽然贴春联在玻璃口新村的家庭不多，但是文冬很多商店和住宅挂住起红布和灯笼，更形成当地的一种特色。玻璃口新村村民比起贴春联，他们更愿意挂灯笼，基本上每家每户都会挂灯笼，笔者的住家就在年三十当天在门口挂上了两个大灯笼。隔壁的人家还有在整个门口挂满各种彩色灯笼。在笔者想来，玻璃口新村的人们为什么比起贴春联，他们更愿意挂灯笼呢。因为灯笼等显眼，晚上还能亮起来，能更彰显喜气洋洋的气氛。

（四）祭灶与送神

春节祭灶的起源是因为灶神在日常生活中，跟人们最接近，于是人们相信，人的一举一动，灶神都洞若观火，所以人们怕"灶神"上天，与上帝提出不利于自己的报告，便以种种的方法对灶神献媚。玻璃口新村村民祭灶的传统习俗传承自中国古老的祭灶传统灶王是火神菩萨，相传是玉皇大帝派到各家各户掌饮食的神。祀奉灶神，后来被赋予了更加丰富的含义，即为"受一家香火，保一家康泰察一家善恶，奏一家功过"。故民间祭灶习俗，在每年农历的腊月二十

① 资料来源：《文冬华人大会堂 100 周年纪念特刊》。

三举行，供品为麦芽糖，一是用糖糊住灶王爷的嘴，二是他给点甜头，让他“上天言好事，下界降吉祥”。至于祀灶所用的祭品，荤素均可，但主要的奉祀物品，却是糖点。考其原因，意谓糖可使灶神食而甜嘴，不好意思在上天之后再说坏话。但玻璃口新村村民祭拜用的祭品却是糯米制成的“甜粿”。他们相信，灶神吃了它之后，就会把嘴粘住说不出话来。除了糖点之外，还有很多其他的祭品，均含有某种意义。如供灶糕鱼肉，意在让灶神升天之前，饱食一顿。焚纸马供灶神上天乘骑。焚化纸钱、寿金作为灶神上天之路费等。送神的习俗亦为玻璃口新村村民所承继，他们每年农历十二月廿四日依例举行“送神”仪式，大都以水果、糖点及牲醋敬奉灶神及百神。妇女们于是日清早起身，备好祭品，焚香点烛欢送灶神、百神上天述职。除了祭品外，他们也焚化“送神纸”“纸马”及“寿金”。至于次年元月初四日的“接神日”，则通常于中午过后才焚香迎接灶神、众神返回凡间任职。是日，妇女们除了祭品外，妇女们除了祭品外，焚化的有“送神纸”及“纸马”。在马来西亚华社，“扫尘日”和“送神日”的正确日期，也有说是二十四日。除了在供品的种类上有所区别，玻璃口新村村民祭灶的做法几乎完全继承了中国传统的祭灶习俗。

（五）吃团圆饭

除夕晚全家围坐在一起吃团圆饭的习俗在玻璃口新村村民的家乡肯定早就存在，且起源很早，虽然今天已经很难确其所始。但是，在马来西亚，不管是以前生活艰苦的时候，吃团圆饭的习俗一直保留了下来。马来西亚很多华人至今还保留先祭天祭祖后再吃团圆饭的习俗。这个习俗其实有很好的含义。它提醒人们，我们享有的美好的生活，别忘了大自然的赐予和祖先的恩惠。敬畏天地，感恩祖先，这种价值观是美好的，也是精神财富之一，我们的祖先民族为我们留下这一文化传统，说明了祖先的智能和对世世代代的关爱。大年三十全家在一起吃团圆饭后，便开始守岁，大年初一不能扫地。信神的人家在大年初一要吃素。今天在马来西亚，在外谋生的华人，一般要在除夕夜赶回家团聚，吃团圆饭。华人除夕的年夜饭强调丰盛和团圆，还有一层含意，就是提醒大家要努力挣钱，但也要重视亲情，要物质和精神财富并重。这是华人家庭浓厚伦理亲情色彩的表现。入夜时分，一家人围坐谈天，到了午夜十二时，便可迎接新年。除夕夜，在外的家人都赶回家团聚围炉。围炉桌上菜肴丰盛，除了有肉丸、鱼丸、寓意团圆，还有白切鸡、卤猪手、红卤鹅等等表示“食鸡起家”、猪蹄寓指“年年有奔头”、韭菜“长命富贵”之意、灼鲜蚶表示钱银多多赚等。吃完年夜饭，家长会拿出粿品让大家尝，以祝贺健康，来年顺遂。之后，长辈向小孩发压岁钱，晚辈则向长辈敬奉压岁钱，然后一家人聚在一起喝功夫茶守岁，共叙天伦之乐。除夕夜，家家户户水缸、米缸要满，灯火也不熄灭。以示“岁岁有余”“年年不断炊”及“代代能相继”。

在此次玻璃口新村的调研中，在大年三十这天下午，我的房东蔡玉珍阿姨和二儿子拜神、祭祖后，就可以吃团圆饭，其实这不是真正的团圆饭。因为这天蔡玉珍的大女儿和大儿子因为工作原因都还没有回家，而二女儿已为人妇，要到自己的婆婆家去过年，所以大年三十在蔡玉珍阿姨家的团圆饭还是相对冷清的。虽然气氛较为冷清，但是蔡玉珍阿姨还是准备了扣肉、豆腐酿、白斩鸡等多个广西传统菜。

（六）舞狮贺新年

在中国民间，有关狮子的传说多种多样，但大多是将狮子作为吉祥、威猛和善良的象征互相传颂的。相传在很久以前，从天上飞来一只金”的毛狮子，独霸大地，伤噬万类。于是西天佛祖遂派天兵天将下凡，施展神通，制服金狮，命令它饭依佛法，为众生造福。金狮依法，与灵狮为友，每年春节前夕即至，为众生驱除灾病瘟疫，岁岁如是，遂成风俗。而舞狮的习俗又从何而来呢相传中国南方在远古年代经常发生瘟疫，死人无数，但幸而有“年兽”出现，行动如雷鸣电闪，帮助人们消除了瘟疫。因此人们在农闲时节，便用竹篾和彩布扎成想象中“年样子，并涂上鲜艳色彩，配合雄壮的鼓乐，到各家门前舞动，借以镇妖驱邪，讨个吉利。因“年兽”喜食蔬菜，于是家家户户均在门前放置蔬菜一盘，以备“年兽”采食。久而久之，人们发现扎制的“年兽”性状很像狮子，便把它称为“醒狮”，而采食蔬菜称之为“采青”。不管舞狮的来源说法怎样，其作为节日庆典时的一项文化表演形式，也受到马来西亚华社的传承和发展。

玻璃口新村从大年三十晚上，志刚神料香纸店就请来舞狮团助兴，从大年初一开始商店和社团纷纷邀请舞狮来为团拜聚会助兴。舞狮在中国起源，却在马来西亚发扬光大。舞狮具有祈求来年祥和兴旺、事事如意的好彩头，这些象征意义特别适合从移民社会发展而来的华人的心态。另一方面，舞狮采青热闹和充满情趣的表演特征，也非常符合华人农历新年期间的喜庆气氛，因而也就成为许多华人庆祝新年的一个重要内容。

文冬舞狮队的队长告诉笔者：春节期间舞狮收入大概有三万马币，现在采青情况与过去不同，以往比较随性，沿街登户采青，现在虽然也是沿街采青，但是一般都设好目标，而且安排好采青对象。文冬舞狮队的理事告诉笔者，通过采青活动可为狮团筹募活动基金、训练经费，这有助于狮团的稳健发展。

（七）初九拜天公

在玻璃口新村，春节期间初九拜天公也是一个隆重的活动。这个节日是闽南人过的，虽然玻璃口新村只有一家闽南人，但周围的华人村庄有许多闽南人，所以这个节日也在玻璃口新村进行。当地有个“天公诞大过年”的说法。这个说法，解说起来也有它的道理，正月初九本是民间所谓的“玉帝诞”。天上玉帝诞当然比人间过年重大。到了初九，大马的闽南人会“拜天公”，这天，可以说是闽南人最重要的节日。甚至比年三十更加热闹。鞭炮放得也比年三十更狠。也有人把它称为“过小年”。在马来西亚，春节期间不必到中国城或华人区。随处都可听到此起彼伏的鞭炮声。很有节日气氛。年初九这一天，福建人拜天公仪式，比大年除夕迎新春、接财神更热闹，更隆重。这一天正如初一，在这天华人燃放爆竹，还有许多女性吃素。在广东省是没有庆祝这个诞节的，但在槟榔屿的粤侨却是常常模仿闽侨的奉祀。天公诞前的年初八和年初七，市面上的甘蔗热卖，所有福建人聚居地的菜市场，都有连根带叶的青翠甘蔗出售。许多人于年初七便准备好祭品，其他祭品尚有烧猪、黄梨、红龟粿、发糕、蜜饯和水果等。初八晚门前准备拜天公是在庭院或路旁把桌子架在两张重叠长凳子上，桌前两旁系绑两株有叶有根甘蔗。初八晚到了子时转入初九，因为马国政府常年严禁鞭炮，初九凌晨到处有烟花声响此起彼落、绽放夜空。至于为什么拜祭玉帝要用甘蔗呢，玻璃口新村温 JH 说："传说是宋朝期间由于有将军听到闽南人们用闽南语自称是 Lan，就主观认为对方是狼，因此把闽人视为妖孽而屠杀。许多人避难于蔗园内，到了初九天公诞方才从蔗园逃出，所以当天既要过天公诞，又要补过新年，以整株的甘蔗拜天公感谢天恩，答谢天公的协助，以示不忘。"① 虽然这故事来源虽难考究，但说明先民把生命的意义和甘蔗生长联系在一块，因为甘蔗福建话与"感谢"同音，所以甘蔗祭拜天公最适合不过了。

调查发现，在马来西亚，"天公生"本来只有"闽南人"在初九夜晚庆祝，但是随着各地籍贯的华人已相互融通，玻璃口新村的广西人也拜起"天公"了。玻璃口新村村民邓先生告诉笔者：不知道这是哪里的习俗，人家拜我就跟着拜了。而且，在初九这天，文冬五大会馆，包括广西会馆，在文冬文化街联合举办了拜天公的仪式。搭起摆满供品的神台，上香膜拜神明。爆竹如雷的响声也此起彼落，吸引了成百上千的信众、市民和游客蜂拥而至，拥挤热闹的气氛沸腾到顶点。现将在文冬文化街拜天公的供品及其寓意如下：

> 生菜（生财），香蕉（招财），发糕（发），柑（吉），红皮鸡蛋（长寿），寿龟——长寿绵延，梨，红苹果，柚子，葡萄，幼姜，老姜，橙子，鱼，虾，菠萝，葱，花生糖，圆须。

① 根据 2017 年 2 月 11 日在玻璃口新村对温 JH 的访谈。

九品干斋九品甜（先干后甜）：绿苹果，冬菇，冬粉，雪耳，腐竹，花生饼，云片糕，桂圆，柿饼，红枣，梅豆，冬瓜糖，花生糖，红豆，芝麻糕，黄豆，冰糖，木耳，黑豆，米饼，金针，绿豆。

（八）闹元宵

闹元宵，也是玻璃口新村华人过春节的一个主要部分。除了村民自家在制作和吃汤圆外，还参与到文冬市的闹元宵活动中。据资料显示，2016 年元宵节期间，文冬开埠百年首次举办文化节，金猴献瑞，贺文冬庙会，成功创造经典，从大年三十三到元宵节一共三天，华人大会堂，内外都被人潮掩盖，各路传媒报道更是铺天盖地，无论居民游客都以盛况空前，从未在文冬见过这样的热闹。当年文冬一共有十个参与社团，联办单位有华人大会堂，文冬中华商会，以及协办的五大乡团，即广西会馆、广东会馆，福建会馆、客家会馆、海南会馆，以及广福庙，小贩小商公会和书轩画廊等，有力地代表了文冬的广大华社，同心协力，促成了意义非凡的新春盛会，当年文冬区国会议员拿督斯里廖中莱，和拿督何绮雯的提倡和推动，连同文冬民众和游客的大力支持，展现了文冬上下一条心、城市没有不可能的美好愿景。在华人大会堂内设立特色展馆，宣传各个会馆的特殊人文历史和美食，让年轻一辈对祖籍的文化传统有了更深的认识，意义深远。在历史走廊张挂 20 多幅文冬老照片，展现的不同时代历史场景。勾起了老一辈人的回忆，也让新一代人认识了老的文冬。

2017 年元宵节，文冬华人大会堂连同区内 70 多个华团组织，于 2 月 4 日年初八二月 10 日零时四以及 2 月 11 元宵节，在文化街举行“2017 年丁酉年金鸡报喜，鹤文冬庙会”。其实，文冬文化节庙会早在 2016 年就获得圆满成功。文冬华人大会堂主席罗龙年说，华人大会堂去年成功举办了文冬文化节庙会。连续三天的庙会吸引了超过 2 万人来访，这是开埠以来最热闹的农历新年，在地文化是一门好生意，发掘更多的在地文化，因为在地文化注入更多元素，凸显在地的文化，才能引起更多游客对文冬加以瞩目。文冬的旅游资源非常丰富，从历史文化，人文，生态环境，都是创造旅游经济最有利的潜在条件。2016 年的文冬文化节庙会，筹委会是以划船丰富的历史和文化风俗为诱因，筹办活动。在经过创意包装之后，吸引了许多人来发掘老文冬的新事物。庙会造势活动则包括贺年卡设计赛，红包风设计赛，红包手工设计赛，新年歌曲创作，挥春等等。①

（九）参与团拜活动

春节期间，要举行团拜活动。参与团拜活动，似乎也是玻璃口新村村民，特别是一些已加入社团的村民在春节参与的一项活动。团拜是马来西亚华人集新年庆祝与社交、联谊、商业活动于一体的团体性活动。在世界上其他国家和地区，春节期间，政府或一些个别的团体也举办团拜活动，一般来说，其规模和功能都有限。但在马来西亚，新年期间各社团、机关、政党等单位都举办团拜，同时，国内凡有华人的地方，也都有团拜。当然，团拜活动最多的地方，无疑是在首都吉隆坡。所以举办团拜，除了庆贺新年的主题之外，有关单位、同行、同业、同事也借机欢聚一起，联系感情，增进友谊，不少人还趁机举行商业活动。团拜之俗应始自拜年。过去，在农历新年，人们都要到亲友家拜年。而在马来西亚，大年初一，人们一般待在家中接受其他民族如马来族和印度族同胞的拜年，初二以后才到亲戚朋友家拜年。拜年时，长辈会向孩童和晚辈派发红包。拜年一般是在“双边”或小范围内进行。春节期间，一个家庭的拜年往往要涉及多个“双边”。若所有的家庭都要一一轮番拜年，就要应付很多个，不胜其乏，每天都处于疲于奔命的紧张状态。在过去的农业社会，人们一般还较有空，时间也较为机动，不管有多少个，人们都可以控制和支配时间。但是到了“时间就是生命”、时间需要预订的当代，一一进行拜年就太浪费时间了。于是，便有了大伙聚

① 根据 2017 年 2 月 10 日在文冬对罗龙年的访谈。

在一起同时进行拜年活动的集约性“时间消费”。这就是团拜。拜年属团体性活动。一年中，举行团体活动的机会很多。但团拜这一团体性活动方式与平时的团体性活动方式有很大的区别，所产生的效果也大有不同。这要与新年本身的功能联系起来才能得到合理的解释。新年是一个祥和、团结、众乐的节日，团拜时便可以借机“联络感情，增进感情”。团拜的一个彼此心照不宣的功能一笑解怨气，一笑泯恩仇。在各种组织如乡团、机构、政党、学校等等团体里，同事之间，乡亲之间，每个人来自四面八方，出身于不同的背景，彼此之间难免产生这样那样的摩擦，心存疙瘩，平时想化解却没有机会。这时可趁团拜之机，让恩怨随笑而消，随风而去。这样，团拜便提供一个缓和矛盾、和谐温馨的渠道。不过，团拜不是万能的，也不可能指望一次新年团拜就能消解所有恩怨。当然，团拜的功用主要表现在就消弥非原则性的误会方面。在政治层面，团拜的功用就不会那么明显。在社团、政党林立的玻璃口新村村民社会中，团拜甚至有越来越有虚假化的趋向。有人认为，每一年春节都有不少团拜，每次团拜中大家都举杯欢庆，笑容满面，领导人照例致词，有声有色，洋洋洒洒，但似乎没有多少团体在团拜过后就能彼此并肩共事，为整体的权益加强团结。团拜活动的一个特点是场面大，接触人众，每一个参与者都有最大限度的多边联络的机会。过去，人们向亲友拜年，曾借机进行商务和其他平时没有机会进行的活动。但因拜年场面小，范围窄，效果也就有限。后来以团拜方式取而代之，加上和谐和睦的氛围，效果就大有不同。

据《文冬报》记述：马华文冬区会新春团拜会，许多年来都在华堂举行。以 2003 年 2 月 17 日的团拜会为例，多达 5000 人参与，包括文冬区国会议员拿督斯里廖中莱、美律区州议员拿督何启文、吉打里区州议员拿督黄恭才、沙拜去州议员拿督迪温德仁、华堂主席梁异光、文冬警去主任曼梳警监、各政党和社团领袖等，华堂内外皆是人潮，新春气氛沸腾。彭亨州务大臣拿督斯里安南耶律谷以特别嘉宾身份出席，州政府派发 150 元马币新年红包给 70 岁以上长者，表演包括狮王高桩舞狮和舞龙、冠军歌后演唱，前 RTM 主播蒙润荣广西家乡话贺新年等等，赢来热烈掌声。①

（十）参与慈善事业

马来西亚华人过春节发展到今天，已经成为一项主要由华人参与的社会大型公共活动。既然如此，趁着春节的机会，开展有益于华人社会乃至于整个马来西亚社会的公益慈善活动，便成为春节延伸出来的题中应有之义。其中最突出也是华人社会最关注的，便是华文教育。马来西亚的华文教育是靠华人社会的支持才发展起来的。华校学府，尤其是独立中学，每年都需筹款来维持办学经费。“过年期间，华教工作者牺牲假日时光，组织独中狮队向公司及住宅的同胞贺岁筹款，已成为各地极普遍的筹款方式。其他文教机构在过年前也通过其他方式来筹款，如义卖贺年片和春联。这些筹款活动都获得华社的鼎力支持。各地华团在佳节前通常都有施赠贫老之惯例，华人过年前当然亦不例外。”当然，华文教育的捐助渠道很多，春节不过是其中之一。

2017 年 2 月 3 日在文冬玻璃口华文学校举行了“筹募重建校舍基金既校友日新春联欢会”，出席开幕的贵宾是 YB 拿督斯里廖中莱交通部长。会议特设立了“校友回校日聚餐晚宴”工委会，并设置了活动的结构（见下表）。②

表 8－1

大会顾问	YB 拿督斯里廖中莱交通部长，拿督英迪拉何启文上议员，华堂主席拿督斯里罗龙年，拿督黄恭才医生，蒙亚清先生，钟宪虹先生，李文光先生，谭永健校长，唐观雪校长
大会主席	董事长张廷陆 PKC PJK　先生
大会副主席	副董事长黎蔚纲先生

① 《文冬报》2003 年 2 月 18 日。

② 资料来源：文冬玻璃口华文学校筹募重建校舍基金暨校友日新春联欢晚宴。

续表

筹委会主席	家协主席李华兴 AMP
筹委会副主席	何荣璋村长，钟慧冰副校长，苏贵清副校长，熊妙凤副校长
协调主任	熊妙凤副校长，杨国玲师
宴会主任	李文发先生，胡友发先生
秘书处	梁惠群师，彭佩珊师
征求	谭永健校长，董事长张廷陆 PKC PJK 先生，家协主席李华兴 AMP 先生，唐观雪校长三机构（董事部，家教协会，学前班联谊会）
财政	（正）陈章欣先生，（副）苏贵清副校长，黄玉婵女士
剪彩	刘诗洁师，陆玉芮师，李丽蓉师，黄沛欣师（台下），侯诗蕊师，范秀娴师（台上）
票务	钟慧冰副校长，侯诗蕊师，范秀娴师
司仪	刘小梅师，张翠芳师
招待	郑清桂师，温彩琼师，余丽婵师，杨丽云师，刘镁玉师，谭宝玲女士，徐玉丽女士，全体董家教三机构
小册子/请柬	杨丽云师，刘镁玉师，陆玉芮师
音响	叶忠豪师
宣传	宋艳梅师，《中国报》记者欧盛财，《星洲日报》记者李佩珍，《南洋商报》记者陆兆邦
纪念品	陈桂芳师，Pn Atiekah
余兴节目	严添娣师，梁秀忆师
舞狮主任	叶忠豪师
舞台布置	温彩琼师，余丽婵师，Pn Azhani
场地布置	张毓新先生，陈敞达师，黄炳超先生，陈肇源先生，胡友发先生，* En Ahmad
帐篷主任	李文光先生
催场	陈玉婵师，梁惠群师，彭佩珊师，杨国玲师
台前工作人员	陈敞达师，学生
摄影	宋艳梅师，邓晙丰先生
交通/纠察	李达慰先生，邓华先生，保安人员，玻璃口警卫团
查账	李达慰先生，陈桂芳师
清洁	学校校工
短片制作	陈敞达师，叶忠豪师，刘小梅师，张翠芳师，池镇文师

"筹募重建校舍基金既校友日新春联欢会"从早上6点50开始，首先是醒狮迎宾，制造活跃气氛，7点嘉宾入席，7点30分奏马来西亚国歌，后播放序幕曲，由玻璃口华小文冬启智少儿合唱团联合合唱。8点正，大会主席张廷陆PKC PJK董事长致欢迎词，接下来是筹委会主席李华兴AMP先生致辞，最后是拿督斯里廖中莱交通部长致开幕词，随后是赠送纪念品、剪彩仪式。9点文娱节目开始，10点30分整个活动结束。

在这次"筹募重建校舍基金既校友日新春联欢会"活动中，获得许多出席会议代表或机构的捐款，其数额制表如下：

表8-2　"筹募重建校舍基金既校友日新春联欢会"指数数额表

RM50000	张廷陆 PKC PJK、郑乾兴
RM20000	拿督斯里罗龙年、已故拿督陈光来局绅和已故拿汀廖带娣贤伉俪、黎蔚纲和冯桂娣贤伉俪、已故张炳财 PJK、已故邹爱群老师、陈玫瑰、黄培兰、陈福
RM10000	陈玉清、陈启严、已故唐秀英贤伉俪
RM20000	民政党彭亨州文冬吉打里区领养人拿督刘开强
RM5000	彭亨文冬崔氏联宗会
RM3000	文冬广西会馆、双喜楼
RM2000	文冬小贩小商公会、拿督黄恭才医生、黄世杰、黎蔚刚、邓俊华
RM1138	香港刘付国
RM1000	高级拿督李雨汶、陈章欣、罗玉婷、刘慧萍、张佩芳、莫翠城、马立金、崔毓志、世厨酒家、黄有为、黄绍敏、陈金华、张丽珠、李华兴、李文发、梁公司、郑各洋、唐广才、文冬佛教会、文冬青年公益会、马华郑老师、丽景小食馆、潘慧芬、东马实业、已故苏建文（家属）、李锦富律师、文冬马华支会、126海鲜大饭店、城记烧腊饭店、文冬发展华小工委会、彭亨李氏联宗会、真佛宗文雅堂、两广义山、文冬实木业（彭亨）有限公司、精英大学第二届下乡团、Dato Jackky Lim、Ng Ming Kai、Sri Learning Joy、Budi Jelas Sdn Bhd、Eternal Sigma Sdn Bhd、Asencon Elekerik Sdn Bhd

续表

RM400	萧金
RM500	郑金华、拿督梁捷顺、何桂芳、杨氏联宗会、陈兄弟、何荣璋、李达慰、曾国鸿、玻璃口村委、郑清桂、陈金胜、黄炳超、邹永盛、邹业盛、邹昭盛、陈泉、黄大南、李华、梁光雄、黄绍薇、龙凤酒家、玻璃口 1978 同学会、文冬文谊商业俱乐部、金记、文冬屠业公会、文冬会甯同乡会、丽景阁海鲜酒家、玻璃口民众图书馆
RM450	师兄师姐
RM300	梁氏联宗会、高州会馆、文冬永春会馆、Steven Lee、黄世妹、邱碧珍、六壬宫、李北荣、联泰药行、溏记茶室、张毓新、赖沛雯、暹猛太极十八式学会
RM200	Kelab Rekreasi Btg、谢氏联宗会、何金兰、Tan Mee Guang、谭永健校长、萧天福、文冬陈氏联宗会、文冬赛沓沓、黎家贤、郑秀凤校长、施兆玲师、黎庆宁、球记杂物、陈章就、黄以新、广东会馆、新湧记、邓晙丰、文冬教师公会、杨海佳、林干标、董荣山校长、郑凤清、唐玉宜
RM150	符彩铃、唐玉珊
RM100	张尉贤、127Perting、455 Perting、张瑞圆、陈大发、张观金、陈爱丽、崔慧敏、林龙正、316 茶室、48Repas、泽源、湧记、红姐、殷天成、范年娣校长、吴国强校长、颜梅珠校长、杨庆仪校长、曾琇琳校长、美律谷华校家教协会、黄莉珍校长、洪瑞成校长、文冬海南会馆、李依雯、李雪莹、Alice Chan Chooi Leng、苹姐、甘妹、刘赞顺、沈国伟、梁郁林、梁正湖、陈水凤、梁秋娣、梁美君、王文达、蔡倩茹、黄光云、萧美玉、欧光荣、李维荣、叶里鎏、陈贵源、熊启源、李慧芳、区世雄、马文浩、吴锦玉、萧文凯、文冬福建会馆、文冬少林气功内功一指禅学会
RM100以下	文冬市区：RM 3675 玻璃口新村：RM 3017 旧玻璃口新村：RM 1100 金马苏新村：RM 1856.60 力巴士新村：RM 1740 暹猛新村：RM 1455 武吉丁宜新村：RM 570

玻璃口新村的村民每年过春节的活动是丰富的，既有采购年货，贴春联、挥春、祭祖、祭祀天公、参加游玩逛街，烹饪，还有参与社会的一些公益活动。从这些春节的活动来看，玻璃口新村华人不仅对自己的重大节日春节坚守着，还热心公益事业，作出许多善举。

二　清明

“清明时节雨纷纷，路上行人欲断魂。”这首诗描绘的中国乡村清明节的景象，在异国他乡——马来西亚也奇妙地映入我们的眼帘。马来西亚是一个多元民族、多元文化和多元宗教的国度。各民族都保持着他们的传统习俗，华裔也把多彩的中华传统习俗带到南洋去，每年都保持着清明节扫墓祭祖的习俗，代代相传。中华传统习俗与当地习俗交融而呈现出特有的文化光彩。他们把对祖坟的祭拜一向看作头等大事。春节、元宵过后，清明节便是他们的重要节日了。

笔者在马来西亚田野调查，那里华裔过清明节的情景历历在目。每年公历 4 月 5 日前后，马来西亚华人便倾家而出去扫墓。节日当天，川流不息的汽车从市区缓缓开出，往郊区的山头蠕动。当然马来西亚的华人也有的赶大早上山扫墓，以避免清明节在交通阻塞中受困。华人们到祖坟前为墓地修整，剪除杂草，在墓前举行追思会，三鞠躬，有的献上供品，有的献上鲜花，点燃蜡烛，烧焚黄白纸，把满山沉睡的魂灵唤醒……文冬的华族原籍大多来自中国广西，也有其他籍贯的，不同籍贯的华裔都隶属不同的华人社群，诸如广西会馆、广东会馆、客家公会、高州会馆、福建会馆……除了地缘性社团外，还有众多的宗亲社团。这些社团几乎在每年清明节都热情帮助会员上“义山”扫墓。华人在清明节或先人逝世周年纪念日上山扫墓祭祖的习俗，代代相传。每逢华族社团重大周年纪念日，他们都念念不忘祖先的恩德。

据笔者在玻璃口新村的调查，当地华人过的中国传统节日有春节、元宵节、清明节、端午节、中元节、中秋节、冬至等。每逢过这些节日，都离开不开两条主线，一是祭祖，二是聚餐。这两点与中国传统的重孝道人伦、重血缘纽带和宗族家庭的文化精神和民俗心理息息相关。因此，每逢中国传统节日的到来，或庙祭或墓祭或洒扫焚香或望空禀祝，人们通过这些习俗动表达后辈的孝恩与追思。反过来，这种绵延不断、周而复始的习俗活动又不断强化和巩固着人们的家庭意识和血缘亲情。祭拜过后，便是合家聚餐，谈笑风生，这一方面表现了他们。

清明节前夕，玻璃口新村华人会做好粽子，并到市场上买回饮料、水果、糕点、烧猪（或自家制作）、金银珠宝、黄纸钱、香和蜡烛等物品以备祭拜先人。清明节当天，全家人会携带着备好的祭品和锄头步行或坐车前往墓地。扫墓时首先整修坟墓，其做法主要是清除杂草，培添新土。这种行为一方面可以表达祭祀者对亡人的孝敬和关怀，另一方面，在古人的信仰里，祖先的坟墓和子孙后代的兴衰福祸有莫大的关系，所以培墓是不可轻忽的一项祭奠内容。祭拜先人之前，先要祭拜“土地之神”，以感恩它守护着坟地。而拜祭先人的过程中，也要焚烧金银珠宝和黄纸钱，祈求后代子孙繁荣。

> 清明节祭祖，我的妻子和孩子都与我一起过去。我们不仅要祭扫坟墓，也要祭扫“后土”，若坟地上和周围长满了花草，我们都要除掉，若土墩被雨水或人为破坏了，我们要重新进行堆土。不管是过中国节日，还是马来西亚节日我们都会过。①
>
> 清明节拜祖我们会做点糕点，还会做一只烧猪，烧猪每年都是要的，这是华人的普遍习惯。②
>
> 花钱最多的除了春节就是过清明节，因为拜祭祖先需要熟鸡、烧猪、水果、饮料、米饭、纸钱（金银珠宝）、纸屋等等。③

---

① 根据2017年1月29日上午在柏林村对李SQ先生的访谈。

② 根据2017年1月30日下午在玻璃口新村对黄SC女士的访谈。

③ 根据2017年1月31日上午在玻璃口新村对林QA女士的访谈。

清明节时，应准备一只烧猪，按照家人的经济条件而定，有的人家自己制作烧猪，有的在市场上购买，还需要准备鸡、鸭、饼干、水果等供品，还要买一些纸钱如车、房子、电话等，祖先需要什么，我们就会买什么给他们，这些纸钱都是在坟前烧给祖先的。清明节我们家全部都会过去祭拜，如果缺一个人，那个人今年肯定不会有好的运气，也可以理解为不肖子孙。①

清明节也过，我们家会用鸡蛋做些鸡蛋卷，鸡蛋加米粉制作而成。以前我们家会做，现在主要从市场上买过来。还会买水果、饮料等。我们会拿到祖坟上祭拜。祖先埋葬在两广义山，离这里不是很远，很多华人都是埋葬在那里。在拜祖先时，我的母亲会跟祖先说出我们家每个人的名字，叫他们过来吃饭。烧香、烧纸钱是必须有的。拜祖前，我们先会拿锄头过去清理附近的杂草，挖土填高祖坟。② 清明节也会包粽子。一般都用糯米、绿豆、猪肉、花生油等作为材料。一般用芭蕉叶,、放半肥猪肉。③

每当清明节，孩子们都会和我一起拜祭祖先，到阿龙山村拜祭我的爷爷奶奶和父母。因为路途遥远，通常会骑摩托车过去。祭拜时，会摆有一只烧猪、饼干、熟鸡、猪肉、水果等。我在吉隆坡也有一些亲戚会回来拜祭，他们是我爷爷奶奶的亲戚了。我认为，一家人高兴、团结、身体健康才是最重要的。④

清明节我们会扫墓，还会提着祭品和拿着锄头过去，祭品有水果、熟鸡、饼干、饮料，还有做好的饭菜，以及驱邪的花草。⑤

---

① 根据 2017 年 2 月 1 日上午在玻璃口新村对黄 TL 女士的访谈。

② 根据 2017 年 2 月 2 日上午在玻璃口新村对陈 QB 女士的访谈。

③ 根据 2017 年 2 月 5 日上午在玻璃口新村对陈 CL 女士的访谈。

④ 根据 2017 年 2 月 6 日在玻璃口新村对李 YX 女士的访谈。

⑤ 根据 2017 年 2 月 7 日在玻璃口新村对李 JQ 女士的访谈。

三 端午节

居住在马来西亚的华侨华人依旧保留着端午节吃粽子、赛龙舟的传统习俗，粽子卖得格外火爆。有一家黄记粽子店位于彭亨州文冬街上，黄 YY 说："端午节的时候就会在文化街上摆摊贩卖。每年端午节的生意格外好，虽然经济不景气，受原材料价格上涨，粽子价格也相应上调，但准备的粽子还是供不应求。我们早在两周前就开始日夜赶工，卖完我们就回家休息。"① 由于马来西亚文冬华人多数祖籍为中国广西，另外还有一些祖籍广东、福建和海南，家庭式粽子店保留了广西粽子的传统口味和制作方式，深受当地华人喜爱。除了广西粽子，还有福建风味的炒米粽子和具有马六甲特色的娘惹粽子。一位前来购买粽子的顾客说，她光顾这家店已有 5 年了，"这家的粽子和小时候妈妈做的味道一样，每次经过都要买几个"②。除了传统口味，马来西亚很多商家还推陈出新，以迎合现代人的口味。位于吉隆坡的马来西亚首家以粽子为主题的餐厅"传统粽家美食馆"为今年端午节特制了一种"超级粽子"，每个重 2 千克，呈长圆形，以鱼翅和海鲜等为馅。虽然每个售价高达 238 林元马币（1 美元约合 3 元马币），但还是出乎意料地受欢迎。赛龙舟也是端午节不可缺少的节目之一，马来西亚已经举行了很多届龙舟大赛。此外，马来西亚多个民间团体还组织了丰富多彩的活动，如包粽子大赛等，以帮助当地人更好地了解端午节这一传统节日的习俗和文化。比如玻璃口新村一家人就在裹粽子的比赛中获得第一名。③

四 中元普度

中元节的起源众说纷纭。文冬华人相信，人出生时借了一笔钱，

① 根据 2017 年 2 月 6 日在文冬街上对黄 YY 的访谈。

② 根据 2017 年 2 月 6 日在文冬街上对李 dd 的访谈。

③ 根据 2017 年 2 月 8 日在玻璃口新村对陈 YY 的访谈。

过世时，往生者的亲戚得还钱，按年龄算出数目，然后焚烧这笔钱象征归还，还得举行一些仪式确保纸钱不会被其他的鬼魂抢去。农历七月普度是海外华人较大的仪式活动，在马来西亚彭亨州文冬市，从庙宇到私人社团，民间组织筹办的中元普度，从地点、排场到表演形式都具备地方特色，而且仍保留了不少中元节特禁忌。一位村民说道：

> 我们这里中元节，是来自福建人，它的祖籍是台湾，台湾很迷信中元节，我们这里中元节，坦白讲，都是福建人带过来的，现在我们来到这边就全部参了，现在流传到我们广西人、广东人、客家人都跟着拜。①

玻璃口新村杨 YR 说在中元节时“不可以踩路上的纸钱和供品。不可以捡地上的钱和糖。不可以吃供品。不可以讲’鬼’这个字。农历七月不结婚、不搬家、不买屋、不开张、不生孩子。农历七月甚至不要游泳，担心遇到’水鬼’。晚上听到有人叫你的名字，千万不能回头。看歌舞表演的时候，第一排位子绝对不可以坐的，因为好位子是留给’好兄弟’（鬼的通俗称呼）的”②。除了白天傍晚的施幽活动，晚上最主要的活动就是歌舞表演，文冬各地的七月歌台表演结合了宗教与娱乐，可说是中元节独特的景观之一。原本歌台是给“好兄弟”看的演出，但现在也吸引了很多民众争相观看。歌台用很夸张漂亮的表演方式，搞热气氛，互相竞争，吸引更多鬼神来看，台下也借中元福物喊标，借其来佑福。歌台歌手不但唱功扎实、台风稳健，服装造型更是争奇斗艳，夸张吸睛。亮片和羽毛是必不可少的设计元素，颜色方面多选鲜艳的亮色系，目的是让人眼前一亮，印象深刻。如此卖力地准备和演出，歌手们只希望博得观

---

① 根据 2016 年在玻璃口新村对李先生的访谈。

② 根据 2016 年 8 月 14 日在玻璃口新村对杨先生的访谈。

众的欢心，收到更多演出红包。除了歌台，文冬各地有一些社团或地方在中元庆典也保留了街戏和木偶戏，但这些传统艺术已经越来越少见了。百年前，华社会馆庙宇都会筹办中元会。寺庙是筹办中元会的中坚力量。规模最大的莫过于广福庙，从农历七月十一到十五，估计耗资十几万元连办六场歌台，一场百多桌的晚宴。广福庙总务黄 GD 来受访时说“广福庙筹办中元会至少 70 多年，有些年一度停办。当年在文冬广福庙办中元会晚宴，约有两三百名会员，几十桌宴席，福物喊标一般二三十元，现在城隍庙会员已多达 600 人（每人年费 100 元），中元宴席一场达 300 多桌，福物喊标价不断创新高，最多几十万元（发财炉 2013 年以 48 万 8888 元被标走），最少十几万元”。以前过中元节的娱乐方式以粤剧为主，现在粤剧不在但是却多了歌台助阵。现在的中元会一般要靠投标福物来补贴费用。喊标活动一般以庙内的“发财炉”最受瞩目。以前各个地方居民各自拜拜中元的仪式很简单。1950 年代，他在新村成长，当时参加中元会就在农历七月十五下午三点，庙宇贴上“庆赞中元”通告，人人就回家杀鸡，拿鸡去庙里祭拜，庙宇请道士做做法事后，再带回家吃。但是比较严峻的问题就是负责人老了不做，年轻人不懂得接手。中元节焚烧冥纸是祭拜祖先的仪式之一。也有许多村民将瓜果物品带去庙宇，在普度后给带回家的就成了福物。

不仅玻璃口新村村民们在过中元节，当地的玻璃口华文学校的师生也在过这个节日，引起了我们的兴趣。作为一个传播知识的学校，为何也会有这种现象。后来我们访谈后才知道其缘由。当地的一位老师告诉我们，因为这个学校的地址是建立在日本侵略时屠杀过人的地址上建的，所以有时候有的学生说朦朦胧胧中可以看见学校栽种树林中有人影子，而看到这些人影子的学生第二天就生病了，这样的案例持续了几年，后来一位风水大师说，必须在每年的中元节进行施幽活动，才能解决学生们生病的问题。于是，学校就按照这个风水大师的嘱咐，每年举行这个施幽活动。说起来也怪，学校做了这个施幽活动后，学校再也没有发生学生看到人影而生病的现象了。

五　中秋

马来西亚是一个多民族聚居的国家，其中华人占当地总人口的四分之一左右。因此，华人的传统节日也成为当地重要的节庆。今年中秋月圆，世界各地的华人也将会以各种形式欢度中秋，马来西亚文冬玻璃口新村的华人也不例外。李 HX 说：“节日的夜晚，玻璃口新村村民们全家老小都会早早赶回家，围坐在一起，一边吃着月饼，一边观赏又大又圆的月亮。爷爷奶奶也许会讲起儿时听过的嫦娥奔月的故事，会讲起总在伐桂树的吴刚，会讲起雪白的玉兔呢!”除了赏月吃月饼，马来西亚的华人还会以世代相传的特有方式庆祝佳节，那就是彩绘灯笼比赛和提灯游行。中秋之夜，各商家都会在店内挂满五颜六色的灯笼。许多华人社团（比如说玻璃口新村民众图书馆）则举办彩绘灯笼比赛，将五彩缤纷的灯笼作品挂满回廊，用美轮美奂的各式灯笼点亮夜空。提灯游行更是马来西亚华人庆祝中秋节的重要活动，除舞龙舞狮外，一辆辆载着“嫦娥”、“七仙女”的花车穿梭在游行队伍中间，身着节日盛装的男女老少载歌载舞，热闹非凡，节日的气氛也在庆祝活动中达到高潮。在马来西亚，欢度中秋并不是华人的专利，马来人、印度人及其他族群同样积极响应，共同加入这一片欢乐的海洋中。

六　冬至

马来西亚华族人口占马来西亚总人口的 25.3%。注重传统的华人在冬至到来的时候纷纷去市场上购买汤圆、糯米团并拜祖祭神。由于今年的冬至是星期一，所以大部分马来西亚人从 21 日起就利用假期，一家人聚在一起，提前庆祝这一节气。糯米团是制作汤圆的主要材料，许多家庭主妇都早早到市场上购买糯米团，周日晚上做好汤圆，以便在今天去拜祭祖先。在彭亨州的文冬市区市场上，汤圆、糯米团这几天来很畅销。每公斤 3.6 令吉的汤圆还免费赠送一根本兰叶（一种调味的菜），以方便顾客的汤圆做出来更加美味。在文冬街上卖糯米团的玻璃口新村陈女士告诉笔者她每年都在冬至这一天都要卖糯米团，粉红色和白色的糯米团是成包出售的，她凌晨2点就起来磨米，然后将糯米团分装成1公斤或半公斤装。另外一位购买汤圆的李女士说虽然她的孩子不是很爱吃汤圆，但是她每年的这一天还是会做汤圆。“这是冬至的必备品，也是华人的传统。”①

在玻璃口新村，冬至是华人家庭团聚及祭拜祖先的节日，每逢冬至前夕，很多家庭的成员都会相聚搓汤圆，共享天伦，勾勒出团圆与团结的幸福画面。汤圆的形状象征全家团圆与团结，而团结不仅对一个家庭，而且对一个组织或公司来说都十分重要。

第二节　华人精英

自玻璃口新村建立以来，各个时代、不同界别都产生过代表性人物，侨领、殷商、艺术者、美食家等比比皆是。他们的活动与事迹，构成了玻璃口新村乃至文冬华人社会的重要组成部分，为他们树碑立传，是对玻璃口新村华人社会发展史生动和丰富的阐释。

陈生

陈生原名祝卿，生是其字。陈生祖籍广西北流大坡外村，1910年19岁时南来马来亚，曾到雪兰莪的双文丹、宋溪葫芦（现今双溪毛糯）当4年矿工，再转移到文冬，从事操掘泥沟工作，后来利用20年积蓄，开垦新芭、种植橡胶，曾经在文冬组建桂侨实业有限公司、桂昌有限公司，亦在霹雳怡保创办高桂锡矿公司。陈生曾通过成立实业公司集资，向英国人购买暹猛几百英亩橡胶园。成为文冬最重要桂籍领袖。他在致富后仍重视乡情，日治时期为不少同乡作保免于受难。据说村子在戒严时期，即使村民凌晨4点拍门呼叫“生叔”帮忙，保释被警方拘留的村民，陈生也会义不容辞前去。在

① 根据2016年在玻璃口新村对陈女士的访谈。

二战前，陈生就已深得文冬广西同胞敬重，经常为他们排忧解难。玻璃口建村之时，村民的身份证均由其签名。1952 年他投资建成陈生大屋，除了自用外，还将该大屋分隔 30 间小房，廉价出租予广西新客，让他们到南洋时有个照料。当时租户较多，且热闹非常，所以村民也亲切称之为“七十二房客”。以前陈生大屋还有橡胶工坊，烘橡胶的窑火兴旺，直到政府勒令新村内不得加工橡胶才停止。

陈生极力协助华裔同胞谋求福利。他于 1936、1947—1949 年出任文冬广西会馆会长，在他担任会长期间会务发展迅速，在购置会址、胶园地皮等出力甚多。也曾任雪兰莪广西会馆会长，并发起成立马来亚桂侨联合会并曾任该会主席。他于 1950 年被封为太平局绅，成为玻璃口新村第一位太平局绅，随之成为桂籍领袖。1956—1959 年任文冬中华商会会长，并曾任中国青年益赛会主席、华人大会堂副会长、启文学校副董事长，以及倡议创办玻璃口新村学校，成立马华公会文冬区支委会并任副主席。1950—1952 年任两广义山管理委员会主席。他也曾任马来西亚联邦咨询委员会委员。陈生于 1963 年辞世，享年 72 岁。他离世后，为了纪念其功绩。玻璃口新村内依着华小的道路，被冠名为陈生路，玻璃口新村里还有陈生 1 巷至 7 巷，都是以他命名的。

陈声新

陈声新，1933 年出生于玻璃口新村，祖籍广西北流大坡外村，是陈生原配的大儿子。陈声新少时从新西兰玛斯大学农科学成归来后，先在武吉丁宜投资养鱼场，很快获马来西亚前首相敦拉萨邀请从政，于 1959 年参加第一届全国大选，首次出征文冬国会选区即大获全胜，成为文冬建埠以来第一位国会议员，后来再成为出自文冬的首位内阁成员，并开始了文冬代议士必然是中央部长的传统。他先后担任教育部副部长、房屋及地方政府部部长和卫生部部长。1968—1969 年出任文冬中华商会会长，1970—1989 年间担任 8 届文冬华堂董事长；在马华公会中则曾任全国副总会长和马青总团长。一共当了 7 届 30 年的国会议员，是迄今文冬任期最长国会议员，其也成为文冬华社举足轻重的人物，并且是大马华人政治史上一位重量级人物，在文冬创造了长达 30 年的“陈声新时代”。

陈声新一直领导文冬华社并处于政治生涯高峰，直到 1989 年在羽球场上心脏病发猝逝，享年 57 岁。本为拿督的陈声新，后被追封丹斯里，文冬市区原称巴斯迪路（Jalan Pasdec）的街道，后也改名丹斯里陈声新路，纪念其功绩。

浦耀才

浦耀才，1939 年出生在马来亚的胶园，祖籍广西容县谭坤芦田。少时当过烟房工人、胶工、杂货店员工、金融经理等。他热衷于社会活动，在广西会馆任董事，并助该会筹建新厦及招徕会员。在华人大会堂担任理事。1998 年出任副主席；他自 1963 年在玻璃口民众图书馆担任主席长达 40 年。在两广义山管委会，他 1978—2000 年进入理事会，其中于 1986—1997 年出任副主席。

他在文冬开启政治生涯，是马华文冬支会首任主席及文冬区会第 2 任主席（1989—1993 年、1999—2002 年）。1974 年起蝉联 5 届美律州议员，后于 2001 年担任一届上议员。他实实在在为民服务，善用其议员省份辅助各社团及地方发展，完善新村等的基础设施，提升设施助穷人，且是一呼百应的公益慈善筹款高手。1990 年受封为拿督，2003 年离世。2010 年州政府将崔贤街 1 路易名拿督浦耀才路，表扬其贡献。

张官金

张官金，生于 1946 年，祖籍广西北流。他是一名木商，积极参与社团活动，曾在彭亨古城堂担任的职位包括 2004—05 年度交际、2006—2007 年度总务、2008—2009 年度理事。他也在文冬广西会馆任董事并曾受委查账，以及玻璃口华小家教协会任主席等。他是文冬行动党创党人之一，曾任区联委会主席（1987—1991、2009—2010），五次分别角逐帕朗埃、文冬市和吉打里区州议席。

他还积极参与公益事业，多年来捐赠的义款让文冬多个组织和学校受惠。其中，玻璃口华小礼堂以他与妻子杨玉凤名字命名；在彭亨古城会所里，也有一个张官金厅，皆为感谢和表彰其对玻璃口华小和古城堂的捐献及贡献。他亦名留文艺界，是广西山歌的传人，2009 年接受大马乡音考古人张吉安的专访，将其歌唱音档带上中国中央电视台《世界听我说》节目播放，让神州大地认识广西山歌在马来西亚的扎根。

黄汉西

黄汉西，1927 年出生，祖籍广西北流波二里罗屯秋地田。为人宅心仁厚，慷慨仗义，社会公益及教育事业都热心参与，活跃于文冬多个社团并担任要职，包括 2007—2009 年担任两广义山管理委员会主席。1996—1999 年任黄氏江夏堂会长，1998—2002 年在广西会馆任副会长，后任财政至 2009 年，并授委为永久名誉会长。

他在玻璃口华小担任董事长长达 39 年（1970—2009 年），对推动校务尤其重建新校舍计划从不言倦，虽然在新校舍完成时，他已经离世，但也为他在玻璃口华小的贡献画上完美句号。

李华泉

李华泉，1935 年出生，祖籍广西容县六旺古泉。他为人慷慨仗义，对于社会公益积极热心，活跃于文冬各相关社团并担任要职，曾任文冬广西会馆 2004—2008 年会长及永久名誉会长、马来西亚李氏联宗会会长、彭亨李氏联宗会第 4 和第 6 届会长、文冬华人大会堂理事（1976—1987）、玻璃口民众图书馆顾问、启文上午校董、玻璃口华小董事、力巴士华小董事。他于 1976—1985、1995—1997、2001—2009 年担任两广义山管委会理事。

他也曾出任文冬民选市议员及玻璃口睦邻计划主席，忠厚且富正义感，深受爱戴。他于 1991 年入股文东龙凤酒店，曾担任董事经理并负责柜台。该酒楼虽几经转手，却仍旧以“文东龙凤”的名号，成为文冬的老字号酒楼。

黄炳超

黄炳超，1939 年出生，祖籍广西岑溪南渡大水冲。他是文冬备受敬重的广西乡长，自小丧双亲，适龄上学时逢战争，受教育不多，深感教育的重要性，日后积极推广母语教育。在管理榴莲园之余，也热心社团及公益事业，出钱出力且亲身参与。曾在玻璃口华小出任理事，在2007—2021年任两广义山管委会的理事。

在广西会馆，他是1998—2000年的董事，2000—2002年任青年文娱组副主任，2002—2011年任福利组副主任。在1980年代中期，广西会馆的改革运动期间，他是其中一位提供免息贷款给会馆应急、助会馆脱离困境的热心乡长。

结　论

玻璃口新村属于马来西亚彭亨州文冬市管辖，是文冬市较大的5个华人“新村”之一，该村形成于20世纪50年代的“紧急状态”时期。居住在玻璃口新村的华人绝大多数是原本散居在文冬市周围芭蕉（橡胶）林的广西人，该村目前也被称之为“大马广西村”。

玻璃口新村广西籍占98%，其他为福建等籍华人。从祖籍地看，玻璃口新村广西籍华人主要来自中国广西的容县、北流、博白和苍梧等地。玻璃口新村华人居住的房屋，随着时代与经济的发展，正在发生着变化，现在已经经过了几代的改造，完成了从早期的亚答屋到砖房，再到别墅的蜕变。不过，与其他马来西亚华人“新村”一样，因新村是仓促完成的，在建之前没有进行土地规划，形成了简陋的小巷及凌乱的房屋排序，再加上下水道年久失修，且不断有新的住宅出现，新村并没有走出又乱又窄的格局。除了房屋以外，新村缺乏其他种类的土地利用，从而显示出土地不足，以及家庭空巢化严重，成为马来西亚城市化进程中的“城中村”，或成为凋零的或衰老化的华人“聚落”。

玻璃口新村虽然人数不多，但由于临近文冬市，其逐步被纳入了文冬的政治社会生态结构之中，而且由于该村曾出现了诸如曾任马来西亚国会议员的陈生新局绅、彭亨州州议员罗昭泉、浦耀才、何启文，文冬邮政局局长何金水等这样的人物，造成玻璃口新村的社会组织功能较其他周围新村更为完善，除了有玻璃口新村村委会这样的社会管理机构外，还有诸如民主行动党文冬支部、泗公会、雀友俱乐部以及卢氏联宗会、谢氏联宗会等等。

玻璃口新村的华人以前以种橡胶树和割胶为生。一是早期移民来到马来西亚是以种植和割胶为业，二是文冬县的橡胶园有很多，离村子最邻近的橡胶园不到十千米，因而在刚搬到玻璃口新村时，大部分人仍是种植橡胶和割胶为主。在玻璃口新村安定下来之后，村民们都积极地谋生，这是因为玻璃口新村邻近吉隆坡，出入方便，市场广阔。随着时代的发展，玻璃口新村呈现出城镇化的特征。由于玻璃口新村只与文冬市隔一条河，许多年轻的村民纷纷在文冬找生活，在村中出现了经营商业贸易、建筑、汽车修理、运输等行业的村民。这种以割胶为主的情况也发生了较大的变化，虽然还有一些村民仍在经营橡胶园，种植橡胶或割胶，但也有的将橡胶园改变为种植榴莲等经济作物，还有一部分人在家里做起了家庭手工业，加工饼干、面干、花生、糖果、冰块等小物品，小部分人开起了杂货店，专营日常生活用品，为居民的生活提供了许多便利。另还有小部分人开了饭店、面食店、理发店，凭借自己的手艺也赢得了一片市场。

在玻璃口新村，经常听到村民们说不同的语言和看不同的文字。尤其是在说的方面，广东白话、客家话、马来语、福建话、华语等语言混杂夹用普通而明显。在玻璃口新村，广西话已经成为“边缘化”的交际语言，而广东话是家庭语言，也是普通阶层的用语，而英语和华语则是社会用语，在知识分子阶层比较盛行。因此，玻璃口新村的华人说话时掺杂方言和其他语言，反映了语言的变迁或多语言的混合现象，即玻璃口新村华人语言中的“掺掺”现象。

早期玻璃口新村居民主要是因紧急法令事件而来自周边的山芭华人，其祖辈只是开锡矿或种橡胶割胶的，少有接受教育的机会，导致文化程度不高，基本上是文盲。玻璃口新村建立并逐渐稳定后，下一代开始接受教育。在玻璃口不仅有华文小学，还有幼儿园、补习班（所），以及一所特殊学校。

玻璃口新村的华人，其祖先移居马来西亚至后裔已有两三代人了，虽然在很多方面逐渐在地化，但在饮食文化方面仍然保持着原乡的传统习俗。许多广西籍华人不仅传承者原乡的饮食习惯，还自己创新着在地化的美食佳肴。

玻璃口新村华人的婚姻状况依然保存了大量中华民族的传统，虽然在不同的年龄阶层体现了不同的婚姻状况，但是不同年龄阶层的婚姻又都体现了相同的特点，即绝大部分的华人选择结婚对象时都倾向于选择华人，婚礼仪式大多参照中华民族的传统，当然，随着时代的发展，玻璃口新村村民的婚礼仪式也作出了相应的调整，但大体上还是与传统的形式相一致。

玻璃口新村村民的丧事活动仍保持着传统的习俗，其丧事的治丧流程一般由初终、入殓至举殡为止的流程。去世的人实行火葬，但似乎没有祖籍地的“二次葬”的习俗。去世者安葬的地方遵循马来西亚形成的帮权结构，统一下葬在文冬的两广义山。玻璃口新村广西人的丧葬仪式是稳中有变，内容会有不断革新，而核心文化所在则依然坚挺并将发挥其作用。这其中一部分是得益于玻璃口新村丧葬从业人员的逐渐活跃，从制作丧葬用品的小作坊不停发展成固定的殡葬业从业机构。但是在全球化、现代化进程之中，传统的以血缘、地缘结群的凝聚力量正日趋式微，乡民对待传统文化的心态也悄然发生着变化，另一方面，丧葬习俗不断专业化、商业化，丧葬仪式本身的神圣性或将式微。

玻璃口新村华人的宗教信仰具有多元化的特征。这是因为，随着生活逐渐走上正轨，他们越来越重视精神层面的满足，自从 1948 年搬到玻璃口新村直至现在，已经出现了 1 个庙宇，多个个人祭坛，还有 1 个基督教堂，村民信奉各种教派如一贯道、净宗等。由此玻璃口新村华人宗教信仰中的多元化得以体现。从宗教的信仰体系来看，村内的信仰主要有“大传统”信仰和“小传统”信仰，除了道教等神灵体系，还有土地公、天神、拿督公等民间信仰；从信徒圈来看，受众主要来自玻璃口新村村内和周边市镇村落；从宗教仪式上看，每个庙宇都会定期举行相应的活动。宗教信仰已经成为玻璃口新村华人日常生活中不可忽略的一个重要组成部分，潜移默化地影响着他们的日常生活和行为。

玻璃口新村华人除了庆祝马来西亚的正常节日外，对原乡的节日也情有独钟。玻璃口新村华人一年当中过得最为隆重和热闹的是中国传统节日。春节前夕，他们会到文冬市区市场上或者是同发超市买回大袋小袋的食品（如饮料、水果、饼干、糖果、做菜和做年糕用的材料等）、祭品（香、蜡烛、金银珠宝、黄纸钱等）、春联和黄历。到了除夕，一大早，人们会杀鸡、做好各种菜肴来祭拜祖先。祭拜完后，便是一家人团聚吃饭的时刻了。在这个节日里，家人们有说有笑，充满了喜气祥和的气氛。此外，清明节、中元节、冬至也是玻璃口新村华人的重要的佳节。

自玻璃口新村建立以来，各个时代、不同界别都产生过代表性人物，侨领、殷商、艺术者、美食家等比比皆是。他们的活动与事迹，构成了玻璃口新村乃至文冬华人社会的重要组成部分。

参考文献

一　著作类

［美］伍兹：《文化变迁》，何瑞福译，河北人民出版社 1989 年版。

周大鸣主编：《文化人类学概论》，中山大学出版社 2009 年版。

秦红增、韦茂繁：《瑶族村寨的生计转型与文化变迁》，民族出版社 2008 年版。

李富强：《村落的视角：壮族社会文化变迁的个案研究》，民族出版社 2013 年版。

吴前进：《美国华侨华人文化变迁论》，上海社会科学院出版社 1998 年版。

弗里德曼：《新加坡华人的家庭与婚姻》，正中书局 1985 年版。

李亦园：《一个移植的市镇——马来亚华人市镇生活的调查研究》，“中央”研究院民族学研究所 1970 年版。

贺圣达：《东南亚文化发展史》，世界知识出版社 2012 年版。

廖小健：《世纪之交的马来西亚》，世界知识出版社 2002 年版。

孙大英、高歌：《东南亚各国历史与文化》，广西人民出版社 2011 年版。

《变迁中的马来西亚华人社会》，马来西亚华社研究中心 2015 年版。

二　期刊论文类

曾玲：《阴阳之间——新加坡华人祖先崇拜的田野调查》，《世界宗教研究》2003 年第 2 期。

曾玲：《新加坡华人的龙牌崇拜初探——兼与祖先崇拜比较》，《厦门大学学报》（哲学社会科学版）2003 年第 5 期。
薛灿：《〈南洋商报〉（1951—1976）讣告文本形态研究及文化透视》，《五邑大学学报》（社会科学版）2015 年第 1 期。
薛灿：《从〈南洋商报〉讣告文本看多元信仰形态对新马华人丧葬文化的影响》，《八桂侨刊》2016 年第 4 期。
冯尔康：《当代海外华人丧葬礼仪对中华文化的传承与反哺》，《历史学家茶座》2006 年第 3 期。
王琛发：《化凶为吉的认同传承：马来西亚客家人的传统寿衣文化》，《赣南师范学院学报》2015 年第 2 期。
王琛发：《华人传统殡葬礼仪的社会教育功能》，《广西师范大学学报》（哲学社会科学版）2013 年第 2 期。
陈志明：《马来西亚华人的认同》，《广西民族大学学报》（哲学社会科学版）1998 年第 4 期。
廖小健：《跨世纪的马来西亚华人文化》，《东南亚研究》1998 年第 1 期。
肖炜蘅：《从华人文化节看当代马华文化的本土化进程》，《华侨华人历史研究》1999 年第 1 期。
张禹东：《马来西亚的华人宗教文化》，《华侨华人历史研究》1999 年第 1 期。
骆莉：《马来西亚多元文化社会中的华人文化》，《世界民族》2002 年第 4 期。
陈伟汶：《马来西亚华文教育研究的回顾与展望》，《八桂侨刊》2002 年第 1 期。
王瑞国：《论在多元文化社会中的马来西亚华文教育》，《海外华文教育》2003 年第 2 期。
温北炎：《试比较印尼与马来西亚华人融入当地主流社会的程度》，《东南亚纵横》2003 年第 1 期。
李冈原、张惛：《马来西亚华人宗教探析》，《浙江师范大学学报》

（社会科学版）2005 年第 1 期。
齐顺利：《一个民族，种想象：马来人与华人关于马来西亚民族构建问题争论之述评》，《华侨华人历史研究》2008 年第 3 期。
王光海、高虹：《妈祖信仰与马来西亚华人社会——文化认同的视角》，《河南师范大学学报》（哲学社会科学版）2008 年第 4 期。
陈美华：《族群、历史与认同——以马来西亚客联会的发展为探讨》，《马来西亚华人研究学刊》2008 年第 11 期。
石沧金：《马来西亚闽籍华人的宗乡组织及其社会参与》，《闽台文化交流》2010 年第 2 期。
文平强：《马来西亚华人文化——传承与创新》，《东南亚纵横》2013 年第 7 期。
周楠：《信仰与认同——以马来西亚华人信仰惯习为例》，《大家》2010 年第 14 期。
郑一省、叶英：《马来西亚华人与马来人共生态势初探》，《东南亚南亚研究》2011 年第 2 期。
陈俊林：《马来西亚华文媒体对中华文化传承的贡献》，《东南亚纵横》2012 年第 5 期。

三　学位论文类

王爱平：《宗教仪式与文化传承》，厦门大学，博士学位论文，2007 年。
高丽珍：《马来西亚槟城地方华人移民社会的形成与发展》，台湾师范大学，博士学位论文，2010 年。
薛灿：《映像在华文报刊讣告中的新马华人“家庭”与“社会”——1951—1976 年〈南洋商报〉讣告研究初探》，厦门大学，硕士学位论文，2008 年。
马强：《吧城华人的中国文化认同》，暨南大学，硕士学位论文，2012 年。
林芳伃：《地方信仰与社会：以一马来西亚华人渔村为例》，台湾大学，硕士学位论文，2012 年。

四 外文类

Asmah Hj. Omar, *Susur Galur Bahasa Melayu*, Kuala Lumpur: Dewan Bahasa dan Pustaka, 1985.

Severino R. C. , *Southeast Asia in Search of an ASEAN Community*, 2006.

Lokasundari V. , Sankar, Hock D. , et al. , *Chinese Culture and Customs in Peranakan Funerals in Malaysia and Singapore*, Search, 2016, 8 (1).

Teoh K. M. , Domesticating Hybridity: Straits Chinese Cultural Heritage Projects in Malaysia and Singapore, *Cross-Currents*: *East Asian History and Culture Review*, 2016, 5 (1).

Salmon C. , Tan Chee Beng, The Baba of Melaka: Culture and Identity of a Chinese Peranakan Community in Malaysia, *Archipel*, 1990.

Kim L. S. , "The Peranakan Associations of Malaysia and Singapore: History and Current Scenario", *Journal of the Malaysian Branch of the Royal Asiatic Society*, 2009.

Izaura R. , Mohamad Z. , Abdullah A. , Acculturation of Peranakan Chinese into Malay Culture in Terengganu: Influence on the Development of Malaysian Modern Art, International Colloquium of Art and Design Education Research (i-CADER 2014), Springer Singapore, 2015.

Tan C. B. , "Chinese Religion in Malaysia: A General View", *Asian Folklore Studies*, 1983.

Higaki T. , Cheng A. S. , "The Funeral Rituals on Penang Island of Malaysia: a Report", *Journal of Esoteric Buddhism*, 1999.

后　记

广西人移居东南亚始于西汉合浦港开港时期，最开始主要移民到安南，后逐渐移民到东南亚其他国家和地区。据资料显示，广西人大量移居马来亚的时间应该是在18世纪末到19世纪初，这是契约华工时代，也就是“卖猪仔”时期。从访谈中我们可以了解到，马来西亚玻璃口新村的广西籍华人前辈大都是在这个时期前往那里的。

本书是广西民族文化保护与传承研究中心科学的研究项目“马来西亚广西人的聚落及其文化研究”，也是本人拟出版“东南亚华人聚落研究丛书”的成果之一。对于去马来西亚研究广西籍华人，我还是第一次。虽然本人曾写过一二篇有关马来西亚华人的文章，但要去马来西亚研究当地的广西籍华人，还真的觉得无从下手，这主要自己不是广西人，而特别是不知道马来西亚的广西人到底主要居住在哪些地方。当我正为此发愁时，一位学友即广西玉林师范学院的陈碧老师告诉我，她刚从马来西亚回来，并给我介绍了一位在马来西亚的广西籍华人吕才佳先生。认识这位吕才佳先生应该说是我能完成这个课题的重要一步，也可以这样说，如何没有吕才佳先生，我能否如期完成这个课题还真的是一个未知数。

吕才佳先生是马来西亚彭亨州劳勿的一位广西籍华人，他出生在马来西亚，应该属于第二代华人，他是属于靠自己努力打拼而奋斗较为成功的马来西亚华人精英之一。与他接触后发现，他不仅有敏锐的商业头脑，而且充满着爱心，经常资助当地的穷人和因贫困不能完成学业的学子。2017 年他还专门资助我们学院四个贫困学生每人每年 2000 马币，以便帮助他们完成学业，从而得到我们学院师生的大力赞扬。

当我告诉吕才佳先生我将要到马来西亚调研广西人聚落时，他非常爽快地答应并介绍我们住在他的一位亲戚家中。2016 年 7 月 27 日，我带领课题组的陈思慧、2015 级民族学硕士生袁贵香和李岩乘坐南方航空公司的班机于当天晚上 10 点多抵达吉隆坡机场，当我们出机场时远远就看见一个人给我们打招呼，原来是吕才佳先生派他的儿子来接我们了。小吕驾着车带着我们，车行了将近 2 个多小时的路程，到达吕才佳先生在劳勿的住处已经是半夜 1 点多了，吕才佳先生与他的太太还没有睡，一直在那里等着我们的到来，让我们非常感动。

第二天，吕才佳先生与他太太带着我们一行到外面吃早饭，他点了许多当地的小吃，让我们第一次尝到马来西亚的美食。吃完早餐后，吕才佳驾着车带我们到劳勿的双溪兰、双溪吉流等地，让我们第一次接触到马来西亚广西籍华人以及其他如福建、广东籍贯的华人。我们不仅拜访了这些地方的华人社团，参观了华人庙宇，参加当地华人的一些聚会，还认识了吕才佳先生的堂弟吕广定先生。吕广定先生告知我们，他们是通过报纸认识的。当时吕广定的父亲去世的消息刊登在报纸上，吕才佳先生看到后就与吕广定联系，原来他们的父亲是兄弟，所以就这样找到了亲戚关系。

在吕才佳先生劳勿的家住了两天后，吕才佳又让他的儿子开车送我们到要进行调查的地方，即玻璃口新村。为何选择这个村庄，主要是因为这个村庄是马来西亚聚集最多广西人的地方，而更重要的是才佳的亲戚蔡玉珍阿姨的家在这里。我们到达这个村庄是 7 月 29 日下午，在蔡玉珍阿姨的关照下，我们便开始了我们为期一个月的田野调查，至 2016 年 8 月 23 日回到南宁。2017 年 1 月 25 日至 2 月 23 日，为了补偿资料的不足，袁贵香和李岩又专程前往玻璃口新村调研近一个月。随后，袁贵香为了获得更详细的资料，于 2019 年再度前往玻璃口新村调研，她们回来后各自写出了毕业论文。为了更深入地调研玻璃口新村，我的学生即2017级民族学硕士生郑雨来、2018级民族学硕士生陈润旭又先后于2018—2019年来到当地调研，他们与前面两位一样分别写出了自己的硕士论文。

在玻璃口新村调研期间，我们得到了许多华人的帮助。在这里我们首先要感谢吕才佳及其太太、吕广定及其太太，其次我们要感谢为我们两次调研而提供住处的蔡玉珍房东、她的女儿卢彩君和儿子卢志坚。此外，我们还要感谢玻璃口新村村委会主席何荣璋先生、旧玻璃口新村村委会主席甘平华先生，玻璃口新村的黎喜廷先生、李沛洪先生、李月娇女士、陈金华先生、周爱玲女士以及文冬广西会馆会长李茂权先生、文冬广西会馆理事李华兴先生、文冬广西会馆理事陈肇源先生、卢氏联宗会主席卢宇廷先生、广播王子蒙润荣先生、玻璃口特殊儿童康复中心杨清丽女士、文冬太极灵道台钟国新先生，还要感谢马来西亚广西总会会长吕海廷、马来西亚广西总会中秘书邓宏智先生、马来西亚广西总会执行秘书刘英海先生、国会上议员拿督何启文先生、彭亨州立法议员钟绍安先生、彭亨劳勿广西会馆会长罗树江先生、文冬罗氏宗亲联谊会主席罗昭泉先生，以及在调查中到现在都忘记了其姓名的玻璃口新村华人等等。

在这里还需要说明的，本书的研究对象玻璃口新村的村民大多数虽然是广西籍华人，但考虑到该村还有一些是福建籍华人或其他籍贯的华人，以及一些因婚姻而嫁到该村的其他国度的华人或泰国、越南等族人。为了更科学些，或研究面更广泛一点，本书就以“华人”作为书名的关键词，这也是本书名的由来。

郑一省

于相思湖畔